Les constitutions
des chanoines réguliers de Windesheim

SOUS LA RÈGLE
DE SAINT AUGUSTIN
collection dirigée par Patrice Sicard
et Dominique Poirel

Les constitutions
des chanoines réguliers
de Windesheim

*Constitutiones
canonicorum Windeshemensium*

Texte latin et introduction par Marcel Haverals
Traduction par Sr Francis Joseph Legrand

BREPOLS

© 2014 BREPOLS PUBLISHERS, Turnhout (Belgium)

Imprimé en Belgique

D/2014/0095/72

ISBN 978-2-503-54083-2

All rights reserved. No part of this publication may be reproduced, stored in
a retrieval system, or transmitted, in any form or by any means, electronic,
mechanical, photocopying, recording or otherwise, without the prior permission
of the publisher.

INTRODUCTION

Gérard Grote (1340-1384) se trouve à l'origine d'un grand mouvement de réforme qui, surtout en Europe occidentale, se répandit dans l'Église du XIVe siècle sous le nom de *Dévotion moderne*. Les communautés des Sœurs et des Frères de la Vie commune furent les premiers fruits visibles de ce mouvement spirituel qui tendait à promouvoir une intériorité renouvelée. Cette forme de vie semi-religieuse qui, à partir de Deventer et Zwolle se répandit rapidement dans les Pays-Bas, la Flandre et la Rhénanie, se caractérisait par une vie en communauté sans organisation astreignante ni horaire déterminé. Assez rapidement, de nombreux frères furent convaincus qu'un mode de vie plus structuré s'imposait. Grote avait déjà encouragé son ami Florent Radewijns à fonder une communauté où des hommes vivraient ensemble sans prononcer de vœux, et pourvoieraient à leurs besoins par le travail manuel et, avant tout, par la transcription de livres. Peu après le décès de Grote, dès 1384, Florent Radewijns et quelques autres Dévots décidèrent de construire un monastère de chanoines réguliers.

C'est Florent qui eut l'initiative de cette fondation à Salland, dans l'enclos de Windesheim, avec six compagnons[1]. Le projet fut approuvé le 30 juillet 1386 par l'évêque d'Utrecht, Floris van Wevelichoven[2], qui prit la fondation sous sa protection et lui accorda toutes sortes de privilèges pour l'avenir.

Avant la consécration des premiers bâtiments conventuels, construits avec une simplicité voulue, les Dévots décidèrent d'un long séjour au monastère canonial d'Eemstein pour s'y familiariser avec les observances régulières et l'office choral. Le *Chronicon* de Jean Busch décrit longuement – non sans quelque pieuse exagération – la croissance de la fondation à Windesheim[3]. Florent Radewijns et ses compagnons avaient clairement opté pour l'Ordre des chanoines réguliers et la règle

---

1   Les prêtres Henri Clingebile de Höxter, Jean van den Gronde, ainsi que les clercs Berthold ten Hove, Henri Wilsem, Nicolas Dreyer et son frère Albert.

2   J. G. R. ACQUOY, *Het Klooster te Windesheim en zijn invloed*, III, Utrecht, 1880, p. 262-264.

3   Johannes BUSCH, *Liber de reformatione monasteriorum*, éd. K. GRUBE, *Des Augustinerpropstes Iohannes Busch Chronicon Windeshemense und Liber de reformatione monasteriorum*, Halle, 1886, p. 245-309.

de saint Augustin, que Grote connaissait entre autre par les contacts qu'il avait eus à plusieurs reprises avec les chanoines de Groenendaal du vivant de Jean Ruusbroec. Ce choix foncier n'empêchait pas qu'en même temps Radewijns et ses disciples ne subissent l'attrait de la spiritualité et de la vie cartusiennes. La détermination avec laquelle les premiers hôtes de Windesheim ont mené la fondation et le rythme soutenu de la construction des premiers bâtiments attestent le talent d'organisateur de Radewijns. Le 17 octobre 1387, l'évêque Hubert Schenck peut consacrer l'église et ses quatre autels, un cimetière et l'aile occidentale du monastère jouxtant l'église[4]. Ce jour-là également, six Dévots reçoivent l'habit et prononcent leurs vœux[5]. L'un d'eux, Henri Clingebile, est nommé recteur en attendant que les premiers religieux élisent eux-mêmes leur prieur.

I. Les Constitutions de Windesheim

1. Une législation épiscopale primitive

La formule des vœux – « secundum regulam beati Augustini et secundum constituciones istius loci per capitulum ordinandas (selon la règle de saint Augustin et selon les Constitutions de ce lieu à établir par le Chapitre) » – fait supposer qu'existaient déjà à Windesheim des éléments des Constitutions. Dans une lettre du 13 décembre 1387, postérieure de quelques semaines aux premières professions, l'évêque d'Utrecht, Floris van Wevelichoven, après avoir, selon une pratique usuelle, confirmé les privilèges, immunités et libertés précédemment accordés par la charte de fondation et pris cette fondation sous sa protection épiscopale, promulgue quelques décisions importantes concernant l'organisation de la vie communautaire[6]. On peut penser que, quoique promulguées par l'autorité épiscopale, elles aient été prises en concertation avec la communauté naissante, sinon suggérées voire dictées par elle.

---

4 Johannes Busch, *op. cit.*, p. 284-286.
5 Ce premier groupe de profès comptait les prêtres Henri Clingebile et Werner Keynkamp, les diacres Jean a Kempis et Henri Wilde, ainsi que Henri Wilsem et le clerc Berthold ten Hove.
6 J. T. Bosmans, *Chronicon Throno-Martinianum* (Brugge, Bisschoppelijk Seminarie, sans n°, fol. 348v-350r); Johannes Busch, *op. cit.*, p. 290-291.

Supérieurs et officiers

Le supérieur de la communauté portera le titre de prieur et les procédures de son élection et de sa confirmation sont précisées. Le prieur, tant le premier que ceux qui suivront après une résignation volontaire, un décès ou même une déposition juridique, sera choisi par l'élection libre et canonique d'une personne capable avec l'assentiment de l'ensemble des frères ou de la *sanior pars*. Le frère canoniquement élu choisit deux membres « discrets » de la communauté pour le présenter à la confirmation de l'évêque ou de ses successeurs. Le prieur, ainsi investi de l'autorité nécessaire, peut punir d'éventuelles infractions à la règle, aux Constitutions et aux coutumes, est habilité à accepter de nouveaux candidats à la vêture et à la profession. Il lui revient de nommer un sous-prieur, le déposer et le remplacer. En cas d'absence, de démission ou de décès du prieur, le sous-prieur dispose d'un pouvoir égal jusqu'à ce qu'un nouveau prieur soit élu.

Sans doute, continuent les dispositions épiscopales, des personnes respectables et dévotes sont-elles capables de diriger leurs frères dans le service de Dieu et dans leur vie religieuse, mais elles sont souvent moins douées pour gérer les affaires temporelles et matérielles. Il est donc recommandé au prieur de faire appel à une personne à même d'assumer la fonction de procurateur et de veiller aux besoins matériels de la communauté. Chaque année pendant la deuxième semaine de Pâques, ce procurateur sera installé à un moment opportun, avec l'assentiment des frères, ou éventuellement remplacé par un confrère capable. Il est chargé des recettes et des dépenses et de toute l'organisation matérielle du temporel pour lesquels il rendra compte à un jour déterminé.

Il est frappant de constater que les déterminations concernant le procurateur sont fort développées, mais non sous forme juridique, et qu'elles couvrent l'essentiel de ce que plus tard préciseront les Constitutions.

Le prieur peut aussi permettre que l'on célèbre les funérailles des frères et de ceux qui demeurent dans la maison – familiers et pensionnaires qui peuvent en outre y recevoir les sacrements –, comme aussi de ceux qui le souhaiteraient, sans que soient lésés les droits des églises paroissiales.

Vers les Constitutions

Dans la pensée du rédacteur de la lettre épiscopale, ces premières dispositions nécessaires ne devaient pas dispenser prieurs et frères de ré-

8   INTRODUCTION

diger « clairement » et selon les intentions des fondateurs, des Constitutions qui favorisent la pratique de la discipline régulière:

> Nous voulons et accordons dans le Seigneur au prieur et aux frères nommés plus haut la faculté de rédiger des Constitutions valables et raisonnables, en accord avec le droit, suivant la décision des fondateurs ci-dessus mentionnés et d'autres personnes sages, dans le but de garder la discipline régulière de la vie religieuse et de l'Ordre susdits, selon la religion, le lieu, le temps et les personnes, selon ce qui semble convenir selon Dieu et le jugement droit et mesuré de la raison. Que cela soit décidé, ordonné et mis par écrit, en sorte que les frères présents et futurs résidant ici se conduisent de façon plus religieuse, et qu'unanimement et d'un même cœur selon leur règle, ils servent le Seigneur comme des amants de la beauté spirituelle[7].

On aura remarqué, dans les dernières lignes de l'ordonnance, l'utilisation révélatrice du *Praeceptum*, la règle de saint Augustin[8]. La « concorde » augustinienne, l'unanimité et la beauté spirituelle qui y sont ainsi évoquées, tranchent avec les recommandations de rationalité, de rectitude du jugement, de mesure: plus que les premières, elles auront à n'en pas douter une influence sur les procédures mises en œuvre pour la rédaction des Constitutions.

En 1388, en la fête de saint Gall, le 22 octobre, les frères tiennent une assemblée solennelle sur le conseil de Florent Radewijns. Est élu à l'unanimité, comme premier prieur, Werner Keynkamp de Lochem. Il remplace donc Henri Clingebile qui, en marge de cette élection, fut nommé recteur et chargé de la formation des novices. Peu de temps après, Florent Radewijns envoya de Deventer à Windesheim, Jean Vos

---

7   J. T. BOSMANS, *Chronicon Throno-Martinianum*, fol. 348v-349r: «...volumus et facultatem in Domino committimus priori et fratribus supradictis ut constitutiones laudabiles ac rationabiles et iuri consonas, de consilio fundatorum supradictorum et aliorum discretorum virorum, pro religionis et ordinis predicti disciplina regulari conservanda, prout religioni, loco, tempori et personis, secundum Deum ac recte et discrete rationis iudicium dignoscitur convenire, ordinant, constituant ac scripto commendant, ut sic fratres presentes et futuri inibi degentes religiosius unanimiter et concorditer secundum regulam eorundem conversantes, Domino famulentur tamquam spiritualis pulchritudinis amatores». Les témoins de cette ordonnance sont nommés: Florent de Davels de Liège, Gérard de Bronckorst, trésorier et chanoine de Saint-Sauveur à Utrecht, et les chevaliers Goswin de Rossem et Reiner de Crijckenbeken.

8   *Praeceptum* VIII, 1, éd. Luc VERHEIJEN, *Nouvelle approche de la Règle de saint Augustin*, Bellefontaine, 1980, p. 27.

INTRODUCTION

de Heusden et Henri Balveren pour renforcer la communauté conventuelle[9]. Après une rapide initiation aux usages conventuels, Jean Vos fit sa profession. Il devait en 1391 succéder à Werner Keynkamp, qui s'était démis de sa charge de prieur.

Sous les quelque trente années de priorat de Vos, qui demeura en charge jusqu'en 1424, Windesheim connut une première période de prospérité, avec 31 vêtures[10]. Au témoignage de Jean Busch, la formule des vœux fut modifiée: désormais la profession est émise « *secundum regulam beati Augustini et secundum constituciones istius loci iam constitutas et postea constituendas* (selon la règle de saint Augustin et selon les Constitutions de ce lieu, déjà rédigées et devant l'être ultérieurement) ». Cette formule fut probablement en usage jusqu'à la rédaction des Constitutions.

« Ce lieu » tendait à s'étendre géographiquement avec l'émergence des premières « filles » de Windesheim: Marienborn d'abord en 1392, pour laquelle Jean de Gronde, Jean Brinckerinck et Florent Radewijns s'impliquèrent aux côtés de Jean Vos et, la même année, Nieuwlicht près de Horn, où Werner Keynkamp remplit pendant dix-huit ans, de 1392 à 1410, la charge de prieur[11]. Le rôle joué par Windesheim dans les deux nouvelles fondations aboutit en 1392 à l'érection d'une *colligatio* – une union en chapitre – à laquelle s'adjoignit Eemstein.

2. Le « Chapitre de Windesheim » et la rédaction des premières Constitutions

Il est probable que le premier Chapitre Général de cette agrégation récente eut lieu à Windesheim en 1393 ou 1394 et que le prieur de Windesheim devint prieur supérieur du Chapitre Général. Cette union en Chapitre créait une nouvelle situation qui demandait une adaptation des usages windeshémiens. Vraisemblablement, Windesheim disposait en ces années-là d'une forme sommaire de Constitutions qui ne couvrait pas toute l'organisation de la vie conventuelle et l'on suivait sans doute pour le reste les statuts qu'en 1339 Benoît XII avait imposés à l'ensemble de l'Ordre des Chanoines réguliers de saint Augustin.

---

9 Johannes BUSCH, *Chronicon Windeshemense*, p. 292-294.
10 Johannes BUSCH, *op. cit.*, p. 299-301.
11 W. KOHL – E. PERSOONS – A. G. WEILER, *Monasticon Windeshemense*, III: *Niederlande*, Bruxelles, 1980, p. 329-330.

10   INTRODUCTION

Un groupe de frères fut chargé de rédiger des Constitutions qui règleraient toute la vie conventuelle. Parmi les membres de cette commission, qui nous sont connus[12], ne paraît pas Jean Vos, qui, avec Henri Wilde, avait pourtant fait le voyage de Paris pour prendre connaissance des règles conventuelles des abbayes de Saint-Victor et de Sainte-Geneviève et qui, comme prieur, ne pouvait que s'intéresser de très près à la rédaction des Constitutions. En outre Busch fait état de l'importante contribution d'Arnoul de Kalkar et de Jean a Kempis. Il présente le premier comme « le principal correcteur de tous les livres de notre bibliothèque et des livres de chœur et le premier compilateur de l'*Ordinarius* et des Constitutions »[13]. Le rôle du second, Jean, est décrit avec plus de précision et d'étendue:

> Il devint le correcteur officiel des livres de notre église et de notre chapitre, missels, graduels, antiphonaires, capitulaires, martyrologe, *Ordinarius* et calendrier, avec quelques confrères choisis par lui pour cette tâche; après notre frère Arnoul de Kalkar, notre sous-prieur, il devint l'illustre éditeur et compilateur de nos Constitutions[14].

Une commission au travail

À partir de 1392, la commission travaille avec assiduité. Elle rassemble les règles de vie des différents couvents affiliés et en retient les éléments estimés convenir à leur forme de vie. Busch décrit le travail et les préoccupations de la commission:

> Avec une très ferme application et une sage prévoyance, relisant continuellement les décrets des règles anciennes et les méditant avec attention, les examinant, les comparant entre elles et entre eux, ils en retiraient finalement les éléments les meilleurs et très utiles à notre

---

12 Johannes BUSCH, *Chronicon Windeshemense*, p. 308, les cite: Henri Wilde, Jean a Kempis, Henri Wilsen, Arnoul de Kalkar, Jean Broeckuys et Gérard Delft de Naaldwijk.

13 Johannes BUSCH, *op. cit.*, p. 69: «omnium enim librorum nostrorum liberarie et choralium principalis fuit corrector Ordinariique et Constitucionum precipuus compilator».

14 Johannes BUSCH, *op. cit.*, p. 95: «Unde librorum ecclesie nostre et capituli missalium, gradualium, antiphonariorum, lectionariorum, capitularii, martirologii, Ordinarii et calendarii ipse precipuus, una cum certis in hac parte collegis ad id sibi deputatis, factus est emendator auctenticus et post fratrem Arnoldum Kalkar suppriorem nostrum Constitucionum nostrarum editor et compilator preclarus».

INTRODUCTION   11

Ordre et à la Dévotion moderne; ils éditèrent des décrets bien adaptés et convenables aux circonstances et aux personnes de notre Ordre, présentes et futures. Dans les cas où ils n'y trouvaient pas ce qu'ils cherchaient ils s'attachèrent à y suppléer par les institutions d'autres ordres, en particulier les Chartreux, exposant tout avec clarté et concision en un unique volume divisé en quatre parties[15].

On peut reconnaître dans ces dernières mentions de l'adaptation aux personnes et aux lieux et celles des personnes à venir, les préoccupations épiscopales de 1387.

Ce qui manquait dans ces sources-là fut cherché et puisé dans la législation d'autres ordres religieux, surtout dans les *Statuta* des Chartreux, ou d'autres congrégations canoniales, en particulier dans le *Liber ordinis* de Saint-Victor de Paris, dont Jean Vos et Henri Wilde avaient rapporté une copie manuscrite à Windesheim[16].

Le 16 mai 1395, le pape Boniface IX approuve l'érection et l'organisation du Chapitre de Windesheim[17]. Les trois monastères déjà affiliés

---

15 Johannes BUSCH, *op. cit.*, p. 308-309: « Summa igitur diligencia discretaque providencia antiquorum regularium instituta continue relegentes exacte masticantes undique perlustrantes ac inter se diversa ad invicem comparantes optima tandem et ordini nostro moderneque devocioni perutilia ex ipsis extrahentes ediderunt instituta temporibus et personis ordinis nostri presentibus et futuris bene apta et proporcionata. Ubi autem, quod querebant, in ipsis non repererunt, ex aliorum id ordinum institutis presertim Carthusiensium supplere curaverunt, cuncta in uno volumine in quatuor partes diviso ... satis lucenter compendioseque describentes ».

16 Voir *Liber ordinis sancti Victoris Parisiensis*, ed. L. JOCQUÉ et L. MILIS (« Corpus Christianorum, Continuatio Mediaevalis », 61) Turnhout, 1984. Parmi les 24 manuscrits du *Liber ordinis* que cette édition recense, l'un d'entre eux provient de Zutphen (Pays-Bas). L'utilisation que les membres de la commission firent de ce manuscrit de Zutphen est longuement étudiée par Luc Jocqué dans son article, ici largement utilisé, « Saint-Victor et Windesheim. L'influence de la législation victorine sur les usages windeshémiens au début du XVe s », *Sacris erudiri*, 29 (1986), p. 313-360. Il affirme en conclusion: « Le manuscrit *Z* (Zutphen) ne fut donc pas le document de travail des Windeshémiens. Il est établi qu'il n'a pas été le modèle direct de leurs Constitutions » (p. 333).

17 J. T. BOSMANS, *Bullarium*, p. 1-3; J. G. R. ACQUOY, *Het Klooster*, III, p. 302-305: « Qui quidem diffinitores haberent una cum superiore priore prefato plenariam potestatem statuendi, corrigendi et reformandi, que secundum Deum pro conservacione religionis et ordinis sancti Augustini predictorum melius et utilius viderent expedire; ac quicquid ab eis omnibus, vel saltem a majori parte ipsorum, concorditer diffinitum foret seu statutum, publicaretur et diligenter tam a prelatis quam a subditis primo anno observaretur, secundo vero anno eadem statuta examinarentur, ac in tercio approbarentur, si approbanda viderentur, et si ea approbari contin-

sont mentionnés par la bulle d'approbation. Ce texte reflète de façon unique le stade où se trouvait alors la rédaction des Constitutions. Le prieur de Windesheim sera Prieur Général et le système des *diffinitores*, emprunté aux Chartreux, explicitement cités, est déjà en place. Sont également données les directives concernant les réunions du Chapitre Général, l'élection des prieurs et des visiteurs. Cette bulle d'approbation fournira également un matériau aux rédacteurs pour les modifications ultérieures: ainsi la rédaction finale de la première partie, chapitres 4 et 5, des Constitutions est inspirée de la bulle de Boniface IX. Les étapes passées ou à venir des décrets émis par les chapitres successifs sont spécifiées par des appellations différenciées qui pourraient être trompeuses, prises isolément, et qui marquent bien un processus complexe dont les moments visent à une vérification: quand une modification d'un texte a été présentée au Chapitre Général et acceptée par lui, on donne à cette acceptation le nom d'*ordinatio*; ce texte ainsi «ordonné» est soumis, l'année suivante, à un nouvel accord, non définitif encore, et qui reçoit le nom d'*approbatio*; enfin, un an plus tard encore, cette disposition «approuvée» prend définitivement force de loi, et c'est la *confirmatio*. La bulle signale que les décisions promulguées «auront pleine autorité dans tous leurs monastères, de façon cependant que les statuts de ce genre n'obligeraient absolument personne sous peine de péché mais de châtiment, sauf si quelqu'un osait les transgresser par mépris de l'Ordre de saint Augustin». À la fin du *prologue* des Constitutions, ce point, qui deviendra une clausule presque obligée de maintes Constitutions ultérieures de diverses congrégations, est repris de façon lapidaire: «En conséquence, pour pourvoir à l'unité et la paix de nos maisons, nous voulons et déclarons que nos Constitutions ne nous obligent pas sous peine de péché, mais de châtiment, sauf là où il y a précepte ou mépris».

Finalement la bulle accède à la demande des prieurs des quatre maisons qui formaient le noyau originel de la Congrégation de Windesheim que les mêmes privilèges puissent être étendus aux maisons nouvellement fondées ou agrégées.

C'est en 1402 ou peu avant que s'achève le travail de la commission: cette même année, les Constitutions peuvent être solennellement promulguées et les maisons affiliées disposer d'un texte uniforme.

---

geret, de cetero plenam haberent in omnibus eorum monasteriis firmitatem, ita tamen quod huiusmodi statuta quemquam ad culpam minime obligarent sed ad penam, nisi ea quis in contemptum dicti ordinis sancti Augustini transgredi presumeret.»

INTRODUCTION 13

Réception, mise en œuvre et développements: des Constitutions évolutives

En 1406, le pape Innocent VII accorde au Chapitre Général la dispense des Constitutions de Benoît XII (1389) qui s'imposaient, au moins dans l'intention, à l'ensemble de l'ordre canonial, et dont la dispense devait permettre d'appliquer en leur lieu et place les Constitutions windeshémiennes. Dans les années suivantes, les affiliations de maisons se multiplient, parfois de façon groupée tels les sept couvents autour de Groenendaal en 1413 et les cinq couvents du Chapitre de Neuss en 1427-1428. En 1413, Pierre d'Ailly, légat du pape, manifeste son grand intérêt pour Windesheim en adressant 22 lettres à des couvents de la Congrégation[18]. Le 18 mars 1420, le pape Martin adresse à Windesheim une bulle qu'on a pu considérer comme la « seconde loi fondamentale du Chapitre »[19]. S'y trouvent en effet consignés les décrets les plus importants des Constitutions touchant l'organisation du Chapitre Général, l'élection du Prieur Général, des prieurs, des définiteurs, des visiteurs, du chapitre privé, l'habit, l'interdiction de passer à un autre Ordre, la consécration des autels, la vente des biens.

Les Constitutions de Windesheim étaient déjà, semble-t-il, en évolution. Les Chapitres Généraux, qui traitaient surtout des affiliations nouvelles au Chapitre de la Congrégation ajoutaient des décrets, en reformulaient d'autres avec plus de précision ou en supprimaient au point que le besoin se fit sentir d'introduire une rubrique spéciale – *De diversis statutis* ou *Statuta de diversis que ad omnes pertinent* – où ces ajouts ou modifications seraient regroupés[20]. Ces décrets capitulaires, très peu nombreux de 1414 à 1427, vont par après en se multipliant, tendance qui ne pouvait qu'être favorisée, voire accentuée, par la tenue annuelle des Chapitres Généraux et leur habitude vite prise d'aborder sous mode législatif des points nouvellement survenus entre temps[21].

---

18 Cf. J. G. R. ACQUOY, *Het Klooster te Windesheim*, III, p. 282-287.
19 Cf. J. T. BOSMANS, *Bullarium*, p. 9-15.
20 Plusieurs manuscrits du XVe siècle (les témoins *G*, *K*, *Ne*, *P¹* et *P²* présentés plus loin) comportent cette rubrique.
21 Cf., *Acta capituli Windeshemensis. Acta van de Kapittelvergaderingen der Congregatie van Windesheim*, éd. S. VAN DER WOUDE, La Haye, 1953 (« Kerkhistorische Studiën », 6) [= *ACW*], p. 20-22 et J. T. BOSMANS, *Bullarium*, p. 18-23.

14 INTRODUCTION

Mais la large expansion de la Congrégation ne facilite pas unité et uniformité; l'absentéisme aux chapitres annuels tend à s'affirmer[22]; plusieurs monastères affiliés, possédant déjà leurs propres 'statuts', étaient réticents à adopter les Constitutions de Windesheim.

C'est pourquoi le Chapitre Général de 1433 confie au Prieur Général une nouvelle rédaction des Constitutions qui puisse s'imposer de manière quasi uniforme, lui demandant de faire inscrire, là où on pourrait le faire commodément en leur lieu propre, les textes épars conservés dans les *Statuts divers* avec le déplacement ou la déclaration de quelques courtes précisions que le Chapitre Général devrait approuver. Ce travail fut terminé en 1434. Cette même année, le Chapitre Général décréta que tous les livres des statuts écrits sur papier et ceux qui ne pouvaient être convenablement corrigés, seraient détruits ou brûlés. Chaque maison veillerait à transcrire les statuts sur une substance de bonne qualité dès qu'on pourrait obtenir les nouveaux exemplaires; ceux-ci seront envoyés de maison en maison. Ces exemplaires retourneront et resteront finalement, un à Windesheim, un à Neuss et un à Groenendaal[23].

---

22 Ainsi au Chapitre Général de 1430 tenu, en raison de dissensions dans le diocèse d'Utrecht, à Sainte-Élisabeth près de Ten Briel, trente-trois prieurs furent absents.

23 W. LOURDAUX, E. PERSOONS, «De Statuten van de Windesheimse mannenkloosters in handschrift en druk», *Archief voor de geschiedenis van de katholieke Kerk in Nederland*, 6 (1964), p. 180-223, p. 203-204: «Anno xxxiii° commissum erat priori de Windesem a Capitulo generali quod ea que sparsim habebantur in statutis de diversis suis locis ubi commode posset inscribi faceret cum translacione vel declaracione quarundam parvarum particularum a capitulo approbatarum, quod anno xxxiiii° completum est. In quo quidem anno capitulum generale decrevit quod omnibus libris statutorum papireis et qui convenienter corrigi non possunt destructis vel combustis unaqueque domus studeat statuta sic ut premittitur correcta in bona substancia scribere quam cito hec nova exemplaria que de domo ad domum sunt mittenda obtinere potuerit. Que quidem exemplaria finaliter redeant et manebunt unum in Windesem, unum in Nussia et unum in Viridisvalle.» Dans les *ACW*, anno 1434, p. 28 on lit: «Ex quo omnia nova statuta ex iniuncto capituli concordata sunt in unum scribant omnes ea secundum hoc exemplar et alia aboleantur». Un de ces trois manuscrits-étalons est identifiable avec le témoin de Groenendaal (*G*), le ms. BRUXELLES, Bibliothèque Royale IV 108.

INTRODUCTION   15

II. Sources et méthodes d'une commission

La commission qui vers 1392 fut chargée de rédiger les Constitutions de Windesheim avait surtout consulté les prescriptions des Chartreux et les règles des abbayes canoniales parisiennes de Saint-Victor et Sainte-Geneviève, non sans prendre en compte les particularités de la *Devotio moderna*.

1. Chartreux et Victorins à Windesheim

Les sources principales du travail de la commission sont indubitablement les *Consuetudines* de Guigues (*Guigo*) dans la forme qu'elles ont prise dans les *Statuta antiqua* [= *SA* I et *SA* II] et les *Statuta nova* [= *SN* I et *SN* II]. Il est probable que les Windeshémiens aient possédé un bon exemplaire de ces textes cartusiens, auxquels pour une grande part est emprunté, de façon significative, le prologue de leurs Constitutions. Mais plutôt qu'un texte tripartite comme pour les Constitutions cartusiennes, les Windeshémiens optent pour une division en quatre parties consacrées respectivement à l'organisation générale des institutions des monastères (*Pars I*), aux fonctions et tâches dans les communautés (*Pars II*), aux coutumes et usages (*Pars III*), puis aux convers (*Pars IV*). Si la *Pars I* des *Statuta antiqua* des Chartreux qui règle les usages liturgiques dans l'Ordre ne fut qu'exceptionnellement utilisée comme source, c'est que déjà les Windeshémiens pouvaient disposer pour ces matières de l'*Ordinarius divini officii* ou étaient en train de le rédiger[24]. Les frères ont soigneusement étudié les *Partes II-III* des *Statuta antiqua*, et les mêmes sections des *Statuta nova* pour, dans la rédaction de leurs propres chapitres, fusionner les deux textes indépendants des Chartreux.

Une seconde source importante pour eux fut le *Liber ordinis Sancti Victoris Parisiensis*[25].

---

24 *Ordinarius divini officii pro Ordine Canonicorum Regularium Capituli sive Congregationis Wyndeshemensis.* L'édition princeps en est due à Albertus Pafradus, Deventer, 1521, IV-LXXIII fol.

25 Nous renvoyons, dans les rapprochements que nous faisons, pour les Chartreux aux *Statuta ordinis Cartusiensis a domino Guigone priore Cartusie edita*, publiés dans *The Evolution of the Carthusian Statutes from the Consuetudines Guigonis to the Tertia Compilatio*, éd. J. HOGG, *Documents*: vol. 1. *Consuetudines Guigonis prima pars statutorum antiquorum* («Analecta Cartusiana», 99), Salzbourg, 1989, p. 7-56 (= Guigo); *Statuta antiqua ordinis Cartusiensis in tribus partibus compre-*

16 INTRODUCTION

Un peu moins des trois quarts du texte de la *Pars I* des Constitutions de Windesheim provient des statuts des Chartreux[26], repris littéralement le plus souvent. Plus de la moitié du chapitre 1 (*De divisione constitucionum et quando legende sunt*), les deux-tiers du c. 2 (*De congregando capitulo generali*), la quasi totalité du c. 3 (*De imposicione capituli generalis*) sont ainsi repris littéralement des Chartreux, hors de nécessaires adaptations de vocabulaire[27]. Le texte des c. 4 et 5 (*De electione diffinitorum* et *De auctoritate diffinitorum*) est tiré essentiellement et avec très peu de modifications des *SA*; pareillement pour la moitié du c. 6 (*De electione vocandorum ad capitulum privatum*). Avec le c. 9 (*De visitacione*) un procédé de compilation que l'on retrouvera dans le cours du texte se fait jour. Il consiste à introduire, dans des emprunts à une source cartusienne, des emprunts à une autre source, également cartusienne: ainsi des passages des *SN* II, 8 sont insérés dans une quinzaine

---

hensa, Prima pars statutorum antiquorum, dans *Documents*: vol. 1, p. 57-160 (= *SA* I). *Secunda pars statutorum antiquorum*, dans *Documents*: vol. 2, p. 161-238 (= *SA* II); *Tertia pars statutorum antiquorum*, dans *Documents*: vol. 2, p. 239-269 (= *SA* III); *Statuta nova ordinis Cartusiensis in tribus partibus comprehensa, Secunda pars statutorum novorum*, dans *Documents*: vol. 2, p. 289-312 (= *SN* II). Pour les Victorins, voir *Liber ordinis* (ed. L. JOCQUÉ et L. MILIS, Turnhout, 1984, («Corpus Christianorum, Continuatio Mediaevalis», 61). Deux études pionnières ont été consacrées à ces relations des Windeshémiens respectivement avec Saint-Victor de Paris (voir L. JOCQUÉ, «Saint-Victor et Windesheim», cf. *supra*, n. 16) et avec les chartreux (W. LOURDAUX, «Kartuizers – Moderne devoten. Een probleem van afhankelijkheid», *Ons Geestelijk Erf*, 37 (1963), p. 402-418).

26 Les quantifications quant à l'utilisation et aux proportions de textes sont certes par elles-mêmes porteuses de peu d'intelligibilité sur le poids réel des influences en des domaines divers dont l'importance varie grandement. Mais les compilateurs windeshémiens usant si largement de la transcription littérale, ces données en reçoivent, pour l'historien, plus de valeur.

27 Pour citer les plus révélatrices de la conscience que les Windeshémiens se faisaient d'eux-mêmes: *monachi* devient «fratres», *domus cartusie* devient «domus nostra», *prior cartusie* devient «prior superior», *domus ordinis* «domus nostra», *persone ordinis* «persone domorum nostrarum», *monachi domus cartusie* devient «fratres in eodem capitulo constituti», *priores* devient «priores vel rectores», *priores sive monachi* devient «priores sive fratres», *cartusiensis ordo* devient «domus nostra», *colloquium claustri* devient «colloquium ad invicem», etc.

INTRODUCTION 17

de passages des *SA* II, 30. En divers endroits, les Windeshémiens ont apporté des insistances significatives au texte des Chartreux[28].

En dehors de ces exemples, les emprunts faits aux *SN* des Chartreux sont aussi littéraux que ceux venant des *SA*. La même technique de rédaction que nous avons vue utilisée se retrouve dans le c. 10 (*De electione et confirmacione novi prioris*) où l'emprunt aux *SA* II – soit les trois-quarts du texte windeshémien – est interrompu trois fois par des ajouts venant des *SN* ; tous les emprunts sont littéraux mais portant les adaptations nécessaires à la terminologie propre aux Windeshémiens. Dans ce chapitre apparaît pour la première fois un texte tiré du *Liber ordinis* victorin traitant de la liturgie (c. 2 *De benedictione abbatis*) ; l'emprunt n'est pas littéral.

L'élection du prieur « 1° per viam scrutinii, 2° per viam compromissi, 3° per inspiracionem » (I, 10, **95-143**) manque dans les statuts des Chartreux[29].

---

28 On peut relever

SN II, 8, §3
Celantes visitatoribus revelanda non possint absolvi per priores suos nisi iniuncta penitentia septem abstinentiarum preter abstinentias ab ordine constitutas.

Wind. I, 9, **91-93**
Celantes vero ex proposito huiusmodi crimina vel gravia *visitatoribus revelanda non possunt absolvi per priores suos, nisi iniuncta penitencia septem abstinenciarum* in pane et cervisia.

SN II, 8, §6
Visitatores fortiter reprehendant *priores qui* de facili monachis *dant* materiam *evagandi* frequentando spaciamenta extra domos, imponantque eisdem prioribus pro huiusmodi culpis bonas disciplinas et si eis visum fuerit *tales licentias moderentur et restringant.*

Wind. I, 9, **193-196**
Visitatores districte corrigant *priores, qui* sine magna et evidenti utilitate vel necessitate et sine consilio conventus *dant* fratribus licenciam parentes vel amicos visitandi seu ad civitates et villas *evagandi, et tales licencias* inquantum poterunt *moderentur et restringant.*

29 Depuis le concile de Latran IV (1215) cette triple possibilité était prévue pour l'élection d'un pape dans les conclaves. La procédure « par compromis » – où l'on s'en remet au choix d'un petit nombre d'élus – était une des possibilités envisagées pour l'élection de l'évêque par le chapitre cathédral au concordat de Worms (1122), et elle était un des procédés possibles chez les chanoines réguliers de Marbach pour l'élection du *praepositus*, comme à Saint-Victor pour celle de l'abbé (*LO*, 1). À Saint-Ruf, dès le XIe siècle, le choix de l'abbé pouvait se faire par un consensus, ou un scrutin, ou par trois ou cinq « probi viri » élus par leurs pairs (cf. Y. VEYRENCHE, *Chanoines réguliers et sociétés méridionales. L'abbaye de Saint-Ruf et ses prieurés dans le sud-est de la France (XIe-XIVe siècle)*, thèse de l'Université Lumière-Lyon II, 2013, p. 126, 184). Ces pratiques sont aussi en usage dans l'ordre monastique.

18 INTRODUCTION

La *Pars II* traite des différentes fonctions exercées dans les communautés windeshémiennes: on y constatera donc sans surprise qu'une très faible proportion du texte (un dizième) est redevable aux statuts des Chartreux, c'est surtout le *Liber ordinis* des Victorins qui inspirera environ un tiers du texte. La proportion était bien inférieure pour la première partie. Cette section prise au *Liber ordinis* a été davantage retravaillée par les rédacteurs que les emprunts aux Chartreux, littéraux toujours dans ces deux parties. Si les Windeshémiens ont tenté d'harmoniser leurs deux principales sources, par place, comme ici dans le c. 2 (*De suppriore*), il leur arrive de ne laisser la parole qu'à l'une d'entre elles, ici encore le *Liber ordinis* victorin. On constate comme une «descente» dans les hiérarchies de gouvernement: le monde windeshémien ne connaissant pas l'abbatiat, on y transfère méthodiquement au prieur ce qui est dit de l'abbé, au sous-prieur ce que les Victorins disaient du prieur. Pour la charge importante du procurateur, les deux sources sont inégalement entremêlées dans la rédaction, car la source cartusienne procure la moitié du texte; une faible proportion est fournie par le monde victorin dont ici encore le texte est retouché, alors que dans les sections suivantes (c. 4 *De cellerario*; c. 5 *De refectorario*) c'est vers le *Liber ordinis* que l'on se tourne, où la «discipline régulière» des repas fait l'objet de longues prescriptions tout comme la tenue à table avait fourni de longues descriptions au *De institutione novitiorum* de Hugues de Saint-Victor: le cénobitisme cartusien ne pouvait guère fournir d'indications en ces domaines.

Il est normal que le c. 7 sur l'habit (*De vestiario*) dépende peu des deux ordres religieux, de beaucoup plus anciens. Il ne leur sera donc guère demandé, pour le *Liber ordinis*, que de circonscrire le domaine de compétence du «vestiarius» et de fournir des recommandations générales, d'ordre moral ou spirituel, inspirées de la règle augustinienne, sur le vêtement; quelques reprises littérales aussi, de même nature, à Guigues comme aux *SA*. La prééminence de l'influence victorine, si manifeste, se confirme encore pour les fonctions de sacriste (c. 8 *De sacrista*) où le matériau offert par les dispositions d'une abbaye au cérémonial liturgique développé pouvait être important. Les mêmes causes sans doute produisent les mêmes effets pour la moitié du chapitre sur le chantre (c. 9 *De cantore*). En revanche, quand il est question du bibliothécaire (c. 11 *De armario*), des dispositions victorines qui confèrent une importance signalée à cet officier claustral d'une abbaye savante et investie dans l'enseignement, on ne reçoit que quelques phrases, touchant la conservation matérielle des livres. On préfère puiser dans les

Statuta antiqua cartusiens des prescriptions qui auront quelque poids dans la *forma mentis* windeshémienne et les activités de transcription auxquelles s'adonneront les religieux.

Pour les officiers mineurs, comme le portier (c. 11 *De portario*), on s'adresse aux deux sources, mais pour l'hôtelier (c. 13 *De hospitario*), on doit se tourner vers Saint-Victor, où l'hospitalité fut traditionnellement large, et où le *Liber ordinis* fournit le tiers du texte windeshémien.

La *Pars III* des Constitutions traite principalement de l'organisation de la vie communautaire dans l'ensemble des monastères. Une fois encore, les Windeshémiens dépendent pour un quart du texte de leurs deux sources privilégiées, la législation des Chartreux et celle des Victorins. Tout comme dans la seconde partie, ils se sont efforcés de proposer une organisation structurée à partir des deux sources et ce n'est que pour quelques chapitres qu'une seule source est présente. Un bref aperçu cherchera à montrer la manière de travailler des Windeshémiens.

Les rédacteurs ont cherché à fondre en leur texte sur la réception et la formation des novices (c. 1 *De susceptione et institucione noviciorum*) des emprunts – généralement littéraux – faits au *Liber ordinis*, c. 22 et aux *Statuta antiqua* II, 23. Mais c'est de la cérémonie de profession chez les Chartreux, qui remonte aux *Consuetudines* de Guigues et qui est reprise des *SA* que s'inspirent les Windeshémiens (c. 2 *De professione et ordine professorum*), plus que des Victorins (quelques données reprises du c. 24 du *Liber ordinis*). En revanche pour l'organisation de leur office choral (c. 3 *Qualiter se fratres habeant in horis regularibus*), les Windeshémiens ont puisé principalement dans trois chapitres du *Liber ordinis*[30], complétés par quelques emprunts aux *Statuta antiqua*. Les dispositions sur la tenue corporelle au chœur durant la Messe conventuelle (c. 4 *Qualiter se fratres habeant in missa conventuali*) offrent quelques ressemblances frappantes avec les c. 57 et 58 de la législation victorine, mais qui n'est pas reprise littéralement.

On a dans ces trois premiers chapitres un exemple significatif des méthodes de travail des Windeshémiens, déjà repérées: on unifie des sources diverses, par coupures et insertions, mais sans se livrer à un travail rédactionnel (c. 1); on privilégie la source cartusienne, reprise longuement et littéralement (c. 2), ou à l'inverse c'est à la source victorine que vont les préférences. On se trouvera alors le plus souvent devant de

---

30 Voir les chapitres 26, 54, 52.

20   INTRODUCTION

simples emprunts littéraux (c. 3), soit, bien plus rarement, on constatera qu'une inspiration indéniable s'est traduite par des ressemblances (c. 4).

Le c. 33 du *Liber ordinis* sur le chapitre des coulpes, rarement retravaillé, forme la base de l'important c. 5 (*De capitulo culparum*), complétée par quelques passages venant des *SA* et des *SN*[31]. En revanche le c. 6 (*De silencio et labore*) est repris aux Chartreux[32] et bien que le *Liber ordinis* contienne deux chapitres sur le sujet, on n'en trouve nulle trace chez les Windeshémiens; les emprunts pour le chapitre du réfectorier (c. 7) mêlent les sources cartusiennes et victorines. Nouveau changement avec le chapitre suivant (c. 8: *De ieiuniis*) qui ne puise que dans les *Statuta antiqua* cartusiens, qu'il complète par des passages du c. 35 des *Consuetudines* de Guigues; troisième changement de méthode encore au c. 9 (*De collatione*) qui, bref, n'a que quelques vagues ressemblances avec le *Liber ordinis* (c. 36, 3 et 25-26). C'est un travail de marqueterie, rassemblant des fragments dispersés dans les *Statuta* que montre le c. 10 *De dormitorio*. Deux lignes seulement du *Liber ordinis* sont insérées, très retravaillées. Très retravaillé également, un emprunt plus large au *Liber* dans le c. 11 (*De communione*), n'empêche pas que la source principale reste les *SN* (I, 5, §19 et 18), repris assez littéralement. On ne s'étonnera pas que les prescriptions touchant les voyages (c. 12), pour lesquels la législation cartusienne avait peu à offrir, viennent principalement du *Liber ordinis*. Le très court chapitre *De tonsura* (c. 13), porte quelques membres de phrases empruntés au *Liber* victorin, c. 62.

Dans la *Pars IV*, la législation des Chartreux est la seule source des Windeshémiens. Principalement la *Tertia Pars* des *SA* est à prendre en considération, dont les chapitres 24, 3, 5, 7, 28 et 21 ont été utilisés. Plusieurs textes ont également été puisés dans les *Consuetudines* de Guigues, mais ces textes étaient repris déjà dans les *SA* et les *SN*. Dans l'ensemble, on peut considérer qu'un quart du texte windeshémien est d'origine cartusienne.

Si pour rédiger le c. 2 (*De professione conversorum*), les Windeshémiens ont puisé dans les *SA* III, 24 qui forment un quart du texte, repris fidèlement – seul un membre de phrase provient probablement du *Liber* victorin, c. 24 – toute la suite de la législation touchant les convers, y compris le long c. 4 (*De divino officio conversorum*) ne présente que quelques contacts sporadiques ou des ressemblances fragmen-

---

31 Voir respectivement II, 12 et II, 4.
32 *SA* II, 17 et 18.

INTRODUCTION   21

taires avec la littérature normative cartusienne. La rencontre se reproduit avec le c. 6 (*De silencio conversorum*), car le silence était une valeur commune à la vie cartusienne et aux idéaux windeshémiens. Ce thème est traité par Guigues aux c. 42, 44, 72, et 43, en partie repris dans les *SA* III, 3 et III, 21, et de là est passé dans la législation de Windesheim à laquelle il fournit plus du tiers des prescriptions. Cette rencontre du c. 6, reprend avec le c. 9 (*De itinerantibus conversis*), dont les trois quarts sont tirés presque toujours littéralement des *Statuta antiqua* et de Guigues, se poursuit et s'accroît avec le c. 11 (*De rasura et minucione conversorum*) où les emprunts sont formés de courts fragments littéraux comme pour le c. 13 (*De diversis statutis conversorum*). On abandonne la transcription littérale pour une adaptation dans le c. 14 (*De donatis*).

On s'interroge pour certains chapitres du coutumier: ainsi, IV, 15 (*De mercennariis et prebendariis*) pour lequel aucune source n'a encore été détectée, même après découverte de l'influence dominicaine. Les «prébendés» étaient par définition inconnus des Chartreux; quant aux chanoines de Saint-Victor, ceux d'entre eux qui résidaient dans les bénéfices qu'étaient les prieurés-cures, étaient *ad nutum* des supérieurs. Il est très probable que les prébendiers dont il est ici question soient des clercs, jouissant de revenus personnels, et qui se proposaient de vivre, à la manière de « pensionnaires », dans les maisons régulières sans en partager toutes les observances. La pratique, assez fréquente et qui assurait quelques revenus aux maisons, pouvait être aisément source d'abus.

2. Une influence dominicaine mineure

A côté de la double influence majeure, cartusienne et victorine, dont on a essayé de donner un aperçu, apparaissent également des rapprochements indubitables avec deux autres genres de textes. En premier lieu les Constitutions des Dominicains (*Constitutiones Antiquae Ordinis Praedicatorum*)[33], et en second lieu – mais on hésitera en ce cas à parler proprement de « sources » – l'Ordinaire windeshémien.

Les emprunts au monde dominicain sont manifestes dans II, 7, sur les vêtements des frères, et dans III, 3 (*Qualiter se fratres habeant in ho-*

---

33 Nous renvoyons pour les *Constitutiones* dominicaines à A. H. THOMAS, *De oudste constituties van de dominicanen. Voorgeschiedenis, tekst, bronnen, ontstaan en ontwikkeling (1215-1237)*, Louvain, 1965 («Bibliothèque de la Revue d'histoire ecclésiastique», 42).

22 INTRODUCTION

ris regularibus) : on fait des pauses médianes dans le chant des versets des psaumes, mais l'office à Windesheim comme chez les Frères Prêcheurs doit être récité ou chanté, « breviter et succinte », ce qui était à l'opposé des solennités liturgiques développées des Victorins; ensuite le c. 5 (*De capitulo culparum*) où l'on adopte dans les deux cas le principe des « proclamations » des frères et de la « venia » ou prostration, mais en ayant pris soin de faire sortir les frères plus jeunes. Dans tous les cas on a procédé par marqueterie de petits membres de phrases. Les rencontres touchant la « collacio » (III, 9) sont moins probantes d'une dépendance directe, car elles sont limitées à des prières usuelles, alors prescrites dans beaucoup de communautés en cet exercice. Mais les autres contacts que nous avons mentionnés rendent probable qu'ici également on se trouve devant un emprunt ou une inspiration. Constatation identique et même hypothèse probable aussi pour III, 13 (*De tonsura*).

3. Marqueterie et tradition canoniale

Ce travail d'élaboration, sur plusieurs années, appuyé sur des normes primitives minimales, enrichies systématiquement, s'inscrivait dans une continuité de procédés et d'émergences de textes normatifs que l'ensemble de l'ordre canonial avait connus dès la période carolingienne. Le mouvement réformateur de la vie des clercs, avant même de prendre toute son expansion grégorienne et augustinienne au XIIe siècle, avait largement procédé par extraits et compilations de textes divers: prescriptions conciliaires, passages patristiques (Grégoire le Grand, Jérôme surtout), *regulae* diverses, y compris monastiques, avant que la règle de saint Augustin, le *Praeceptum*, ne devienne prépondérante et ne s'impose comme le socle de la vie canoniale régulière. Bien avant encore, la règle d'Aix avait procédé pour les chanoines carolingiens par emprunts patristiques et autres[34].

La constance de ces méthodes trouve sans doute une explication dans la nature même de l'ordre canonial, principalement genre de vie et qui ne peut revendiquer de « fondateur » auquel remonterait un écrit normatif unique. Inscrits donc dans un courant de tradition polymorphe, informés par des textes divers d'origine et de nature, les efforts d'organisation ne pouvaient guère que prendre la forme de ces compilations et extraits. Ainsi, les traits qui sembleraient caractériser l'élabora-

---

34 Cf. Y. Veyrenche, *Chanoines réguliers et sociétés méridionales* (n. 29), p. 96-101.

INTRODUCTION 23

tion du coutumier windeshémien, sont largement partagés avec les pratiques canoniales en matière de littérature normative.

En premier lieu un ensemble embryonnaire originel, reçu d'une intervention supérieure: l'évêque d'Utrecht pour Windesheim, de conciles dans le mouvement canonial carolingien, des papes dans le XIe siècle ou plus largement d'un ensemble mouvant de directives et conseils patristiques et canoniques.

En second lieu, le recours aux usages et coutumiers d'autres branches canoniales ou d'ordres relevant d'un autre courant régulier. Marbach avait repris les coutumes de Saint-Ruf en les complétant avec des textes clunisiens; Saint-Victor avait par place emprunté aux cisterciens[35]. Les multiples emprunts windeshémiens aux coutumes des Chartreux, des Victorins et des Dominicains, ne signent pas nécessairement une insuffisance de perception de la nature propre de l'ordre canonial de la part des Windeshémiens. Le siècle canonial par excellence, le XIIe siècle, avait vu des communautés à l'identité marquée, voire doctrinalement élaborée comme à Saint-Victor, recourir à des ensembles textuels relevant d'autres traditions régulières. Plus avant, au XIe siècle, les emprunts du même genre étaient compatibles avec une législation très restrictive quant au passage d'un ordre à un autre.

L'influence éventuelle du coutumier windeshémien sur les Constitutions ne s'écarterait pas davantage des pratiques canoniales: le *Liber ordinis* de Saint-Ruf avait été composé par agrégation de *Libelli* et d'*ordines* initialement distincts[36]. On notera toutefois la ténuité relative des rencontres textuelles entre Constitutions et coutumier à Windesheim: les types de sources normatives – ordinaire, coutumier, rituel, *liber ordinis*, *statuta* – qui parfois se recouvraient ou restaient dans une partielle indistinction à la haute époque, sont désormais habituellement bien distingués.

L'utilisation est assez souvent littérale, l'effort de travail rédactionnel sur ces extraits est rare, et c'est, comme dans les maisons canoniales de Norvège recourant au coutumier de Saint-Ruf, par des découpages qu'on emprunte. Dernier trait qui rapproche les procédures windeshémiennes des pratiques antérieures. Toutefois, Windesheim semble marqué par une plus grande littéralité et un moindre effort d'intégration en

---

35 On pourra voir une étude approfondie des lents processus qui forcent désormais à abandonner l'image insistante sur l'esprit de l'historien du «texte unique», en Y. VEYRENCHE, *op. cit.*, p. 85.

36 Y. VEYRENCHE, *op. cit.*, p. 132.

24 INTRODUCTION

un tout unifié: césures, coupures, soudures et courtes incises, méthodes assez souvent utilisées, ne prêtaient guère à expliciter un principe directeur du travail par une justification formulée ou les raisons des choix.

Le séjour parisien des Windeshémiens à Saint-Victor et sans doute à Sainte-Geneviève pouvait également s'inspirer de glorieux précédents: car ce sont aussi par des séjours qu'au XIᵉ siècle les rufiens avaient voulu apprendre les coutumes canoniales « scriptis et verbis »[37]. L'usage en est attesté encore au XVIIᵉ siècle, par les longs séjours qu'Alain de Solminihac, avant de réformer Chancelade, fit à Saint-Vincent de Senlis, puis à Sainte-Geneviève de Paris[38].

Ce qui paraît propre à Windesheim, mais demanderait la comparaison avec le devenir des Constitutions des autres branches canoniales, c'est le caractère évolutif des Constitutions une fois rédigées, et sur de nombreuses années. La plupart des autres congrégations canoniales n'ont guère connu, durant une existence de plusieurs siècles, que deux à trois révisions, le plus souvent à des périodes sensibles: fin du Moyen-âge, réforme tridentine ou influence des Lumières. Des campagnes de révision sont plus fréquentes dans les congrégations vastes, comme celles de Prémontré, centralisées, et surtout où la conscience d'appartenir à une même congrégation était plus vive que le sentiment largement autonomiste des maisons. Ces deux facteurs ont certainement joué dans le cas de Windesheim, qui s'est éloigné du modèle fédératif où le Chapitre Général a peu de compétences. Leur influence fut majorée par l'utilisation de la structure ancienne du Chapitre Général comme d'un moyen quasi-permanent de réformes textuelles, alors que la réforme des Constitutions échappait habituellement à l'autorité d'un Chapitre Général. L'efficacité ou la réactivité en ce domaine de constantes retouches du Chapitre windeshémien est encore accentuée par sa tenue annuelle, renforcée par l'institution du chapitre privé ou des définiteurs, pouvant

---

37 Y. VEYRENCHE, *op. cit.*, p. 83-84. On voit qu'il y aurait simplisme à reprendre la dichotomie commode d'une culture et d'un procédé tout livresques ou verbaux (« scriptis et verbis ») opposé à une connaissance directe, pratique et « sur le terrain » (les séjours). En fait, ces derniers sont également ordonnés à connaître aussi les textes normatifs, soit par accès textuel soit par cette *expositio* qu'en est la vie « vécue ».

38 Cf. P. PETOT, *Alain de Solminihac (1593-1659) Prélat réformateur. De l'abbaye de Chancelade à l'évêché de Cahors*, t. 1, Turnhout, Brepols, 2002 (« Bibliotheca victorina », 21), p. 116-122.

INTRODUCTION   25

intervenir entre les réunions du Chapitre Général et préparer des modifications à étudier.

III. LA TRADITION MANUSCRITE

Une édition qui se voudrait rigoureusement génétique, déjà hérissée de difficultés de réalisation, se heurterait en outre au fait que le processus de retouches et modifications, impulsé peu d'années après la rédaction des Constitutions primitives, elles-mêmes dépendantes de dispositions embryonnaires, s'est prolongé jusqu'à la fin de la Congrégation[39].

Déterminer le moment précis où apparait telle modification est tâche bien malaisée, sinon impossible. Les décisions capitulaires auraient pu être d'une grande aide, mais là encore les textes modifiés ne sont pas donnés dans les registres des chapitres généraux. Ils étaient transcrits à part et ne peuvent être atteints qu'indirectement par les manuscrits dont on aura pu établir qu'ils les avaient insérés[40], sans qu'on puisse déterminer le moment de l'insertion et de la décision capitulaire qui l'avait précédée. On n'est en possession que des interventions rédigées à partir de la fin du XVᵉ siècle, c'est-à-dire relatives à un état déjà tardif et bien modifié des Constitutions.

Il pouvait alors sembler opportun de choisir d'éditer un état tardif comme l'ont fait les éditions imprimées des XVIᵉ et XVIIᵉ siècles, destinées à l'utilisation dans les maisons windeshémiennes[41]. Mais on y reconnaît à peine, à travers une centaine de modifications, la législation primitive.

C'est cette dernière que nous choisissons de présenter dans sa teneur originelle. L'examen de la tradition manuscrite se proposera donc de déterminer ceux des manuscrits par lesquels pourra être ménagé l'accès à

---

39 Ces interventions, à partir de la fin du XVᵉ siècle jusqu'en 1611 seulement, ont fait l'objet d'une compilation par Jacques Thomas Bosmans, prieur de Val-Saint-Martin à Louvain et secrétaire de la Congrégation à partir de 1752, menée par lui jusqu'à sa mort en 1764 sur les *Acta* du Chapitre Général. Ce travail a été édité (*Acta capituli Windeshemensis*, voir n. 21).

40 C'est le cas, comme on le montrera plus loin, pour les manuscrits *G*, *K*, *Ne*, *P¹* et *P²*.

41 On les trouvera dans W. LOURDAUX, E. PERSOONS, « De Statuten van de Windesheimse mannenkloosters in handschrift en druk », voir n. 23 : Dem Hem, 1508 ; Utrecht, 1553 ; Louvain, 1639.

l'état le plus ancien qui soit atteignable dans les conditions faites par les manuscrits conservés.

1. La tradition manuscrite des Constitutiones

Une première recension des manuscrits des Constitutions, menée dans la perspective d'une édition, avait repéré 18 témoins[42]. La réouverture du dossier nous a permis d'en ajouter cinq autres. On se trouve maintenant devant 23 exemplaires des Constitutions windeshémiennes dans leurs divers états textuels[43]. Notre choix de donner le texte qui s'approche le plus de l'état originel a conduit, après examen, à sélectionner les témoins suivants, qui se révélaient utiles à notre propos:

B¹   BRUXELLES, Bibliothèque Royale, II 2336
  XVᵉ s., des Bons-Enfants de Liège, ff. 9v-93v [I, 1-IV, 5]

G   BRUXELLES, Bibliothèque Royale, IV 108
  XVᵉ s. (*ca* 1434), originaire de Groenendaal, ff. 8r-77v

K   BRUXELLES, Bibliothèque Royale, 16595
  XVᵉ s. (*ca* 1434), originaire de Korsendonk, ff. 9r-82r

L   LOUVAIN, Rijksarchief, Kerkelijk Archief van Brabant, n° 15076
  XVᵉ s. (*ca* 1500), de Val-Saint-Martin à Louvain, ff. 154r-179v [I, 1-III, 1]

Ne   NEUSS, Stadtarchiv (Archiv Schram H 12)
  XVᵉ s., d'Elisabethenthal, p. 1-120

P¹   PARIS, Bibliothèque Nationale de France, lat. 10883
  XVᵉ s. (*ca* 1434), originaire de Rebdorf, ff. 2v-80r

P²   PARIS, Bibliothèque Nationale de France, lat. 10882
  XVᵉ s. (*a.* 1460), originaire de Rebdorf, ff. 4v-107v

W   WOLFENBÜTTEL, Herzog August Bibliothek, 56. 24 Aug. 8°
  XVᵉ s. (*ante* 1434), probablement originaire de Windesheim, ff. 1r-101v

2. Examen critique des témoins manuscrits retenus

De ces huit témoins, on est amené à examiner en un premier temps les manuscrits *G*, *W* et *L* que rapprochent, outre leur date, leurs variantes rédactionnelles.

---

42   W. LOURDAUX, E. PERSOONS, *art. cit.*, p. 191-214.
43   Nous en donnons la liste *infra*, en appendice, p. 34-35.

INTRODUCTION 27

1. Les manuscrits *W* et *G* sont antérieurs au milieu du XVᵉ siècle. On peut avancer pour *G* un «*ca* 1434», mais aucun élément externe ne permet de dater le manuscrit *W* avec plus de précision. Chacun d'entre eux est transcrit par une main unique. Corrections et additions ultérieures y sont peu nombreuses.

Certains ajouts sur le manuscrit *G* sont intéressants et significatifs et surtout permettent d'établir l'antériorité de *W* sur *G*. Ainsi:

I, 9, **192**: ...poterit collocare

Ici, dans *G in textu plano* est ajouté un passage sur le déplacement d'un religieux vers un autre couvent, ce qui ne peut se faire qu'avec la permission du Chapitre Général ou du Prieur Général:

> Alias nullus frater de domo sua ad habitandum in alia domo mittatur nisi per capitulum generale vel priorem superiorem. Qui sic missus non remittatur neque redeat sine predicta auctoritate vel licencia.

Ce texte contredit une décision capitulaire de 1414 où ce pouvoir est attribué aux visiteurs:

> Visitatores auctoritate capituli fratres emittere possunt ad quecumque monasteria nostri ordinis et capituli, salvis tamen expensis arbitrio visitatorum aut prioris superioris monasterio prefato assignandis...[44].

Dans une décision capitulaire de 1431, ce pouvoir est réservé au Chapitre Général et au Prieur Général, mais le renvoi est réservé au Prieur Général:

> Fratres missi ad alia monasteria auctoritate capituli generalis maneant ibi, similiter missi sub obedientia prioris maioris domus, uti et fratres ibidem conventuales, nec redeant nisi de licencia prioris superioris[45].

Cette décision capitulaire est à l'évidence la source de l'ajout dans le manuscrit *G*[46].

---

44 *ACW*, p. 20.
45 *ACW*, p. 23.
46 Cet ajout se lit aussi dans le fond de texte des manuscrits *L* et *B¹*, dans *Ne* sur une feuille intercalaire séparée, dans *P¹*, *P²* et *K* dans les marges. Le texte repris dans les

28 INTRODUCTION

Il s'ensuit que le texte de *W* est à considérer comme le plus ancien des deux témoins *W* et *G*.

Un cas semblable se présente dans III, 1, **156**, où *G in textu plano* ajoute un passage sur les novices.

> Novicii ante professionem suam non debent ad ordines aliquos nec ad minores quidem promoveri. Quod si ante professionem decesserint acceptabiliter idipsum eis defunctis conceditur quod professis, quamvis tamen kalendario sine speciali causa non inscribantur. Receptis quoque eciam ante vesticionem decedentibus hocipsum exhibetur, sed Psalterium ex debito non legitur.

Ce texte cependant est privé de correspondant dans les décrets capitulaires conservés et dans les *De diversis statutis*[47].

La proximité de *G* et *W* d'une part, et l'antériorité de *W* d'autre part est fortement suggérée par celles des leçons de *W* qui se trouvent érasées dans *G* et remplacées par une autre leçon, ce qui confirme l'existence de deux états de *G*, avant et après grattage (G^1 et G^2):

	Lecture de *W*	Lecture de G^2 sur grattage de la leçon *W*
I, 4, **23-25**	Isti eciam uno contractu eligant notarium unum de prioribus vel fratribus, qui anno precedenti diffinitor non fuit vel notarius	Unus autem sit continuus notarius capituli et singulis annis non varietur (-tor non fuit vel notarius: *biffé*)
II, 6, **14-15**	loqui et extra horas remanere potest	loqui potest
II, 7, **54-56**	Itinerantes vero utuntur cappis fere usque ad genua consutis quas semper induere debent dum vadunt per civitates. Equitantes autem cappas non exuant	Itinerantes vero seu equitantes utuntur cappis et non togis, quas semper induere debent dum vadunt per civitates vel dum equitaverint
II, 7, **61-62**	Tunice nostre et pellicia minora nodos	Tunice nostre inferiores nodos

---

Statuts divers (1ᵉ série, probablement jusqu'en 1433-1434) du manuscrit *G*, fol. 80r reprend l'ajout cité plus haut: « Alias nullus frater ... vel licencia ».

47 Ce même ajout est présent dans le manuscrit *L* et, *in textu plano*, dans les cinq autres manuscrits étudiés. Ce qui fait supposer qu'il y fut ajouté lors de la révision des Constitutions en 1433-1434.

II, 13, **17-18**	hospitum generaliter culcitre habeantur, possunt tamen propter aliquos lecti pauci haberi	hospitum culcitre et lecti habeantur, secundum disposicionem priorum et exigenciam personarum

Le manuscrit *W* n'offre pas de leçon dont l'origine pourrait être une modification approuvée par les *confirmationes* des chapitres généraux (les *confirmata* capitulaires) et pas davantage de leçons ou formulations tirées des textes repris dans les sections *De diversis statutis*.

2. Le texte du manuscrit *L* suit dans la plupart des cas les leçons de *G ante correctionem* (soit G^1) mis à part les nombreuses inversions et variantes graphiques, sans importance intrinsèque pour la transmission du texte. Il convient pourtant de signaler une particularité.

Dans tous les cas que nous venons de mentionner où la lecture de *W*, errasée dans G^2, y était remplacée par une autre leçon, la lecture de *W* – qui était aussi la première lecture de *G* (soit G^1) avant qu'elle ne soit errasée (en G^2) – se retrouve dans *L*. Ce manuscrit *L*, originaire du Val-Saint-Martin, est sans aucun doute une copie du manuscrit des Constitutions conservé au Val-Saint-Martin, lequel, vraisemblablement, ne possédait pas non plus le remaniement porté par G^2. On ne peut faire de *W* l'*exemplar* dont l'ancêtre de *L* aurait emprunté le texte, du fait des variantes communes, mineures, que *L* possède en commun avec G^1.

L'étude de la transmission du texte et des critères externes de ces trois témoins *WGL* permet les conclusions suivantes :

– le manuscrit *W* transmet un texte plus ancien que celui de G^1 et G^2 ;

– ce manuscrit *W* donne l'état le plus ancien qui soit actuellement conservé et identifié des Constitutions primitives de Windesheim : il livre une version bien antérieure à 1434 ; on ne peut affirmer qu'il donne le texte premier de 1402, année où s'achève le travail de la commission ;

– le manuscrit *G* avant modification (ou G^1) avait introduit les changements décidés par le chapitre de 1431 ;

– ce témoin G^1 est ensuite modifié pour donner la version nouvelle des Constitutions décrétée au chapitre de 1434 ; ce témoin modifié est le manuscrit G^2 ;

– le texte de G^2 ainsi obtenu se retrouve dans cinq autres manuscrits (*B¹*, *K*, *Ne*, *P¹* et *P²*) où il a été introduit sur grattages et cancellations. Ce qui suggère fortement de voir dans ce manuscrit G^2 le manuscrit

30 INTRODUCTION

« de référence », qui, en 1434, fut produit et conservé à Groenendaal et servit de modèle pour établir les autres témoins ou pour les corriger.

Les manuscrits B^1, K, Ne, P^1 et P^2

Dans les cinq manuscrits restants du groupe des plus anciens témoins, soit B^1 K Ne P^1 P^2, le texte original est transcrit sur parchemin, à chaque fois par un seul copiste indépendant. Dans les manuscrits B^1 et P^1, se trouvent intercalées plusieurs feuilles de papier. En tous ces témoins la présence antérieure du texte attesté en W peut aussi être repérée parce qu'il fut également gratté ou biffé, avant qu'une main plus tardive n'inscrive le texte remanié.

Seul le manuscrit P^2 est daté avec précision (1460). Peut-on supposer que les quatre autres manuscrits (B^1, K, Ne, P^1), de date imprécise, faisaient partie de ces exemplaires, antérieurs à 1433-1434? Ceux-ci furent estimés d'une qualité matérielle suffisante pour échapper à la destruction qui attendait les exemplaires rendus obsolètes par les ajouts législatifs, en particulier les décisions de 1433-1434? ou bien ces manuscrits livrent-ils seulement le texte revu de 1433-1434? Les deux suppositions sont possibles, mais les preuves décisives manquent.

Tous contiennent des additions et des corrections faites par différentes mains, mais partout peut se retrouver le texte original, celui de l'ensemble WGL, en particulier dans ces manuscrits où les versions plus récentes des Constitutions ont été apportées en biffant le texte primitif: ainsi pour les manuscrits P^1 et P^2 où l'on repère peu de grattages et où l'on a choisi de biffer le texte premier et d'inscrire le nouveau en marge, en plus petits caractères par une autre main. Parfois on a collé de petites pièces de parchemin portant les dispositions nouvelles.

Le couple P^1 P^2

Le manuscrit P^1 doit son importance au fait que les versions récentes des Constitutions y sont ajoutées avec soin; parfois on peut même distinguer quatre strates successives. Certains passages peuvent être biffés qui, dans d'autres manuscrits moins bien tenus à jour, ne sont pas cancellés: ainsi en plusieurs cas, ce n'est que dans P^1 que l'on trouve l'un ou l'autre membre de phrase raturé, par ex.:

> I, 1, **32-34** : Et cum priores ... ipsi denuncient;
> I, 5, **72-79** : Cunctis igitur ... diffinita recitant.

INTRODUCTION   31

Les manuscrits P^1 et P^2 proviennent tous deux de Rebdorf et sont en bon état. P^2 est probablement une copie de P^1 dans sa forme originale, avant que cet exemplaire ne soit objet d'interventions successives.

Une parenté éloignée: $Ne\ B^1$

Dans les manuscrits B^1, K et Ne, de nombreux passages, parfois longs, sont grattés et une nouvelle version introduite par une main plus récente.

Exemplaire soigné, le manuscrit Ne a été très endommagé par l'humidité, rendant difficilement lisibles et même parfois illisibles les lignes du haut des pages et les lignes inférieures du fol. 1r à 8v. La parenté de Ne est bien lointaine avec les manuscrits P^1 et P^2, quoique tous trois germaniques, et en revanche bien plus proche avec les trois témoins WGL. Les additions ou modifications qui figurent dans les quatre autres manuscrits B^1, K, P^1 et P^2 sont absentes ici. Voici quelques exemples:

I, 8, **46-47**	nisi per ... concordaverint	n'est pas biffé en Ne
I, 9, **168-169**	qui principaliter ... obedienciis deputata	n'est pas biffé en Ne
II, 7, **73-77**	sotulares tamen ... vestarius eos qui	n'est pas biffé en Ne
II, 8, **47**	purgat ... iniungit	n'est pas biffé en Ne
II, 10, **33-34**	ultimus vero ... prioris supplet	n'est pas biffé en Ne
III, 5, **15-16**	observetur autem ... veniam petunt	n'est pas biffé en Ne

D'autre part, on constate une certaine parenté entre Ne et B^1 qui tous deux sont les seuls à conserver intacts des passages, biffés dans les autres témoins K, P^1 et $P2$. Ces passages non biffés sont les suivants:

II, 1, **118-119**	Nullus quoque ... Renenses	n'est pas biffé en Ne et B^1
II, 2, **22-25**	Si alius ... suum facit	n'est pas biffé en Ne et B^1
II, 3, **15-16**	Fideiubere ... conventus	n'est pas biffé en Ne et B^1
II, 7, **61**	et pellicia minora	n'est pas biffé en Ne et B^1
III, 3, **24**	ecclesiam	n'est pas corrigé en 'chorum'

Une reliure nouvelle a diminué les marges de B^1, d'où une perte partielle des ajouts marginaux apportés dans les rédactions plus récentes. Ce manuscrit est en outre incomplet, le texte des Constitutions s'interrompant brusquement en IV, 5, **26** sur les mots *eciam corripere vel.* B^1 suit en grande partie les trois manuscrits WGL, et parfois des ajouts

32 INTRODUCTION

ou des corrections apportés dans les autres manuscrits *K*, *Ne*, *P¹* et *P²* manquent en *B¹*, comme:

I, 4, 20	octo diffinitores	non biffé en *B¹*
I, 6, 27	iussionem prioris	non biffé en *B¹*
I, 7, 12-13	et conventus	non biffé en *B¹*
I, 9, 230-231	cum consilio conventus sui	non biffé en *B¹*
III, 8, 23	Hospitibus feriis sextis ova non ministramus	non biffé en *B¹*
III, 14, 28-30	Qui extra consuetam ... tantum eis conceditur	non biffé en *B¹*

B¹ et *K* présentent tous deux bon nombre de rasages sur lesquels furent apportées des modifications encore plus tardives que celles consécutives aux dispositions des années 1431-1434. Des compléments tardifs sont également ajoutés en marge.

K ne connaît que quelques très rares exemples d'irrégularités analogues à celles de *B¹* où font parfois défaut des ajouts ou des corrections apportés dans les autres manuscrits *K*, *Ne*, *P¹* et *P²*. On a relevé ces seuls cas où ce témoin est seul à ne pas porter des modifications que partagent tous les autres (soit *B¹*, *Ne*, *P¹* et *P²*):

II, 1, 46	Missam audiant	
	l'ajout 'et caveant diligenter ne faciant reysas diebus dominicis et festis, nisi propter evidentem necessitatem' est absent	
III, 7, 48	secularium	l'ajout *aut cum hospitibus* manque ici
III, 12, 12-13	qui de capitulo nostro non sunt	n'est ni rasé, ni biffé
III, 12, 17	Nemo tamen facile abutatur hac licencia	n'est pas biffé
III, 14, 37	nulli fratrum	n'est pas biffé

De l'examen de ces cinq manuscrits on peut avancer les remarques ou conclusions suivantes sur leur nature:

– Dans les cas où le texte original pouvait être lu ou reconstitué en-deçà des biffages et rasures, on ne repère jamais, dans ce texte-là, un membre de phrase qui serait plus ancien que le texte offert par nos trois manuscrits *GWL*, ce qui confirme leur statut privilégié.

– Les cinq manuscrits se présentent comme une production d'une croissance progressive qui reflète l'évolution d'une union vivante de maisons régulières selon le surgissement de questions nouvelles aux-

INTRODUCTION   33

quelles il est régulièrement répondu de façon normative par des mesures nouvelles et des textes nouveaux.

– Aucun de ces cinq témoins ne porte le même état textuel. Ces nombreuses différences entre les exemplaires conservés suggèrent que des couvents n'ont pas toujours consacré le même soin pour préciser et actualiser leur règle conventuelle, ou qu'ils n'ont introduit les modifications qu'en partie, et pour certaines strates.

IV. LA PRÉSENTE ÉDITION

Le but que nous nous étions proposé est d'approcher la forme la plus primitive que nous puissions connaître des Constitutions de Windesheim, à savoir celle établie par la commission formée à cet effet et qui œuvra de 1392 à 1402.

L'examen des manuscrits montre qu'on peut la demander aux trois manuscrits *GWL*. Les cinq autres témoins viennent conforter le jugement d'ancienneté du texte de ces trois manuscrits. Avec ces autres témoins, on entre dans l'histoire évolutive du texte.

Le texte que nous donnons est celui du témoin *W* ; l'apparat textuel donne les variantes des témoins *G* et *L*. On ne s'écarte de *W* que dans le cas de variantes fautives et non rédactionnelles, auxquels cas on a recours aux leçons de *G* ou *L*.

Nous entendons la notion de sources des seules sources immédiates, à savoir les *Statuta* cartusiens, le *Liber ordinis* de Saint-Victor et les premières Constitutions dominicaines .

APPENDICES

LES MANUSCRITS
DES CONSTITUTIONS DE WINDESHEIM

ANTWERPEN, Plantin-Moretus Museum 364, *ca* 1500; papier, de Rouge-Cloître, ff. 3r-53v [Prol., I-IV]

BRUXELLES, Bibliothèque Royale 8749-50 (4503), XVe s., papier, d'Elseghem, ff. 1r-132v [Prol., I-IV]

BRUXELLES, Bibliothèque Royale 11224 (3649), XVe s., parchemin, de Bethleem, ff. 1r-70r [Prol., I-III]

BRUXELLES, Bibliothèque Royale 11778-82 (3650), XVIe s., papier, de Groenendaal, ff. 14r-87r [Prol., I-IV]

BRUXELLES, Bibliothèque Royale 11915-19 (2234), XVIe s. (*a.* 1526), papier, du Val Saint-Martin de Louvain, ff. 25r-49v [extraits]

BRUXELLES, Bibliothèque Royale 16595, XVe s. (*ca* 1432-1434), parchemin, de Korsendonck, ff. 9r-82r [Prol., I-IV]

BRUXELLES, Bibliothèque Royale II 297 (2358), XVe s., papier, ff. 87r-100v [IV, 1-13; en moyen-néerlandais]

BRUXELLES, Bibliothèque Royale II 2336 (3646), XVe s., papier et parchemin, des Bons-Enfants de Liège, ff. 9v-93v [Prol., I-IV, 5]

BRUXELLES, Bibliothèque Royale II 3395 (3673), XVIe s., parchemin, ff. 1r-48v [extraits]

BRUXELLES, Bibliothèque Royale IV 108, XVe s. (*ca* 1434), parchemin, de Groenendaal, ff. 8r-77v [Prol., I-IV]

CUYK, Bibliotheek van het Kruisherenklooster 113, XVe s. (?), de Frenswegen, parchemin, ff. 1r-67v [Prol., I-IV]

DARMSTADT, Hessische Landes- und Hochschulbibliothek 493, XVIIe s., (*a.* 1628); papier.

DÜSSELDORF, Staatsarchiv, Bestand Bödingen 5, XVIe s. (*ca* 1530), papier, ff. 15r-35v [Prol., I, 9-10]

LEUVEN, Maurits Sabbebibliotheek (*olim* Mechelen, Groot Seminarie) 53, XVIe s., papier, de Bois-Seigneur-Isaac, ff. 2r-82r [Prol., I-III]

LEUVEN, Rijksarchief, Kerkelijk Archief van Brabant 15076, XVIe s., papier, du Val Saint-Martin de Louvain, ff. 154r-179v [Prol., I-III, 1]

NEUSS, Stadtarchiv, Archiv Schram H 12 P, XVe s., parchemin, d'Elisabethenthal, ff. 1r-120r [Prol., I-IV]

NIJMEGEN, Bibliotheek der Katholieke Universiteit 67, XVIe s. (*ca* 1550), papier, ff. 4r-55r [Prol., I-IV]

PARIS, Bibliothèque nationale de France, lat. 10881, XVIe s. (*a.* 1538), papier, de Rouge-Cloître, ff. 13r-108v [Prol., I-IV]

APPENDICES   35

PARIS, Bibliothèque nationale de France, lat. 10882, XVe s., parchemin, de Rebdorf, ff. 4v-107v [Prol., I-IV]

PARIS, Bibliothèque nationale de France, lat. 10883, XVe s. (*ca* 1432-1434), de Rebdorf, ff. 2v-80r [Prol., I-IV]

PARIS, Bibliothèque Mazarine 1773, XVIe s., de Rouge-Cloître, ff. 14v-91v. [Prol., I-IV]

UTRECHT, Universiteitsbibliotheek 8 H. 26 (1589), XVIe s., parchemin, de Bethlehem, ff. 14r-92v [Prol., I-IV]

WOLFENBÜTTEL, Herzog August Bibliothek, 56. 24 Aug. 8°, XVe s., parchemin, ff. 1r-101v [Prol., I-IV]

Conspectus d'une genèse et des premiers temps d'une évolution

1384-1386	fondation du monastère canonial de Windesheim; consécration de l'église en octobre.
1387	premières professions «selon les Constitutions à établir».
Décembre 1387	une lettre de l'évêque d'Utrecht promulgue des décisions pour l'organisation de la communauté naissante ou avalise des pratiques déjà en usage (élection du prieur, précisions sur la charge du procurateur responsable du temporel). La rédaction de Constitutions est demandée.
Octobre 1388	Werner Keynkamp est élu prieur; en 1391 Jean Vos lui succède; les professions se font désormais «selon les Constitutions déjà rédigées et devant l'être ultérieurement».
1392	une union en chapitre ou *colligatio* unit les premières maisons; on suit dans la Congrégation naissante une forme sommaire de Constitutions, qui ne couvraient pas toute la vie régulière et peut-être, pour le reste, les statuts de Benoît XII (1339) édictés pour l'ensemble de l'Ordre des chanoines réguliers; voyages et séjours d'études à Saint-Victor et Sainte-Geneviève; on en rapporte une copie du *Liber ordinis*.
1393-1394	premier Chapitre Général; une commission est formée, chargée de rédiger les Constitutions; elle comporte Arnoul de Kalkar et Jean a Kempis, aidés de quelques frères.
Mai 1395	Boniface IX approuve l'érection en chapitre et décrit les étapes formelles du processus de rédaction des éléments des Constitutions (*ordinatio*, puis *approbatio*, puis *confirmatio*). Elles seront reprises dans les Constitutions.
1402 ou peu avant	la commission de rédaction achève son travail; en 1402 les Constitutions sont promulguées pour les maisons affiliées. Dans les années qui suivent, le témoin *W* est réalisé.
1406	les statuts édictés par Benoît XII pour l'ensemble de l'Ordre des chanoines réguliers sont suspendus pour la Congrégation de Windesheim.
Mars 1420	Martin V approuve les Constitutions et en consigne des points (Chapitre Général, élection du Prieur Général, des prieurs, définiteurs, visiteurs).
De 1414 à 1427	une rubrique spéciale «Statuta diversa» est introduite; on y insère progressivement les ajouts et modifications décidés par les chapitres généraux successifs. Ces interventions, d'abord peu nombreuses, se multiplient. On retrouve cette rubrique des «Statuta diversa» dans les témoins manuscrits *G, K, Ne, P¹* et *P²*.
1431	le chapitre décrète des changements; la première version du ms. *G* est réalisée.

APPENDICES

1433 nouvelles modifications : elles sont introduites dans la première version du ms. *G*, modifiée.

1434 est décidée une nouvelle rédaction des Constitutions, intégrant les changements qui avaient été rassemblés dans la rubrique des « Statuta diversa ». La nouvelle version doit s'imposer de façon générale ; ceux des exemplaires antérieurs qui sont peu corrigeables doivent être détruits et leur seront substitués des exemplaires uniformes sur parchemin, confectionnés d'après trois témoins-étalons privilégiés déposés à Windesheim, Neuss et Groenendaal.

On peut voir dans la seconde version du ms. *G* le témoin en dépôt à Groenendaal. Les mss *B¹*, *K*, *Ne*, *P¹* furent des exemplaires antérieurs à 1433-1434, qui auraient été conservés car corrigeables, ou des exemplaires livrant le texte revu de 1433-1434.

CONSPECTUS SIGLORUM

Codices

G   BRUXELLES, Bibliothèque Royale, IV 108, fol. 8r-77v
L   LEUVEN, Rijksarchief, Kerkelijk Archief van Brabant, n° 15076, ff. 154r-179v
W   WOLFENBÜTTEL, Herzog August Bibliothek, 56. 24 Aug. 8°, fol. 1r-101v

Fontes

ACW   *Acta capituli Windeshemensis. Acta van de Kapittelvergaderingen der Congregatie van Windesheim*, éd. S. VAN DER WOUDE, La Haye, 1953 («Kerkhistorische Studien», 6).

CAOP   *Constitutiones antique ordinis fratrum predicatorum*: A. H. THOMAS, *De oudste constituties van de dominicanen. Voorgeschiedenis, tekst, bronnen, ontstaan en ontwikkeling (1215-1237)*, Leuven, 1965, p. 308-369.

Guigo   *Statuta ordinis Cartusiensis a domino Guigone priore Cartusie edita*, in *The Evolution of the Carthusian Statutes from the Consuetudines Guigonis to the Tertia Compilatio*, éd. James HOGG, *Documents*: vol. 1. *Consuetudines Guigonis prima pars statutorum antiquorum*, Salzburg, 1989 («Analecta Cartusiana», 99), p. 7-56.

LO   *Liber Ordinis Sancti Victoris Parisiensis*, éd. L. JOCQUÉ – L. MILIS, Turnhout, 1984 («Corpus Christianorum, Continuatio Mediaevalis», 61).

SA I   *Statuta antiqua ordinis Cartusiensis in tribus partibus comprehensa, Prima pars statutorum antiquorum*, in *The Evolution of the Carthusian Statutes ...*, p. 57-160.

SA II   *Secunda pars statutorum antiquorum*, in *The Evolution of the Carthusian Statutes ...*, *Documents*: vol. 2, p. 161-238.

SA III   *Tertia pars statutorum antiquorum ordinis Cartusiensis*, in *The Evolution of the Carthusian Statutes ...*, *Documents*: vol. 2, p. 239-269.

SN II   *Statuta nova ordinis Cartusiensis in tribus partibus comprehensa, Secunda pars statutorum novorum*, in *The Evolution of the Carthusian Statutes ...*, *Documents*: vol. 2, p. 289-312.

SP   Pl. F. LEFÈVRE – W. M. GRAUWEN, *Les statuts de Prémontré. Introduction, texte et tables*, Averbode, 1978 («Bibliotheca Analectorum Praemonstratensium», 12).

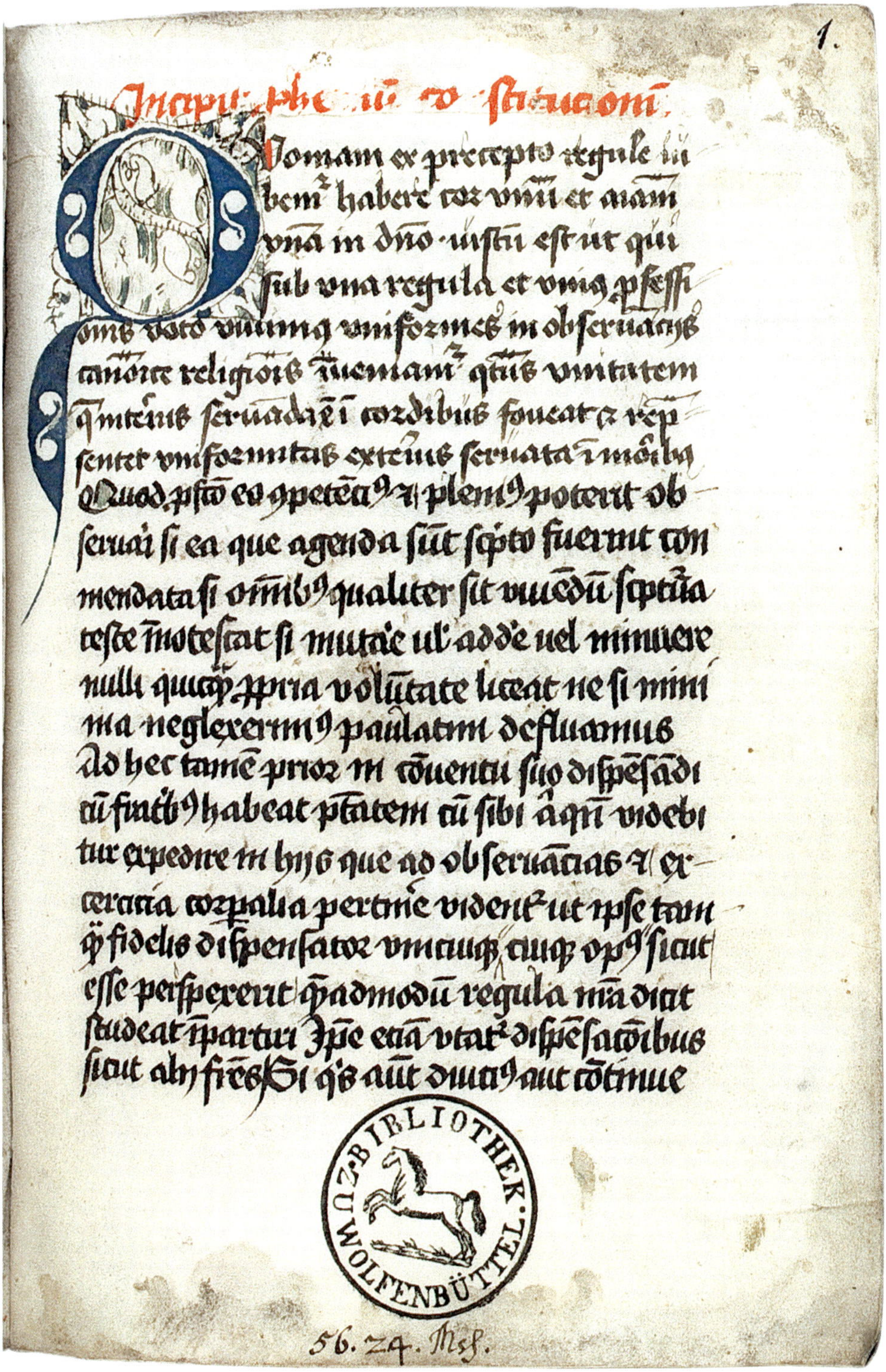

Incipit ꝓhemiū ꝑ ꝯstituꝼcōnī.

Qomam ex precepto regule ꝺ
bem̛ habere cor vnū et aïam
vnā in dño iustu est ut qui
ſub vna regula et vma ꝓfeſſi
ōne voto viuim̛ vniformes in obſeruāciꝰ
canōice religōis ꝷueniam̛ q̄tꝰ vnitatem
q̄ int̛iuſ ſeruādā ī cordibuſ foueat ꝫ rep
ſent̛ vniformitas ext̛iuſ ſeruata ī mōibꝫ
Quod ꝓ ſto eo ꝯpetēa g̛ ꝫ plem̄ꝰ pot̛it ob
ſeruari ſi ea que agenda ſūt ſc̄pto fuerint ꝯ
mendata ſi omnibꝫ qualiter ſit viuedū ſc̄ptūa
teſte �750teſcat ſi mutare ul̛ addere uel minuere
nulli quicꝗ̄ ꝓꝓria volūtate liceat ne ſi mini
ma neglexerim̄ꝰ paulatim defluamus
Ad hec tamē prior in ꝯuentu ſuo diſpēſādi
tū finib̛ꝰ habeat ꝑtatem tū ſibi ãq̄ videbi
tur expedire in hijs que ad obſeruāciaſ g̛ ex
teriora corꝑalia pertīe videntꝰ ut ipſe tāq̄
q̄ fidelis diſpenſator vniuſcuiuſꝫ cuiuſꝗ op̄ꝰ ſicut
eſſe perſpexerit q̄admodū regula mãdiat
ſtudeat impartiri Ipſe etiā vtatꝰ diſpēſacōibus
ſicut alij fr̄eſ Si q̄ aut diuid̄ꝰ aut cōtinue

Quoma eo precepto regule iube/
mur habere cor vnu et aiam vnam
in dno. iustu e ut qui sub vna
regula et vni9 pfessionis voto
viuun9. vniformes in obseruacijs
canonice religionis inueniam¯. q¯tin9 vnitate q
interius seruanda e in cordibz: foueat et re
psentet vniformitas extius seruata i moribz
ex quod pfecto eo opetencia9 et plen9 poterit
obseruari. si ea que agenda sunt scripto fue
rint comendata. si oibus qualit sit viuen
du scriptura teste innotescat. si mutare ut adde
uel minuere nulli q¯q¯ ipa voluntate liceat.
ne si minima neglexerim9. paulati deffluam9.
Ad hec t¯n por in couentu suo dispensadi
cu fribus habeat ptate. cu sibi aliqn vide
bitur expedire in hijs que ad obseruancias
et expacia corpalia ptinere vident¯: ut ipe
t¯n fidelis dispensator vniuicq¯ sicut cuiq¯ o
pus ee pspexerit q¯admodu regula nostra
dicat studeat impartiri. Ipe eciam utat¯ dispensa
cionibus sicut alij fres. Si quis aute diucius
aut cotinue nccre hceat cois institucois rigore
sibi relaxari. de licencia prioris nccitate sua i
caplo cora fribz pori debet indicare: et sic ab
eo misedia quere. Si quis vero a priore aut
suppore aut alio officiali aliq¯ pecierit quod

Constitutiones canonicorum Windeshemensium

Les constitutions des chanoines réguliers de Windesheim

⟨PROHEMIUM⟩

|Incipit prohemium constitucionum.   1r
Quoniam ex precepto regule iubemur habere cor unum et animam
unam in Domino, iustum est ut, qui sub una regula et unius professionis voto vivimus, uniformes in observanciis canonice religionis invenia- 5
mur, quatinus unitatem, que interius servanda est in cordibus, foveat et
representet uniformitas exterius servata in moribus. Quod profecto eo
competencius et plenius poterit observari, si ea que agenda sunt scripto
fuerint commendata, si omnibus qualiter sit vivendum scriptura teste
innotescat, si mutare vel addere vel minuere nulli quidquam propria vo- 10
luntate liceat, ne si minima neglexerimus paulatim defluamus.
Ad hec tamen prior in conventu suo dispensandi cum fratribus
habeat potestatem, cum sibi aliquando videbitur expedire, in hiis que
ad observancias et exercicia corporalia pertinere videntur, ut ipse tamquam fidelis dispensator unicuique, sicut cuique opus esse perspexerit, 15
quemadmodum regula nostra dicit, studeat impartiri. Ipse eciam utatur
dispensacionibus sicut alii fratres. Si quis autem diucius aut conti-
nue|necesse habeat communis institucionis rigorem sibi relaxari, de li- 1v
cencia prioris necessitatem suam in capitulo coram fratribus priori
debet indicare, et sic ab eo misericordiam querere. Si quis vero a priore 20
aut suppriore aut alio officiali aliquid petierit quod ei dare noluerit, si illud postea ab altero eorum postulaverit, nullatenus omittat quin in ipsa
peticione dicat alium id sibi denegasse. Supprior, quando prior domi
non est, maiori difficultate dispenset aut concedat alicui quidquam,
quod communis institucionis modum excedit. Nam cum prior foris est, 25
observancias et constituciones et omnem rigorem convenit nos forcius
observare.
Ut ergo unitati et paci domorum nostrarum provideamus, volumus
et declaramus, ut constituciones nostre non obligent nos ad culpam sed
ad penam, nisi propter preceptum vel contemptum.   30

Proh., **3-13** *CAOP*, Prol., p. 311, 2-14: Quoniam ... in hiis   **3-11** *SP*, p. 1, 2-12:
Quoniam ... defluamus   **13** Augustinus, *Reg.*, IV, 2   **26-27** *SA* II, 22 §4: cum
prior ... observare   **28-30** *CAOP*, Prol., p. 311, 21 - 312, 26: ut unitati ... contemptum

---

Proh., **10** quidquam] quicquam *W*   **15** unicuique sicut cuique opus] unicuique c.
o. s. *sed corr. W*   **19** necessitatem suam in capitulo] necessitatem i. c. s. *sed
corr. W*   **21** petierit] *add. in marg. m. post. W*

⟨PROLOGUE⟩

Ici commence le *Prologue* des Constitutions :

Puisque suivant le précepte de la règle, il nous est prescrit d'avoir un cœur et une âme dans le Seigneur, il est juste que, vivant sous une règle unique et l'engagement d'une même profession, nous soyons uniformes dans les observances propres à la vie canoniale afin que l'uniformité extérieure de la conduite en effet, stimule et reflète l'unité qui doit intérieurement être conservée dans les cœurs. Assurément, cette unité sera d'autant mieux et plus pleinement observée si ce qui est à faire est consigné par écrit, si l'on fait connaître à tous par le témoignage d'un texte comment il faut vivre et si personne n'a le droit de changer, d'ajouter ou de retrancher quoi que ce soit de son propre chef, de peur qu'une négligence minime ne nous conduise peu à peu à la décadence.

Le prieur aura cependant avec les frères le pouvoir dans sa communauté de dispense à ce sujet lorsque cela lui paraîtra convenir, dans ce qui touche les observances et exercices corporels. Ainsi, tel un intendant fidèle, il veillera à pourvoir chacun de ce qui lui apparaîtra nécessaire, comme le prescrit notre règle. Que lui aussi use des dispenses, comme les autres frères. Cependant si pour l'un d'eux il s'avère nécessaire d'adoucir la rigueur de la règle commune plus longtemps ou de façon continue, il doit avec la permission du prieur, faire connaître sa nécessité au prieur en présence des frères au chapitre et lui demander ainsi miséricorde. Si quelqu'un demande au prieur, au sous-prieur ou à un autre officier une permission qui lui est refusée et s'il renouvelle sa demande à un autre parmi eux, il n'omettra d'aucune façon dans sa demande, de signaler que cela lui avait déjà été refusé. Lorsque le prieur n'est pas dans la maison, le sous-prieur dispensera ou concédera plus difficilement à quiconque tout ce qui excède la mesure de l'observance commune. Car en l'absence du prieur, il convient que nous gardions plus fermement les observances, Constitutions et toute rigueur.

En conséquence, pour pourvoir à l'unité et la paix de nos maisons, nous voulons et déclarons que nos Constitutions ne nous obligent pas sous ⟨peine de⟩ péché, mais de châtiment, sauf là où il y a précepte ou mépris.

⟨PRIMA PARS⟩

CAPITULA PRIME PARTIS

De divisione constitucionum et quando legende sunt   capitulum .i.

De congregando capitulo generali   capitulum .ii.

De imposicione capituli generalis   capitulum .iii.

De electione diffinitorum et quibusdam observanciis circa generale capitulum   capitulum .iv.

De auctoritate diffinitorum et forma statuendi quecumque|et ordinandi capitulum   capitulum .v.

De electione vocandorum ad capitulum privatum et visitatorum et conclusione capituli   capitulum .vi.

De auctoritate domus superioris et capitulo privato   capitulum .vii.

De novis domibus recipiendis   capitulum .viii.

De visitacione   capitulum .ix.

De electione et confirmacione novi prioris et professione eiusdem   capitulum .x.

⟨PREMIÈRE PARTIE⟩

CHAPITRES DE LA PREMIÈRE PARTIE

- I. Division des Constitutions – Quand les lire
- II. La convocation du Chapitre Géneral
- III. L'ouverture du Chapitre Général
- IV. L'élection des définiteurs – Quelques points à observer à propos du Chapitre Général
- V. L'autorité des définiteurs – Façon de statuer et d'ordonner
- VI. L'élection des membres du chapitre privé et des visiteurs – Comment se conclut le Chapitre
- VII. L'autorité de la maison supérieure – Le chapitre privé
- VIII. La réception de nouvelles maisons
- IX. La visite
- X. L'élection et la confirmation du nouveau prieur et sa profession

44 CONSTITUTIONES CANONICORUM WINDESHEMENSIUM, I

CAPITULUM PRIMUM

DE DIVISIONE CONSTITUCIONUM
ET QUANDO LEGENDE SUNT

Anno Domini M°CCCC° II°, visum est capitulo generali quod omnes consuetudines et statuta domorum nostrarum simul in unam aggre- 5
garentur consonanciam, ut inveniri cicius et facilius possent memorie
commendari.

Hoc autem opus divisum est in quatuor partes. Quarum prima continet ea que pro communi statu et conservacione domorum nostrarum
sunt instituta. In secunda parte continetur de officiis, que singularibus 10
personis sunt iniuncta. In tertia ponuntur observancie generales, que
magis ad fratres clericos quam ad laycos pertinere videntur. In quarta
vero continetur specialiter de conversis et donatis.

Ea autem, que non sunt expressa in aliqua quatuor parcium, relin|
quuntur ordinanda priorum arbitrio. Ita tamen quod ea que ordinave- 2v
rint non dissonent a statutis vel a generalibus domorum nostrarum
consuetudinibus. Hac tamen occasione vel alia nolumus domorum nostrarum laudabiles consuetudines, que contra statuta vel scripta capituli
non sunt, leviter a prioribus immutari. Nulla vero consuetudo contra
statuta capituli valeat aut tolleretur. 20

Et, ne per oblivionem aliquid negligatur aut pretereatur, statutum
est eciam, ut totus liber constitucionum annis singulis ab unoquoque
clerico diligenter perlegatur. Secunda vero et tercia pars singulis annis
legatur in conventu clericorum in claustro vel alibi, dominicis diebus vel
festivis maioribus duplicibus exceptis, ab Adventu Domini usque ad do- 25
minicam in Palmis quousque ex integro perlegantur. Cumque occurrerit, quod minus fuerit observatum, interloquendo tractent quomodo
possit et debeat emendari. Quod si non fuerit emendacio subsecuta, si
prior est in causa, privatim per suppriorem aut aliquem de senioribus
ammoneatur, ut inde se corrigat, vel si alii|sunt culpabiles denuncietur 3r

---

I, 1, **1-7** *SA* II, 1 §1: Anno ... commendari   **8-9** *SA* II, 1 §2: Hoc ... que   **10-12** *SA*
II, 1 §2: In secunda ... videntur   **13** *SA* II, 1 §2: continetur ... conversis   **26-35** *SA*
II, 1 §4-5: Cumque ... generali

I, 1, **2-3** tit. *om. G*   **4** M°CCCC° II°] M°CCCC° secundo *G*, 1432 *sed del. et add.*
1402 *L*   **17-18** domorum nostrarum] *inv. sed corr. W*   **17** nostrarum] *om. G*   **20**
tolleretur] toleretur *GL, scr. sed corr. m. post. W*   **24** legatur] legantur *G*

LES CONSTITUTIONS DE WINDESHEIM, I

CHAPITRE PREMIER

DIVISION DES CONSTITUTIONS. QUAND LES LIRE

En l'an du Seigneur 1402, il parut bon au Chapitre Général de rassembler toutes les coutumes et statuts de nos maisons en un ensemble concordant pour qu'on puisse les retrouver plus rapidement et les mémoriser avec plus de facilité.

Cet ouvrage est divisé en quatre parties. La première regroupe les règles concernant le statut commun et la conservation de nos maisons. La deuxième partie contient les charges imposées aux personnes particulières. Dans la troisième partie sont placées les observances générales qui semblent concerner plus les frères clercs que les laïcs. La quatrième contient ce qui concerne spécialement les convers et les oblats.

Ce qui n'est exprimé dans aucune des quatre parties est laissé à la décision des prieurs, en veillant cependant à ce que leurs décisions ne soient pas en désaccord avec les statuts ou coutumes générales de nos maisons. Pourtant, à cette occasion ou à tout autre, nous ne voulons pas que les prieurs changent à la légère de louables coutumes de nos maisons qui ne s'opposent pas aux statuts ou décrets du Chapitre. Qu'aucune coutume en effet ne prévale ou ne soit supprimée contre les statuts du Chapitre.

Afin que rien ne soit négligé ou omis par oubli, il a encore été décidé que chaque année le livre des Constitutions soit attentivement lu en entier par chaque clerc. Les deuxième et troisième parties doivent être lues chaque année dans la communauté des clercs, dans le cloître ou ailleurs, de l'Avent au dimanche des Rameaux, dimanches ou fêtes majeures exceptés, jusqu'à ce que le tout ait été lu. Lorsqu'il arrivera qu'un point soit moins bien observé, qu'ils discutent entre eux comment il peut et doit être amendé. Et si une réforme ne s'ensuit pas et si c'est le prieur qui est en cause, qu'il soit averti en privé de se corriger par le sous-prieur ou un des aînés; si d'autres sont coupables, qu'on le signale au prieur pour qu'il les fasse se corriger. Si même ainsi un amendement ne s'ensuit pas, qu'on le rapporte aux visiteurs, et lorsque des prieurs de la fraternité et de notre Ordre viendront, que n'importe quel frère parmi les clercs ou les convers puisse leur demander qu'eux-mêmes le dénoncent au Prieur Supérieur, ou même si c'est nécessaire au Chapitre Général. Chaque année pendant le Carême, que la quatrième partie qui traite

priori, ut eos corrigi faciat. Quod si nec ita secuta fuerit emendacio reveletur visitatoribus, et cum priores fraternitatis et ordinis nostri advenerint, quilibet fratrum clericorum seu conversorum valeat eis intimare,
ut ipsi denuncient priori superiori vel eciam, si opus fuerit, capitulo generali. Quarta pars, que de conversis agit, singulis annis in Quadra- 35
gesima per procuratorem eis in conventu ipsorum exponatur, si non
habuerint eam in materna lingua translatam.

CAPITULUM SECUNDUM
DE CONGREGANDO CAPITULO GENERALI

Capitulum generale domorum nostrarum in domo Beate Marie in
Windeshem annis singulis, videlicet dominica secunda post festum Pasche celebretur, nisi forte certa ex causa ad determinatum tempus, et 5
hoc de consilio et consensu diffinitorum, oporteret illud alibi celebrari.
Si autem infra annum in domo predicta casus aliquis emerserit, quo obstante capitulum generale ibidem celebrari nequiverit, in disposicione
prioris et conventus eiusdem relin|quitur, ut significent aliis prioribus 3v
domum ubi proximum capitulum celebretur. Propter notabilem enim 10
necessitatem vel utilitatem domorum nostrarum potest superioritas
eiusdem domus cum privilegiis suis ad aliud monasterium capituli nostri transferri, cum in duobus capitulis generalibus continuis omnes diffinitores in hoc concordaverint.

Ex una domo plures quam unus vel duo sine speciali causa ad ca- 15
pitulum generale non veniant. Cum prior quacumque ex causa ad capitulum venire non potuerit, alium consilio conventus deputatum
transmittat scribens diffinitoribus capituli causam quare venire non po-
tuit. Quilibet eciam de domibus nostris potest ea que sibi vel domui sue
necessaria utilia vel dampnosa videbuntur, capitulo generali vel priori 20
superiori per litteras vel personas domorum nostrarum intimare.

I, 2, 3-6 *SA* II, 28 §2: capitulum ... celebrari   16-17 *SA* II, 29 §4: Cum prior ... potuerit   19-21 *SN* II, 7 §3: Quilibet ... intimare

---

I, 2, 2 Windeshem] Windesem *G*, Wyndesem *L*   4 secunda] *scr. sed in ras. scr. m.
post.* tercia *G*   5 certa ex causa] ex causa certa *sed corr. W*   15 plures] *om. L*   16-19
Cum ... potuit] *del. et add. in marg. m. post.* vacat quia retractatum est per capitulum
generale *G*

des convers leur soit exposée par le procurateur lorsqu'ils sont rassemblés, s'ils n'en ont pas la traduction dans leur langue maternelle.

CHAPITRE II

LA CONVOCATION DU CHAPITRE GÉNERAL

Chaque année, le Chapitre Général de nos maisons se célébrera à la maison de la bienheureuse Marie à Windesheim, le deuxième dimanche après Pâques sauf si pour une raison particulière, et ce après consultation et consentement des définiteurs, il fallait le célébrer ailleurs à une date déterminée. Pourtant si en cours d'année quelque événement survenait dans la maison précitée qui empêchait d'y célébrer le Chapitre Général, il est laissé à l'initiative du prieur et de sa communauté d'indiquer aux autres prieurs la maison où sera célébré le prochain chapitre. En raison d'une sérieuse nécessité ou de l'utilité de nos maisons, la prééminence de cette même maison ainsi que ses privilèges peuvent être transférés à un autre monastère de notre Chapitre, si au cours de deux Chapitres Généraux consécutifs, tous les définiteurs s'accordent sur ce point.

Un ou deux membres d'une seule maison – pas plus – iront au Chapitre Général, sauf pour une raison spéciale. Si le prieur pour quelque motif ne peut se rendre au Chapitre, il déléguera un autre avec le conseil de la communauté, indiquant par écrit aux définiteurs du Chapitre le motif de son absence. Toute personne de nos maisons peut aussi signaler au Chapitre Général ou au Prieur Supérieur ce qui paraît nécessaire, utile ou dommageable à lui-même ou à sa maison, et ce, par lettre ou par des personnes de nos maisons. Chacun cependant se gardera d'écrire au Chapitre Général ou au Prieur Supérieur, ou de les avertir avec malice ou mensonge, au sujet de son prieur ou de personnes de l'Ordre; sinon, ils doivent être punis d'un châtiment comme auteurs de fausses accusations, selon la décision du Chapitre Général. Aucune de nos maisons, aucune personne n'écrira au Chapitre Général de façon prolixe ou sans motif; autrement, qu'on n'attende aucune réponse. Si les visiteurs au

48 CONSTITUTIONES CANONICORUM WINDESHEMENSIUM, I

Singuli tamen caveant, ne maliciose vel mendose de priore suo vel de
personis ordinis capitulo generali vel priori superiori scribant seu denuncient, alioquin tamquam falsarii criminosorum pena puniendi sunt,
ad capituli generalis voluntatem. Nulla eciam domorum nostrarum aut 25
persona aliqua prolixe aut sine causa scribat capitulo generali, alias re-
sponsum non expectet. Si que eciam aperte negligencie per visitatores
facte sunt in | visitacionibus proxime peractis, domus visitate transcri- 4r
bere debent.

Omnibus personis domorum nostrarum firmiter inhibemus, ne in- 30
ducant suos fundatores seu seculares alios ad scribendum capitulo generali pro seipsis vel de factis domorum suarum particularibus et privatis,
nec excessus vel disciplinas personarum ordinis secularibus denuncient
ullo modo. Qui contra fecerit pro modo culpe graviter puniatur.

Priores non nimis tempestive iter arripiant veniendi ad capitulum. 35
Nec in itinere constituti notabiliter extra viam ad alia loca divertant,
nisi causam prout in capitulo de priore continetur prius indicaverint.
Alioquin racionem postea diffinitoribus capituli vel conventibus suis
reddant. Sed nec ante sabbatum domum in qua capitulum celebratur
intrabunt, alias racionem capitulo reddant. 40

Venientes vero ad capitulum, carthas proponendorum et litteras
conventuum vel fratrum suorum, si quas scripserint, secum deferant.
Sed | et nomina defunctorum fratrum suorum et aliorum generalem fra- 4v
ternitatem habencium in brevibus annotata, pro quibus in singulis domibus nostris plenum officium mortuorum exsolvendum est. Si quas 45
elemosinas secum attulerunt in capitulo distribuendas, secundum voluntatem donancium dividant, nec prius distribuantur elemosine tales,
donec in capitulo fuerint pronunciate. Litteras quoque missas capitulo
generali vel diffinitoribus nullus retineat vel aperiat sine diffinitorum licencia. Caveant eciam priores et socii eorum, qui ad capitulum veniunt, 50
ne circuicionibus ociosis aut sermonibus inordinatis quietem et disci-
plinam fratrum domus ubi capitulum celebratur inquietent, sed magis

---

22-25 *SN* II, 7 §6: de priore ... voluntatem **25-27** *SN* II, 7 §7: Nulla ... expectet **30-34** *SN* II, 7 §12: Omnibus ... puniatur **35** *SA* II, 29 §1: Priores ... capitulum **46-48** *SA* II, 29 §6: elemosinas ... pronunciate **48-50** *SA* II, 29 §33:
Litteras ... licencia

---

24 alioquin] aliquin *sed corr. sup. lin. m. post. W* **28** facte] *om. L* **33** denuncient]
denunciantes *W* (*SN* II, 7, §12: denuncient) **42** deferant] deferunt *GL* **44** sin-
gulis] in *add. L*

LES CONSTITUTIONS DE WINDESHEIM, I 49

cours de la visite commettent des négligences manifestes, les maisons visitées doivent les signaler par écrit dès la fin de la visite.

Nous interdisons fermement à toutes les personnes de nos maisons d'inciter leurs bienfaiteurs ou d'autres personnes séculières à écrire au Chapitre Général en leur faveur ou à propos d'événements particuliers et privés concernant leurs maisons, ou de dénoncer en aucune manière à des séculiers, des excès ou des punitions concernant des personnes de l'Ordre. Qui agira contrairement, qu'il soit puni gravement à proportion de la faute.

Que les prieurs ne prennent pas trop tôt la route pour se rendre au Chapitre. Et une fois en voyage, qu'ils ne s'écartent pas notablement de leur itinéraire vers d'autres lieux, sauf s'ils en ont préalablement indiqué le motif, comme on le lit dans le chapitre sur le prieur. Autrement, qu'ils en rendent compte après, aux définiteurs du Chapitre ou à leur communauté. Mais ils n'entreront pas non plus avant le samedi dans la maison où se célèbre le Chapitre; autrement, ils en rendront compte au Chapitre.

En venant au Chapitre, ils emportent avec eux les documents sur les propositions et les lettres de leurs communautés ou de leurs frères s'il en est et également, les noms de leurs frères défunts et d'autres participant à la fraternité générale, inscrits sur des brefs, et pour lesquels l'office complet des défunts doit être célébré dans chacune de nos maisons. S'ils ont apporté des aumônes à distribuer au Chapitre, qu'ils les répartissent selon la volonté des donateurs, et qu'ils ne distribuent pas de telles aumônes avant qu'elles n'aient été déclarées au Chapitre. Quant aux lettres envoyées au Chapitre Général ou aux définiteurs, que personne ne les garde ou ne les ouvre sans la permission des définiteurs. Que les prieurs et leurs compagnons venus au Chapitre veillent à ne troubler la paix ni la discipline des frères de la maison où se célèbre le Chapitre, par des déplacements inutiles ou des propos désordonnés, mais plutôt, étant sauve la charité vécue dans la rencontre et les échanges fraternels, qu'ils s'efforcent de se consacrer à l'oraison et à la lecture sacrée pour donner à tous comme il leur revient, un exemple de piété et de discipline. Cependant, surtout avant Prime et après Complies que la communauté célèbre à l'oratoire, qu'ils soient attentifs à s'adonner au calme et à la dévotion, autant que les affaires du Chapitre leur en donneront le loisir.

50 CONSTITUTIONES CANONICORUM WINDESHEMENSIUM, I

salva caritate fraterne visitacionis et allocucionis studeant oracioni et
sacre lectioni operam dare, ut cunctis sicut eos decet exemplum prebe-
ant religionis et discipline. Precipue tamen, ante Primas et post Com- 55
pletorium, que a conventu in oratorio persolvuntur, quieti ac devocioni
intendere studeant, quantum eis a negociis capituli vacuum fuerit.

CAPITULUM TERCIUM

DE IMPOSICIONE CAPITULI GENERALIS| 5r

Singulis igitur annis collecto capitulo generali, ut expedicius proce-
datur, dominica secunda post Pascha facta cena pariter ad locum capituli convenimus, ibique redduntur breves et recitantur littere que in 5
communi audiencia recitande sunt. Preces tamen que in ingressu capituli ante sermonem et que pro defunctis post sermonem fieri consue-
verunt, usque in crastinum differuntur sicut et sermo. Hec autem usque
ad Completorium agere licet.

Prima vero die capituli, hoc est feria secunda post dominicam se- 10
cundam, post Primas in domo superiore statim Tercia subiungitur,
deinde Missa de Sancto Spiritu cantatur prout in Ordinario continetur.
Que Missa spectat ad priorem superiorem, vel cui ipse propter causam
aliquam iniunxerit. Missa cum Sexta finita et ad nutum prioris superioris signo pulsato, omnes cum silencio ad locum capituli convenimus, 15
eoque inchoante psalmum *Ad te levavi oculos* dicimus. Sequitur *Gloria
Patri, Sicut erat, Kyrieleison, Christeleison, Kyrieleison, Pater noster, Et
ne nos, Salvos fac servos tuos, Deus meus sperantes in te, Mitte nobis Do-
mine auxilium de sancto,|Et de Syon tuere nos, Esto nobis Domine turris* 5v
fortitudinis, Domine Deus virtutum converte nos, Domine exaudi, Domi- 20
nus vobiscum, Oremus, Deus qui corda fidelium et cetera, *Pretende Domine famulis tuis dexteram celestis auxilii, ut et te toto corde perquirant,*

I, 3, 3 *SA* II, 28 §3: Singulis ... generali   **3-6** *SA* II, 29 §8: ut expedicius ... recitande
sunt   **6-9** *SA* II, 29 §8: Preces ... licet   **10-12** *SA* I, 16 §1: Prima ... continetur   **14-34** *SA* II, 29 §14: Missa ... Oremus

---

I, 3, 2 tit.] *om. L*   **4** secunda] *scr. sed in ras. scr. m. post.* tercia *G, scr. sed
ras. W*   **10-11** secundam] *scr. sed ras. et in ras. scr. m. post.* terciam *G*   **21** et cetera]
om. GL

CHAPITRE III
L'OUVERTURE DU CHAPITRE GÉNÉRAL

À la réunion annuelle du Chapitre Général le deuxième dimanche après Pâques, pour procéder plus rapidement, nous nous réunissons après le souper, à la salle capitulaire où sont remis les brefs, sont lues les lettres qui doivent l'être en séance commune. Cependant, les prières qui d'habitude marquent l'entrée en Chapitre, faites avant le sermon, et celles dites pour les défunts après le sermon, sont reportées au lendemain comme le sermon. Mais ceci est permis jusqu'à Complies.

Le premier jour du Chapitre, c'est-à-dire le lundi après le deuxième dimanche, dans la maison supérieure, Prime est chantée suivie aussitôt de Tierce; ensuite, la Messe du Saint-Esprit est chantée, comme il est indiqué dans l'*Ordinarius*. Il appartient au Prieur Supérieur de célébrer cette Messe ou à celui que, pour une raison quelconque, il aura lui-même désigné. La Messe et Sexte achevées, sur un signe du Prieur Supérieur, on sonne et, en silence, nous nous rendons tous à la salle capitulaire où après l'intonation, nous disons le psaume *Ad te levavi oculos*, suivi du *Gloria Patri, Sicut erat, Kyrieleison, Christeleison, Kyrieleison, Pater noster, Et ne nos, Salvos fac servos tuos, Deus meus sperantes in te, Mitte nobis Domine auxilium de sancto, Et de Syon tuere nos, Esto nobis Domine turris fortitudinis, Domine Deus virtutum converte nos, Domine exaudi, Dominus vobiscum, Oremus, Deus, qui corda fidelium* etc. *Pretende Domine famulis tuis dexteram celestis auxilii, ut et te toto corde perquirant, et que digne postulant assequantur, Acciones nostras quesumus, Domine* etc. *Per Christum Dominum nostrum.*

Les prières sont dites par l'Évêque s'il est présent, si non, par le Prieur Supérieur ou si, pour un motif quelconque il ne le peut pas, par un autre prieur d'une maison plus ancienne. Le *Benedicite* dit par lui, nous nous asseyons tous et écoutons un sermon ou une exhortation que prononce le Prieur Supérieur ou un autre qu'il aura préalablement averti. Ceci achevé, les hôtes extérieurs à notre Chapitre – religieux ou autres – se retirent. Ensuite, lettres et brefs qu'il reste à remettre ou à lire sont remis au Prieur Supérieur qui les lira lui-même ou les fera lire par quelqu'un d'autre. Une fois la lecture commencée, nous prions pour les défunts: le psaume *De profundis, Requiem, Pater noster, Et ne nos, A porta inferi, Dominus vobiscum, Oremus, Deus venie largitor, Deus cuius misericordie non est numerus, Fidelium Deus omnium.*

52 CONSTITUTIONES CANONICORUM WINDESHEMENSIUM, I

et que digne postulant assequantur, Acciones nostras quesumus, Domine et cetera, *Per Christum Dominum nostrum.*

Hec autem ab episcopo, si assit, alioquin a superiore priore vel, eo 25 ex qualibet causa non valente, ab alio antiquioris domus priore dicenda sunt. Dictoque ab eodem *Benedicite* cuncti residemus et sequitur sermo seu exhortacio aliqua, quam facit prior superior aut alius qui ab eo premonitus fuerit. Quo facto, recedunt hospites tam religiosi quam alii qui de capitulo nostro non sunt. Deinde, littere et breves, si qui remanent, 30 nondum redditi vel lecti redduntur priori superiori, et ipse quod redditum fuerit legat seu alteri tradat ad legendum. Eoque inchoante, preces facimus pro defunctis: psalmum *De profundis, Requiem, Pater noster, Et ne nos, A porta inferi, Dominus vobiscum, Oremus, Deus|venie largitor,* 6r *Deus cuius misericordie non est numerus, Fidelium Deus omnium.* 35

Deinde legatur cartha precedentis anni in qua nominatores, electores et diffinitores eiusdem anni cum diffinicionibus suis continentur. Legitur et capitulum sequens in quo forma electionum et quorundam aliorum observancia describitur

CAPITULUM QUARTUM

DE ELECTIONE DIFFINITORUM ET QUIBUSDAM OBSERVANCIIS CIRCA CAPITULUM GENERALE

Universis qui ad capitulum convenerunt in loco capituli considen- 5 tibus, prior superior unum discretum et ydoneum nominet diffinitorum electorem quem voluerit, sive de fratribus domus sue, sive de prioribus vel fratribus in eodem capitulo congregatis. Deinde tres priores domorum nostrarum singulariter singuli alios singulos diffinitorum nominent electores, sive de prioribus, sive de fratribus in eodem capi- 10 tulo constitutis. Hoc pensato tamen, quod predicti priores, qui diffini-

---

36-39 cf. *SA* II, 29 §15: legatur ... observancia

I, 4, 6-8 *SA* II, 28 §3: prior ... congregatis   8-15 *SA* II, 28 §4: Deinde ... non mutato

---

26 ex qualibet] *inv. GL*   28-29 premonitus] premoninus *L*   35 numerus] *om. L*   omnium] *om. W*

I, 4, 2-3 tit.] *om. L*

Ensuite qu'on lise le rapport de l'année précédente où sont indiqués les nominateurs, électeurs et définiteurs de cette même année, ainsi que leurs définitions. On lit aussi le chapitre suivant décrivant la forme des élections et l'exécution de quelques autres points.

CHAPITRE IV

L'ÉLECTION DES DÉFINITEURS. QUELQUES POINTS À OBSERVER À PROPOS DU CHAPITRE GÉNÉRAL

Tous ceux qui sont venus pour le Chapitre ayant pris place dans la salle capitulaire, que le Prieur Supérieur nomme comme électeur des définiteurs, celui qu'il veut, quelqu'un doué de discernement, avisé, choisi parmi les frères de sa maison, ou parmi les prieurs ou les frères réunis à ce Chapitre. Ensuite, que trois prieurs de nos maisons en nomment chacun un (électeur des définiteurs), soit parmi les prieurs, soit parmi les frères assemblés à ce même Chapitre. Gardant cependant à l'esprit que les prieurs précités qui nomment les électeurs des définiteurs soient changés chaque année, suivant l'ordre de nos maisons, c'est-à-dire, en descendant de chaque prieur ou chaque recteur présent au Chapitre, à partir du plus ancien jusqu'au dernier inclusivement, puis, en recommençant au début, sans pourtant changer le Prieur Supérieur. Et ne s'oppose pas à cet ordre le fait que le prieur d'une maison soit changé au cours de l'année.

54 CONSTITUTIONES CANONICORUM WINDESHEMENSIUM, I

torum nominant electores, annis singulis mutentur ordine domorum nostrarum observato, descendendo videlicet per singulos priores vel rectores in capitulo presen|tes, ab antiquiore usque ad ultimum inclusive 6v et postmodum a capite inchoando, priore superiore non mutato. Nec 15 huic obstat ordini, si prior domus alicuius fuerit infra annum mutatus.

Quatuor igitur electores statim postquam, ut dictum est, fuerint nominati secedant ad locum specialiter ad hoc deputatum, et brevi tractatu inter se habito, absque ulla personarum accepcione, eligant octo diffinitores pro sue arbitrio voluntatis, sive de seipsis, sive de prio- 20 ribus vel fratribus in eodem capitulo congregatis, singulos secundum vota maioris partis eligencium, quos teste fideli conscientia magis ydoneos iudicabunt. Isti eciam uno contractu eligant notarium unum de prioribus vel fratribus, qui anno precedenti diffinitor non fuit vel notarius. 25

Hec tamen in electione diffinitorum observanda sunt. Primo, ut excepto superiore priore, nullus sit vel eligatur diffinitor in duobus capitulis successive. Secundo, ut nemo eligatur in diffinitorem, nisi tribus annis ad minus laudabiliter|sub capitulo nostro fuerit conversatus. Ter- 7r cio, ut ex una domo non eligantur plures quam duo diffinitores, excepta 30 superiore domo, cuius prior ex institucione semper est diffinitor.

Electis autem diffinitoribus et in scripto redactis, mox unus eorum, vice sua et collegarum suorum, ipsos sic electos in communi audiencia publicabit. Quibus publicatis statim in nova cartha, prenotato anno Domini, nominatores, electores et diffinitores electi describuntur. 35

Hiis rite peractis et cunctis residentibus, proponuntur proponenda et notantur. Statque qui proponit, sive sit prior sive alius, ceteris interim tacentibus. Proposita quoque in capitulo generali semper clauso servanda sunt pectore, si tamen talia fuerint, que ad publicas aures non deferri vel utilitas exigit, aut suadet honestas. Qui vero silencio tegenda 40 revelasse deprehensus fuerit, iuxta modum culpe legittime puniatur. Omnibus autem diebus capituli post Primam et Nonam signum pulsatur. Si simplex signum pulsatum fuerit, conveniunt tantum diffinitores.

17-23 *SA* II, 28 §5: Quatuor ... iudicabunt   **26-29** *SA* II, 28 §5: excepto ... successive   **32-34** *SA* II, 28 §7: Electos ... publicabit   **36-38** *SA* II, 29 §16: Hiis rite ... tacentibus   **38-41** *SA* II, 29 §21: Proposita ... puniatur

---

13 singulos priores] *inv. W* (*SA* II, 28, §4: sin. pri.)   **23-24** Isti ... diffini(tor)] *ras. sed in ras. scr. m. post.* Unus autem sit continuus notarius capituli et singulis annis non varietur *G*   **24-25** (diffini)tor ... notarius] *del. G*   **40** suadet honestas] *inv. L*

LES CONSTITUTIONS DE WINDESHEIM, I

Aussitôt après avoir été nommés comme il vient d'être dit, que les quatre électeurs se retirent dans un lieu spécialement prévu à cet effet, et après un bref examen entre eux, sans faire acception de personnes, qu'ils élisent huit définiteurs à leur gré, soit parmi eux, soit parmi les prieurs ou les frères réunis à ce même Chapitre, chacun à la majorité des votes des électeurs, ceux que suivant leur conscience, ils jugeront plus capables. Que ces derniers élisent aussi d'un commun accord comme notaire l'un des prieurs ou des frères qui, l'année précédente, n'était ni définiteur, ni notaire.

Pour l'élection des définiteurs, les points suivants sont à observer. Premièrement, sauf le Prieur Supérieur, que nul ne soit élu définiteur pour deux Chapitres consécutifs. Deuxièmement, que nul ne soit élu définiteur avant de s'être comporté louablement pendant au moins trois ans en notre Chapitre. Troisièmement, qu'on n'élise pas plus de deux définiteurs d'une même maison, sauf de la maison supérieure dont le prieur est toujours définiteur de droit.

Après l'élection des définiteurs et son enregistrement, l'un d'eux aussitôt, en son nom et celui de ses collègues, publiera en séance commune les noms de ceux qui sont ainsi élus. Cela fait, les noms des nominateurs, électeurs et définiteurs élus seront aussi transcrits sur une nouvelle charte, portant en tête la mention de l'Année du Seigneur.

Ces choses accomplies selon les formes et chacun ayant regagné sa place, les points à aborder sont proposés et notés. Celui qui propose se lève, qu'il soit prieur ou non, tandis que tous les autres se taisent. Tout point proposé au Chapitre Général doit toujours être gardé secret, si du moins ils sont tels qu'ils ne doivent pas être rendus publics pour des raisons d'utilité ou de convenance. Qui sera reconnu coupable d'avoir révélé ce qui devait être tu, qu'il soit puni d'après la loi selon la gravité de la faute. Tous les jours du Chapitre, un signal est donné après Prime et None. Si le signal est simple, les définiteurs seuls se réunissent. S'il est double, tous les membres du Chapitre Général se réunissent avec la communauté de la maison. Sitôt le signal donné, tous ceux qui sont convoqués, laissant là toute occupation, se rendent sans tarder vers le lieu où ils sont appelés. Chaque fois que les définiteurs ou même tous les autres se réunissent, le Prieur Supérieur dit *Benedicite*. Qui doit sortir, le fait avec la permission du Prieur Supérieur et revient dès qu'il le pourra.

56 CONSTITUTIONES CANONICORUM WINDESHEMENSIUM, I

Si duplex conveniunt omnes, qui ad capitulum generale congregati sunt,
cum conventu domus. Quicumque conventuri sunt, statim facto signo, 45
qualibet occasione postposita, ad quod vocantur festinanter accedunt.
Singulis vero temporibus congregatis diffini | toribus seu eciam ceteris in 7v
unum, prior superior dicit *Benedicite*. Qui exire necesse habet, accepta a
superiore priore licencia, exeat, et quanto cicius poterit redeat.

CAPITULUM QUINTUM

DE AUCTORITATE DIFFINITORUM
ET FORMA STATUENDI QUECUMQUE
ET ORDINANDI

Ad omnia igitur que proposita sunt examinanda, iudicanda seu 5
terminanda prior superior et ceteri diffinitores singulis diebus capituli
conveniunt. Habitoque super singulis annotatis diligenti tractatu secundum Deum, prout domibus nostris viderint expedire, cum plenaria
potestate determinant et scripto commendant. Et quidquid ab eis omnibus vel saltem a maiori parte ipsorum diffinitum fuerit auctoritate 10
apostolica | plenam habebit in omnibus domibus nostris firmitatem. 8r
Nulla tamen constitucio vel statutum per capitulum generale fieri poterit cum effectu, nisi per tria generalia capitula continua approbetur. Si
quid autem inter diffinitores tempore diffinicionis occurrerit utiliter
pro communi observancia statuendum vel ordinandum, cum maiori 15
parte eorum visum fuerit, unus ipsorum illud in communi audiencia
proponit, de quo quod utile iudicaverint determinant. Nichil namque a
diffinitoribus pro communi observacione statuitur aut destituitur, nisi
prius fuerit in communi audiencia propositum.

Porro, si qua de propositis de facili non potuerint diffiniri aut in eo- 20
dem capitulo terminari, eo quod forte alciorem habeant questionem

---

46 *SA* II, 29 §24: occasione ... accedunt   48-49 *SA* II, 29 §22: qui ... exeat

I, 5, 5-9 *SA* II, 29 §16: Ad omnia ... commendant   9-11 *SA* II, 28 §8: quidquid ...
firmitatem   12-13 *SA* II, 28 §11: Nulla ... approbetur   17-19 *SA* II, 29 §18:
Nichil ... propositum   20-26 *SA* II, 29 §17: Porro ... reservata

---

49 quanto cicius] quantocius *GL*

I, 5, 3 tit. quecumque] *om. W*   7 annotatis] notatis *W*   9 quidquid] quicquid *L*   5 maiori] maiore *W* (*SA* II, 28, §8: maiori)   16 parte] parti *G*

CHAPITRE V
L'AUTORITÉ DES DÉFINITEURS.
FAÇON DE STATUER ET D'ORDONNER

Pour examiner, juger ou déterminer les propositions, le Prieur Supérieur et tous les autres définiteurs se réunissent chacun des jours du Chapitre. Ayant donc soigneusement examiné chaque point retenu, qu'ils décident avec pleine autorité selon Dieu ce qui leur semble convenir à nos maisons et qu'ils le mettent par écrit. Tout ce qui sera défini par eux tous ou au moins par la majorité d'entre eux, aura de par autorité apostolique, pleine force de loi pour toutes nos maisons. Cependant, aucune constitution ou aucun statut du Chapitre Général ne pourra devenir effectif qu'après avoir été approuvé par trois Chapitres Généraux consécutifs. Mais si au moment de la définition il arrive que parmi les définiteurs, on s'avise d'un point à statuer ou ordonner utilement, pour l'observance commune, l'un d'eux, quand la majorité l'aura jugé bon, le présentera en séance commune pour statuer sur ce qu'ils ont jugé utile. Car par les définiteurs, rien n'est établi ou supprimé pour l'observance commune qui n'ait d'abord été proposé en séance commune.

De plus, si une proposition ne peut être facilement définie ou tranchée pendant un même Chapitre parce qu'elle pose une question plus importante à la solution si difficile qu'elle demande à être jugée dans un examen prolongé, ou pesée dans une délibération plus longue, son examen et sa définition sont confiés par les définiteurs à certaines personnes compétentes de nos maisons, ou bien seulement l'examen d'une bonne part de la matière, en réservant la définition au Chapitre Général. Pendant ce même Chapitre, les définiteurs sont autorisés à convoquer qui ils veulent pour des affaires ardues ou pour une détermination difficile sur n'importe quelle affaire afin d'arriver à une issue plus sûre et plus rapide. Et tant eux-mêmes que ceux qui sont appelés comme conseillers, gardant Dieu leur juge devant les yeux, qu'ils ne s'écartent pas de la voie de Dieu par haine ou attachement pour quiconque.

Lorsqu'une constitution sera établie, les définiteurs commenceront le texte ainsi: « Nous commençons cette constitution: 'Que ceci ou cela se fasse ou ne se fasse pas' ». Au Chapitre suivant immédiatement, si les définiteurs veulent l'approuver, qu'ils déclarent par écrit: « Cette constitution commençant par: 'Que l'on fasse ceci ou cela' ou 'Qu'on ne le fasse pas', nous l'approuvons maintenant ». Au troisième Chapitre, s'ils veulent la confirmer, qu'ils déclarent par écrit: « Cette constitution

58 CONSTITUTIONES CANONICORUM WINDESHEMENSIUM, I

exitumque tam difficilem, ut prolixiore ventilanda examine aut deliberacione maiori pensanda sint, aliquibus personis domorum nostrarum
ad hoc ydoneis eorum examinacio et diffinicio per diffinitores commit-
titur, vel examinacio plerumque sola diffinicione videlicet | capitulo ge- 8v
nerali reservata. In ipso eciam capitulo licet diffinitoribus ob arduas
causas aut cuiuscumque rei determinacionem difficilem advocare quos
voluerint, propter cerciorem et breviorem exitum consequendum. Et
tam ipsi quam alii qui ad consilium vocantur Deum iudicem suum pre
oculis habentes, nequaquam a via Dei odio aliquorum exorbitent vel fa- 30
vore.

Cum autem fiet aliqua constitucio diffinitores incipient eam sic in
scriptis: «Incipimus hanc constitucionem: fiat hoc vel illud, vel non
fiat». Diffinitores autem capituli immediate sequentis, si eam voluerint
approbare, sic dicant in scriptis: «Constitucionem hanc inceptam, 35
quod hoc, aut illud fiat, vel non fiat, nunc approbamus». In tercio vero
capitulo, si voluerint confirmare, sic dicant in scriptis: «Constitucionem hanc approbatam quod hoc aut illud fiat aut non, nunc confirma-
mus, et ex tunc habeat vim constitucionis». Si autem noluerint eam
approbare vel confirmare, dicant sic in scriptis: «Constitucionem | 40
illam reprobamus». 9r

Et si aliqua statuta iam per capitulum confirmata retractari oporteat, numquam retractentur nisi per capitulum generale, nisi iusta, evidens et urgens causa aliud inducat. Que tamen si ad rigorem ordinis
spectant ad plenum non destituantur aut infirmentur cum effectu, nisi 45
per tria capitula generalia continua, hoc observato quod eedem constituciones medio tempore nichilominus teneantur. Possunt tamen mi-
nora quedam, per que rigor ordinis non minuitur, in primo vel secundo capitulo permutari vel destitui, cum diffinitoribus concorditer ac
maiori parti conventus ubi capitulum celebratur pro communi utilitate 50
visum fuerit. Que tamen permutacio seu destitucio per diffinitores sequentis capituli vel reprobetur vel approbetur.

Si prior superior vel alia persona domus sue vel eciam tota domus
aliquid postulaverit vel culpam commiserit, cuius determinacio vel cor-

---

28-31 *SA* II, 29 §16: Et tam ... favore   **32-36** *SA* II, 28 §16: Cum autem ... approbamus   **39-41** *SA* II, 28 §16: Si autem ... reprobamus   **42-44** *SA* II, 29 §19: Et si ...
inducat   **44-46** cf. *SA* II, 28 §18: rigorem ordinis ... capitula continua   **53-60** *SA*
II, 29 §28: Si prior ... similiter fiat

32-33 sic in scriptis] in scr. sic *L*

LES CONSTITUTIONS DE WINDESHEIM, I   59

approuvée qui porte sur ceci ou cela à faire ou à ne pas faire, nous la confirmons maintenant, et dès lors, qu'elle ait force de constitution». S'ils ne veulent ni l'approuver, ni la confirmer, ils diront par écrit: «Cette constitution, nous la rejetons».

Et s'il faut abroger des statuts déjà confirmés par un Chapitre, qu'ils ne le soient jamais que par un Chapitre Général, et sans qu'un motif juste, évident et urgent n'appelle un autre statut; pourtant si cela concerne la rigueur de l'Ordre, que ce ne soit pleinement supprimé ou annulé effectivement que par trois Chapitres Généraux consécutifs, ces mêmes Constitutions n'en demeurant entre temps pas moins observées. Des points mineurs cependant qui ne diminuent pas la rigueur de l'Ordre peuvent être changés ou supprimés au cours d'un premier ou un deuxième Chapitre, lorsqu'aux définiteurs unanimes et à la majorité de la communauté où se célèbre le Chapitre, cela paraît bon pour l'utilité commune. Que cependant ce changement ou cette suppression soit rejeté ou approuvé par les définiteurs du Chapitre suivant.

Si le Prieur Supérieur ou une personne de sa maison ou même toute la maison a fait une demande ou a commis une faute dont la détermination ou la correction relève du Chapitre Général, le Prieur Supérieur convoque séparément des définiteurs comme il a l'habitude de le faire pour d'autres affaires. Lorsqu'on en arrive au point dont il s'agit, la personne concernée même si c'est le Prieur Supérieur, sortira du conseil et les autres trancheront. S'il s'agit de toute la maison supérieure, le prieur sortira et avec lui ceux des définiteurs qui sont ses frères. On agira de même pour les autres définiteurs ou personnes et maisons impliqués dans une cause privée. Puisqu'on se trompe très souvent en jugeant des absents, quant au reste on s'abstiendra autant que possible de tels jugements. Si des personnes extérieures au Chapitre viennent pour une affaire dont la détermination relève du Chapitre, que les définiteurs veillent aussi utilement qu'ils le peuvent, à s'occuper de telles personnes avant de traiter les autres affaires. Que postulations, questions, causes privées quelconques, déterminations et leurs réponses soient rédigées par écrit et conservées dans la charte commune ou privée chez le Prieur Supérieur. Si le Chapitre confie une tâche ou une recherche à une ou plusieurs personnes de nos maisons, qu'on mette par écrit engagement, personnes et délai de réalisation et que le Chapitre suivant corrige les négligents en ce domaine.

Toutes les propositions ayant été déterminées et soigneusement mises par écrit, en présence de tous rassemblés, le Prieur Supérieur les lit à voix haute comme elles auront été définies pour être observées sans

60 CONSTITUTIONES CANONICORUM WINDESHEMENSIUM, I

rectio pertineat ad capitulum generale, prior superior seorsum convocat 55
diffinitores sicut in aliis negociis | fieri consuevit. Et cum ventum fuerit 9v
ad illum de quo causa agitur, eciam si prior superior fuerit, exibit de consilio et alii terminabunt. Si tota domus superior, exibit prior et si qui
fuerint diffinitores de fratribus suis. De aliis diffinitoribus seu personis
et domibus privatam causam habentibus similiter fiat. Et quoniam in 60
iudicio absencium multociens erratum est, de cetero quantum fieri potest tale iudicium caveatur. Si alique persone extranee ad capitulum venerint et negocium habuerint cuius determinacio ad capitulum
pertineat, diffinitores quantum utiliter possunt ante alia negocia tales
personas expedire studeant. Postulaciones seu questiones et cause qua- 65
lescumque private, determinacionesque et responsa earum in scriptis re-
digantur et in cartha communi vel privata apud priorem superiorem
reserventur. Si alicui vel aliquibus domorum nostrarum personis aliquid
faciendum vel investigandum iniungitur a capitulo, commissio talis et
persone et tempus infra quod commissa compleant scribantur, et negli- 70
gentes cir|ca talia per sequens capitulum corrigantur. 10r
 Cunctis igitur que proposita erant determinatis et scripto diligenter commendatis, omnibus congregatis, prior superior sicut fuerint diffinita in publico recitat absque contradictione tenenda. Si vero in
presencia cunctorum questio quevis mota aut aliqua forte proposita 75
fuerint, que brevi tractatu examinari poterunt vel terminari, prior superior et ceteri diffinitores, cum oportunum viderint, surgunt et seorsum
super singulis annotatis habito diligenti tractatu determinant, et scripto
commendata ad capitulum redeuntes, sicut fuerint diffinita recitant.
Constituciones omnes que amodo fient scribantur in tali titulo: «De 80
diversis statutis capituli», donec per diffinitores ordinetur quod alibi
inter constituciones in certis titulis collocentur.
 Nulla autem constitucio libro constitucionum inscribitur aut destituta deletur, donec per tria capitula generalia continua, confirmata
fuerit vel destituta, que ex tunc coram diffinitoribus prout ipsis visum 85
fuerit in|scribitur aut deletur. Interim vero de novo concessa vel negata, 10v
instituta seu destituta diligenter in carthis reserventur.

60-62 *SA* II, 29 §20: Et quoniam ... caveatur 68-71 cf. *SN* II, 7 §16: Si alicui ... corrigantur 80-82 *SA* II, 28 §17: Constituciones ... collocentur 83-85 cf. *SA* II, 28
§18: Nulla ... destituta

---

59 seu] se *L* 60 fiat] fiet *W* 62 iudicium caveatur] *inv. sed corr. W* 77 cum] *secr.*
m. post. W 80 amodo] ammodo *GW* 85 coram] *om. W*

contradiction. Mais si en présence de tous une question surgit ou quelques propositions sont faites qui pourront être regardées ou tranchées après un bref examen, le Prieur Supérieur et les autres définiteurs s'ils le jugent opportun, se lèvent se tenant à l'écart, les déterminent, après examen attentif de chacun des points soulevés, les notent, puis revenant au Chapitre, ils les lisent tels qu'ils ont été définis. Que toutes les constitutions faites dorénavant soient inscrites sous cette rubrique: «Dispositions diverses», jusqu'à ce que les définiteurs décident de les placer dans les Constitutions sous des titres précis.

Aucune constitution n'est inscrite dans le livre des Constitutions ou aucune n'est effacée qui n'ait été d'abord confirmée ou supprimée par trois Chapitres Généraux consécutifs; alors, elle est inscrite ou supprimée par les définiteurs, comme il leur semble bon. Mais entre-temps, ce qui est nouvellement concédé ou refusé, instauré ou supprimé, que cela soit soigneusement conservé dans les chartes.

CONSTITUTIONES CANONICORUM WINDESHEMENSIUM, I

CAPITULUM SEXTUM

DE ELECTIONE VOCANDORUM AD CAPITULUM PRIVATUM ET VISITATORUM, ET CONCLUSIONE CAPITULI

Evolutis igitur diebus capituli sub observacione predicta, antequam 5
capitulum concludatur, nominantur a diffinitoribus ad minus tres priores de magis discretis et ydoneis et scribantur in cartha, qui infra annum si necesse fuerit ad capitulum privatum convocentur. Singulis
eciam annis per diffinitores seorsum convocatos, sicut pro aliis negociis
fieri solet habito cum magna deliberacione tractatu, eligendi sunt prio- 10
res et scribendi qui videlicet et quas domos visitare debeant. In quorum
ordinacione cavendum est ne visitatores frequencius mutentur et ne
quis visitatorum suum visitet visitatorem. Porro, antequam capitulum
solvatur, cum diffinitoribus visum fuerit, singuli priores misericordiam
pro absolucione sui prioratus coram diffinitoribus et aliis prioribus re- 15
quirere teneantur: primo | prior superior ab antiquiore priore post eum 11r
in capitulo presente, deinde ceteri a priore superiore et absentes per
litteras suas ibidem presentandas, quod eciam de priorissis est intelligendum, prius tamen quam priores pro peticione sua facienda convocentur. Prior superior, visis carthis singularum domorum, cum ceteris 20
diffinitoribus vel aliquibus eorum de causis singulorum priorum determinat et sicut eis utile visum fuerit disponat, vel visitatoribus cuiusque
domus sicut ordinaverint committat. Quo facto, convocatis diffinitoribus et prioribus, singuli priores prostrati coram omnibus peticionem
suam humiliter et breviter insinuant. Quibus, si quid dicendum fuerit 25
secundum ordinacionem diffinitorum, prior superior dicit aut quod
committi visitatoribus debeat respondet, sicque ad iussionem prioris
surgentes in loco suo resideant.
Deinde, si qui priores vel fratres aut eciam visitatores infra annum
aliquid dignum correctione commiserunt, cuius correctio ad capitulum 30

I, 6, **5-8** *SA* II, 29 §31: Evolutis ... convocentur   **9-11** *SA* II, 30 §2: seorsum ... debeant   **12-13** *SA* II, 30 §3: cavendum est ... visitatorem   **30-31** *SA* II, 29 §28: commiserunt ... pertineat

---

I, 6, **2-4** tit.] *om. L*   **2-3** tit. capitulum privatum] *inv. sed corr. G*   **9** sicut] si-
cud *W*   **13** visitatorum] *om. L*   **14** priores] *add. in marg. W*   **16** priore]
om. L   **21-22** determinat] determinant *L*

CHAPITRE VI

L'ÉLECTION DES MEMBRES DU CHAPITRE PRIVÉ ET DES VISITEURS. COMMENT SE CONCLUT LE CHAPITRE

Les jours du Chapitre s'étant donc déroulés selon l'ordonnance décrite plus haut, avant sa conclusion, les définiteurs nomment au moins trois prieurs parmi les plus capables et doués de discernement et qu'on inscrive leurs noms sur la charte pour être, au cours de l'année, convoqués au Chapitre privé si c'était nécessaire. Chaque année également des prieurs doivent être élus par les définiteurs appelés séparément comme cela se fait habituellement à propos d'autres affaires à examiner avec grande délibération, et l'on doit inscrire le nom de qui doit visiter quelle maison. Dans leur désignation, il faut veiller à ne pas trop fréquemment changer les visiteurs et à ce qu'aucun visiteur ne visite celui qui le visite. De plus, avant de conclure le Chapitre, quand cela semblera bon aux définiteurs, que chaque prieur soit tenu en présence des définiteurs et des autres prieurs de demander la miséricorde pour être relevé de son priorat, en premier le Prieur Supérieur, au plus ancien prieur présent après lui au Chapitre, ensuite tous les autres, au Prieur Supérieur ainsi que les absents par des lettres à présenter au même lieu, ce qui doit s'entendre aussi des prieures, avant cependant que les prieurs ne soient convoqués pour leur propre demande. Le Prieur Supérieur ayant regardé les chartes de chacune des maisons avec tous les autres définiteurs, ou quelques-uns d'entre eux, prend sa décision pour chacun des prieurs en particulier et qu'il décide ce qui lui aura semblé utile ou s'en remette à ce que les visiteurs de chaque maison ordonneront. Après ceci, les définiteurs et prieurs ayant été convoqués, chaque prieur prosterné devant tous, exprime sa demande de façon humble et concise. Et s'il y a à leur dire quelque chose suivant l'ordonnance des définiteurs, le Prieur Supérieur le dit ou répond ce qui devra être confié aux visiteurs; puis, se relevant sur l'ordre du prieur, ils regagnent leur place.

Ensuite, si au cours de l'année des prieurs ou des frères ou même des visiteurs ont commis un délit appelant correction qui relève du Chapitre, qu'ils confessent leur délit en présence des définiteurs et demandent pardon, ou bien qu'ils soient proclamés, et selon la gravité de la faute, soient corrigés par les définiteurs, ou même reçoivent la discipline.

64   CONSTITUTIONES CANONICORUM WINDESHEMENSIUM, I

pertineat, coram diffinitoribus veniam pe|tentes reatum suum confite- 11v
antur aut proclamentur et pro modo culpe per diffinitores emendentur
aut eciam disciplinentur.

Tandem determinato, si quid de questionibus supererat et oracionibus que pro fratribus nostris seu quibuscumque aliis vivis et defunctis 35
in singulis domibus faciende sunt impositis et carthe singulis insertis
omnibus in unum congregatis, cuncta que determinata et ordinata sunt
recitantur.

Postremo, monentur universi a priore superiore quatinus ad domos
suas protegente Deo reversi, oraciones per generale capitulum decretas 40
fideliter faciant exsolvi. Denique, de munda religione conservanda, de
professione fideliter exequenda, de pace, caritate et benivolencia ad omnes et maxime ad eos qui nostri sunt propositi, de pervigili sollicitudine
circa subditos, ceterisque generaliter que et honestati religionis con-
gruunt et saluti expediunt animarum, commoniti a superiori priore, eo- 45
dem inchoante *Confiteor* dicimus inclinantes. Deinde valedicentes
invicem recedi|mus qui ad capitulum veneramus universi.   12r

Reversi autem priores enarrare debent fratribus suis instituta illa capituli que oportet eos et expedit scire. Elemosinas quoque receptas in
capitulo, numerum brevium, personas, quibus aliquod beneficium fue- 50
rit concessum, et diem statuere quo officium per capitulum determinatum debeat inchoari.

CAPITULUM SEPTIMUM

DE AUCTORITATE DOMUS SUPERIORIS
ET CAPITULO PRIVATO

Preter ista, que determinata sunt hic circa capitulum generale et domum superiorem, volumus ut prior superior cum domo sua habeat po- 5

39-41 *SA* II, 29 §32: monentur ... exsolvi   **41-46** *SA* II, 29 §35: Denique ... dicimus   **48-52** *SA* II, 29 §36: Reversi ... inchoari

I, 7, **4-6** *SA* II, 29 §29: Preter ... auctoritate

---

34 de] *add. sup. lin. m. post. W*   **39** monentur] *add. in marg. m. post. W*   **42** et²]
om. L

I, 7, **2-3** tit.] *om. L*

Enfin, ayant fixé une question éventuellement pendante et décidé des prières que chaque maison devra faire pour nos frères ou d'autres vivants et défunts, ils l'inséreront dans la charte de chacune; puis, devant tous rassemblés, on lira tout ce qui aura été déterminé et ordonné.

Finalement, le Prieur Supérieur les exhorte tous à ce que, revenus dans leurs maisons sous la protection de Dieu, ils fassent dire fidèlement les prières prescrites par le Chapitre Général. Ensuite, le même Prieur Supérieur les exhorte à garder la vie religieuse dans sa pureté, à accomplir fidèlement leur profession, et à favoriser la paix, la charité et la bienveillance envers tous et surtout envers ceux qui partagent notre projet religieux, une attention toujours éveillée envers les sujets et toutes les autres choses en général qui sont conformes à la noblesse de la vie religieuse et utiles au salut des âmes. À l'intonation du Prieur Supérieur, nous récitons le *Confiteor* inclinés. Ensuite, prenant congé les uns des autres, tous ceux d'entre nous qui étaient venus pour le Chapitre, nous nous en retournons.

À leur retour, les prieurs doivent transmettre à leurs frères les décisions du Chapitre qu'il faut ou qu'il leur est utile de savoir. De plus, les aumônes reçues au Chapitre, le nombre de brefs, les personnes à qui un bénéfice a été accordé, et fixer le jour où la charge décidée par le Chapitre devra commencer.

CHAPITRE VII

L'AUTORITÉ DE LA MAISON SUPÉRIEURE.
LE CHAPITRE PRIVÉ

Outre les choses ici déterminées à propos du Chapitre Général et de la maison supérieure, nous voulons que le Prieur Supérieur avec sa maison ait le pouvoir de par l'autorité du Chapitre Général de déterminer les affaires surgissant en cours d'année qui ne peuvent commodément attendre le Chapitre Général et qu'à lui aussi, soient référées les questions difficiles qui dépassent la mesure des autres prieurs. Cependant, lorsque le Prieur Supérieur et sa communauté déterminent des affaires ayant surgi en cours d'année, qui ne peuvent attendre le Chapitre comme il a été dit plus haut, ils auront grand soin de veiller à ne pas excéder le pouvoir qui leur est accordé. Cela étant, pour que le prieur et la communauté précités observent ce point avec plus de vigilance, nous

66 CONSTITUTIONES CANONICORUM WINDESHEMENSIUM, I

testatem auctoritate capituli generalis determinandi causas infra annum
emergentes, que capitulum generale commode expectare non possunt,
et ut ad ipsum referantur quecumque ardua et modum ceterorum priorum excedencia. Verumptamen, cum prior et conventus superior causas
infra annum emergentes, que capitulum non possunt, ut supradictum 10
est, expectare determinant, cum magna diligencia cavere debent ne in
potestate sibi commissa exce|dant. Quod profecto, ut sollicicius prior et 12v
conventus predicti observent, volumus ut ea, que infra annum auctoritate capituli generalis determinaverint vel concesserint, scripto com-
mendent, et pro hiis singulis annis diffinitoribus capituli generalis 15
racionem reddant.

Sunt preterea et privata capitula pro negociis et questionibus infra
annum emergentibus necessaria decidendis, que domus superior non
potest vel non audet determinare, nec sine notabili dispendio ad capitulum generale differi possunt. Ad que vocabit prior superior priores il- 20
los qui in precedenti capitulo generali fuerant a diffinitoribus nominati.
Vocati vero, si infirmitas corporis non impediat vel alia iusta causa, que
priori superiori significari debet, necesse habent omni occasione seu di-
lacione frustratoria cessante in domo superiori convenire.

In privatis autem capitulis, sicut fit in generali, antequam de ipso 25
negocio tractetur, premittuntur consuete pre|ces, scilicet *Ad te levavi* et 13r
cetera. Et quidquid de negociis et questionibus terminandis prior et
conventus superior cum convocatis et presentibus prioribus disposue-
rint, firmum fore capitulum generale decrevit. Si quis eciam ex vocatis
prioribus questionem habuerit specialem, nichilominus alii cum priore 30
et conventu superiore in speciali causa illius pro capitulo reputantur.
Quod, si privatum capitulum infra annum erraverit, generale capitulum
corrigere debet cum fuerit in communi audiencia propositum et probatum.

9-12 *SA* II, 29 §30: Verumptamen ... excedant   **17-21** *SA* II, 29 §37: Sunt preterea ... decidendis ad que ... nominati   **22-24** *SA* II, 29 §38: Vocati ... convenire   **25-27** *SA* II, 29 §39: In privatis ... levavi etc.   **27-31** *SA* II, 29 §40: Et
quidquid ... reputantur   **32-34** *SA* II, 29 §41: Quod si ... probatum

---

8 ipsum] ipsam *W*   **9** et conventus] *del. G*   **10-11** capitulum non possunt ut
supradictum est expectare] capitulum u. s. d. est n. p. expectare *W*   **10** supradic-
tum] predictum *L*   **23-24** seu ... cessante] *scr. in ras. et* cess(ante) *scr. in marg. G*
27 quidquid] quicquid *L*

voulons que ce qu'en cours d'année ils auront déterminé ou concédé avec l'autorité du Chapitre Général, ils le mettent par écrit et en rendent compte chaque année aux définiteurs du Chapitre Général.

Il y a aussi des Chapitres privés pour les affaires et questions surgissant en cours d'année et nécessitant une décision que la maison supérieure ne peut ou n'ose déterminer et qui, sans un important dommage ne peuvent être différées jusqu'au Chapitre Général. Pour cela, le Prieur Supérieur convoquera ces prieurs que les définiteurs avaient nommés pendant le Chapitre Général précédent. Les appelés, à moins d'une maladie ou d'un autre motif juste qu'il faut notifier au Prieur Supérieur, sont tenus de se rendre sans vain délai à la maison supérieure, toute affaire cessante.

Aux Chapitres privés, qu'on agisse comme au Chapitre Général. Avant de traiter de l'affaire elle-même, on commence par les prières habituelles: le psaume *Ad te levavi* etc. Et tout ce que le Prieur Supérieur et sa communauté ont pu décider des affaires et des questions avec les prieurs convoqués et présents, le Chapitre Général a décidé que cela aurait force de loi. Et si l'un des prieurs convoqués a une question spéciale, les autres avec le Prieur Supérieur et sa communauté sont néanmoins considérés comme le Chapitre, dans le cas spécial de ce prieur. Et si en cours d'année, un Chapitre privé s'était trompé, le Chapitre Général doit le corriger, lorsqu'au cours de l'assemblée générale cela aura été proposé et prouvé.

Et de même pendant un Chapitre privé, une fois le sujet épuisé par une sage délibération et l'affaire dont on traitait décidée comme il aura semblé bon, Dieu aidant, on ne doit en aucune façon omettre le *Confiteor* pour la rémission des péchés.

Lorsque des dépenses interviennent en cours d'année, à la convocation d'un Chapitre privé ou autrement, si elles ont été faites pour l'utilité commune, qu'elles soient payées du commun, si c'est en raison d'un désordre ou d'un délit, ou du fait de quelque maison, cette maison paiera. Que les prieurs appelés à un Chapitre privé avec le prieur et le procurateur de la maison supérieure, évaluent les dépenses de cette maison et les leurs. Et on fera de même lors du Chapitre Général.

68 CONSTITUTIONES CANONICORUM WINDESHEMENSIUM, I

Consilio itaque in privato capitulo deliberacione provida consum- 35
mato, ac re de qua agebatur prout visum fuerit Deo auctore disposita,
pro remissione culparum *Confiteor* nullatenus est omittendum.

Cum fiunt expense infra annum convocato privato capitulo vel aliter, si pro communi utilitate facte sint, persolventur de communi, si pro
perturbacione vel delicto seu causa alicuius domus, persolvet illa domus. 40
Priores vero vocati ad privatum capitulum cum priore et | procuratore 13v
domus superioris taxent expensas eiusdem domus et suas. Et similiter
faciendum est in capitulo generali

CAPITULUM OCTAVUM
DE NOVIS DOMIBUS RECIPIENDIS

Quia ex levi et indiscreta recepcione domorum novarum, minus
sufficienter dotatarum et edificiis necessariis carencium, multa scandala
et inconveniencia nostro novimus ordini provenisse et deteriora in po- 5
sterum provenire, nisi salubre remedium apponatur non immerito for-
midamus, statuimus ut nulla domus recipiatur de cetero, nisi prius pro
sustentacione prioris et octo fratrum cum familia congruente ac pro
aliis necessariis oneribus supportandis sufficientibus redditibus vel pos-
sessionibus assignatis, et nisi in loco habili et honesto a cohabitacione 10
hominum debite segregato, et nisi prius constructis sufficientibus edificiis vel de construendis competenti et secura prehabita caucione. Que
cuncta per aliquos discreciores priores a capitulo | deputatos diligenter 14r
perquiri debent et scripto commendari, et per eos capitulo generali aut
privato, si mora expectandi capitulum generale dampnosa extiterit, di- 15
ligenter exponi et referri.

Pro nova autem domo assumenda magna cura satagendum est, ut
rector ydoneus eidem deputetur, adiunctis sibi duobus aut tribus fratribus boni testimonii, qui ad edificacionem spiritualem et institucionem
ad ordinem recipiendorum valere creduntur. 20

35-37 *SA* II, 29 §42: Consilio ... omittendum   **38-42** *SA* II, 29 §43: Cum ... et suas
I, 8, **3-12** *SN* II, 5 §3: Quia ... caucione

---

36 re de] *inv. W*

I, 8, **10** habili] abili *W*   a] ac *L*   **17** assumenda] recipienda *L*

CHAPITRE VIII
LA RÉCEPTION DE NOUVELLES MAISONS

Parce que, nous le savons, le fait de recevoir à la légère et sans discernement de nouvelles maisons, insuffisamment dotées et manquant des bâtiments nécessaires a provoqué de nombreux scandales et inconvénients à notre Ordre et que, non sans raison, nous craignons qu'une décadence s'ensuive dans l'avenir si un remède salutaire n'est pas appliqué, nous statuons qu'aucune maison ne soit reçue désormais sans que d'abord pour la subsistance du prieur et de huit frères, avec un nombre convenable de familiers, et pour couvrir les autres charges nécessaires, il leur soit assigné suffisamment de revenus ou de possessions et, à moins qu'elle ne dispose d'un lieu approprié, convenable et séparé comme il se doit des endroits habités, et à moins d'avoir d'abord construit les bâtiments suffisants ou de posséder une garantie appropriée, assurée et préalable pour les construire. Toutes ces choses doivent être soigneusement recherchées et mises par écrit par quelques prieurs doués de discernement délégués par le Chapitre et par eux soigneusement exposées et rapportées au Chapitre Général ou à un Chapitre privé, si attendre jusqu'au Chapitre Général s'avérait dommageable.

Pour accepter une nouvelle maison, on doit prendre grand soin d'y députer un recteur capable auquel seront adjoints deux ou trois frères de bon témoignage qui sont estimés capables d'édification spirituelle et de la formation de ceux qui seront reçus dans l'Ordre.

Et nous conseillons aux communautés des nouvelles maisons de remettre sans faute au Chapitre Général l'installation du premier prieur.

Dans les maisons nouvelles et incomplètes, le Chapitre Général ou les visiteurs, ayant tenu compte des circonstances des maisons, y établissent un nombre convenable de personnes, au-delà duquel nul ne sera reçu à la vie religieuse ou en dehors de celle-ci, à moins d'avoir reçu la permission du Chapitre Général ou du Prieur Supérieur, pour un motif raisonnable, de recevoir quelqu'un ou quelques-uns.

Aucun prieur ou recteur ou aucune communauté de nos maisons ne peut sans la permission du Chapitre Général ou du Prieur Supérieur négocier une rente perpétuelle sur les biens du monastère, ni louer des terres ou autres possessions en échange d'une rente perpétuelle, ou surcharger ou diminuer de quelque façon la première fondation de la maison, ou même, si la maison est endettée au-delà de la moitié de ses revenus annuels, qu'à partir de ses propres fonds, il ne présume pas de

70 CONSTITUTIONES CANONICORUM WINDESHEMENSIUM, I

Consulimus vero ut conventus domorum novarum institucionem primi prioris capitulo generali resignare debeant.

In novis quoque domibus et imperfectis capitulum generale seu visitatores, consideratis circumstanciis domorum, congruentem numerum personarum eis constituunt, ultra quem ad religionem seu eciam extra religionem neminem recipient, nisi ad aliquem vel aliquos a capitulo generali vel priore superiori racionabili causa interveniente licenciam impetraverint.

Nullus prior vel rector aut conventus domorum nostrarum perpetuam pensionem | ex bonis monasterii vendere, nec terras vel alias possessiones pro perpetua pensione conducere, sive primam domus fundacionem quocumque modo gravare vel minuere, seu eciam, si domus ultra medietatem reddituum suorum annuorum debitis gravata fuerit, de propriis sumptibus novas structuras viginti quinque scudatorum antiquorum impensas requirentes edificare presumat, sine licencia capituli generalis vel prioris superioris. Que tamen licencia non nisi in cartha patente et sigillata danda est. Si prior aut procurator aut eciam totus conventus contra attemptaverit, procuracionem procurator amittat, et per mensem sit novicius, prior vero per tantum tempus sit extra sedem suam, et nichilominus per capitulum uterque legittime puniatur. Correctio autem conventus usque ad capitulum generale differatur.

Priores quorum conventus propter paupertatem dividuntur, nullos valeant interim recipere novicios absque licencia capituli generalis vel prioris superioris.

Nulla do|mus monialium de cetero assumatur vel capitulo nostro incorporetur, nisi per tria generalia capitula continua omnes diffinitores in hoc concordaverint. Pro quo sciendum, quod omnibus personis capitulo subiectis sub pena inobediencie firmiter inhibetur, quod nemo de cetero dicto vel scripto in capitulo moveat de monasteriis monialium assumendis et capitulo incorporandis.

42-44 *SN* II, 6 §8: Priores ... generalis

---

23 quoque domibus] *inv. sed corr. L*   seu] se *L*   **30** nec] vel *W*   **39** tempus] temporis *L*   **40** legittime] legitime *GL*   **41** generale] *om. W*   **42** nullos] nullus *L*   **46** generalia capitula] *inv. L*

construire de nouvelles structures requérant des dépenses de vingt cinq anciens écus. Et cette permission ne devra se donner que sur charte patente et scellée. Si le prieur ou le procurateur ou même toute la communauté vont à l'encontre ⟨de ceci⟩, que le procurateur perde sa charge et soit novice pendant un mois ; quant au prieur pendant la même période, qu'il soit hors de sa charge, et que l'un et l'autre n'en soient pas moins punis par le Chapitre selon les Constitutions. La correction de la communauté sera différée jusqu'au Chapitre Général.

Que les prieurs dont les communautés sont divisées à cause de la pauvreté, ne puissent recevoir aucun novice entre-temps sans la permission du Chapitre Général ou du Prieur Supérieur.

Dorénavant, qu'aucune maison de moniales ne soit acceptée ou incorporée à notre Chapitre, sans que, à trois Chapitres Généraux consécutifs, tous les définiteurs soient unanimes à ce sujet. Là encore, il faut savoir qu'à toutes les personnes sujettes au Chapitre, il est fait défense expresse sous peine de désobéissance, de tenter par des paroles ou des écrits de faire accepter et incorporer au Chapitre des monastères de moniales.

72 CONSTITUTIONES CANONICORUM WINDESHEMENSIUM, I

CAPITULUM NONUM
DE VISITACIONE

In nomine sancte et individue Trinitatis. Ob statum domorum nostrarum in sancta religione conservandum, visitaciones per omnes domos de anno in annum faciende sunt. Porro quia ex eo quod visitaciones 5
nec studiose fiunt nec bene observantur, magna sequitur dissolucio ordinis, visitatoribus districte iniungitur a capitulo ut in visitacionibus sint solliciti et studiosi et formam sibi a capitulo de facienda visitacione traditam nulla transgrediantur ex parte. Quam si qui transgressi fuerint, prout culpa exigere videbitur, per capitulum legittime puniantur. 10

Congregatis igitur|fratribus domus que visitatur et eiusdem priore 15v presente, premissa que in capitulo generali consuevit fieri oracione, visitatores aliquam de observacione propositi nostri, de obediencia, de proprii pastoris reverencia faciant, si eis videbitur, exhortacionem. Lecta deinde forma visitacionis, auctoritate Dei et capituli generalis pre- 15 cipiant, ut de priore, de seipsis adinvicem, de conversis eciam atque tocius domus statu quidquid super hiis, de quibus interrogati fuerint, accusacione dignum vel emendacione cognoverint singuli sincere, nullatenus amore vel odio seu timore cuiusquam aliave qualicumque occasione veritate suppressa, ne cum gravi eciam periculo animarum gravem 20 ordinis incurrant disciplinam, edoceant evidenter. Verumptamen in conventu seu palam nulli crimen imponant, quod probari non possit aut non debeat, ne pena qua teneretur qui dictus esset reus, si convinceretur de crimine, in probacione deficientes involvat. Eadem prior eorum sua eis auctoritate precipiat.| 16r

Cum fiunt visitaciones per domos nostras in inquisicione seu probacione culparum, habetur preceptum obediencie pro iuramento. Possunt tamen visitatores durante visitacione, si eis videbitur, in gravibus casibus pro revelanda plenius et cercius veritate precipere sub pena

---

I, 9, 3-5 *SA* II, 30 §1: In nomine ... faciende   **5-10** *SA* II, 30 §4: Porro ... puniantur   **11-14** *SA* II, 30 §5: Congregatis ... exhortacionem   **15-21** *SA* II, 30 §6: Lecta ... evidenter   **21-25** *SA* II, 30 §7: Verumptamen ... precipiat   **26-30** *SA* II, 30 §8: Cum fiunt ... iuramentum

---

I, 9, **2** tit.] de visitacione *add. in marg. m. post. L*   **5** quod] *om. L*   **6** bene] observacionis *add. sed del. L*   **19** cuiusquam] cuiuscumque *W*   qualicumque] *om. W*   **20** suppressa] subpressa *G*   **24** involvat] involvant *L*

CHAPITRE IX

LA VISITE

Au nom de la sainte et indivise Trinité. En vue de garder l'état de nos maisons dans la sainte religion, des visites doivent être faites dans toutes les maisons d'année en année. De plus, parce que de visites faites sans soin et qui ne sont pas convenablement menées, il s'ensuit une grande dissolution dans l'Ordre, le Chapitre enjoint rigoureusement aux visiteurs d'être vigilants et attentifs au cours des visites et de n'enfreindre en aucune de ses parties la façon de faire la visite donnée par le Chapitre. Le cas échéant, ils seront légitimement punis par le Chapitre, dans la mesure où leur faute semblera l'exiger.

Les frères de la maison visitée se réunissent donc avec leur prieur; après la prière faite comme elle l'est d'ordinaire au Chapitre Général, que les visiteurs s'ils le jugent bon, fassent une exhortation sur l'observance de notre propos, sur l'obéissance, sur le respect envers notre propre pasteur. Après la lecture de la forme de la visite, avec l'autorité de Dieu et du Chapitre Général, que les visiteurs ordonnent qu'on les informe au sujet du prieur et de chacun, des convers aussi, de l'état de toute la maison. De tout ce qu'il saura mériter accusation ou correction sur les points où porteront leurs interrogations, que chacun parle avec clarté, sans cacher la vérité par amour ou haine ou crainte de quiconque ou pour tout autre motif, de peur d'encourir en même temps qu'un grave danger pour les âmes, une lourde correction de l'Ordre. Cependant, en communauté ou en public, qu'ils ne fassent peser sur personne une accusation qu'on ne puisse ou ne doive prouver, de peur que le châtiment qui frapperait celui qu'on dirait coupable s'il était convaincu de ce dont il est accusé, ne retombe sur ceux qui sont incapables de le prouver. Que le prieur fasse ces mêmes recommandations à ceux qui dépendent de son autorité.

Lorsqu'ont lieu les visites dans nos maisons, pendant l'enquête ou la vérification des fautes, le précepte de l'obéissance tient lieu de serment. Cependant, au cours de la visite, s'il leur semble bon dans des cas graves, pour que la vérité apparaisse de façon plus entière et plus certaine, les visiteurs peuvent ordonner sous peine d'excommunication et exiger le serment. Ils peuvent aussi imposer le silence aux frères, là où ils le jugent expédient. Que l'enquête sur des clercs se fasse par des clercs, et sur des convers, par des convers. Les séculiers aussi s'ils sont capables de témoigner, peuvent, si cela semble bon, être reçus pour déposer tant contre le

74 CONSTITUTIONES CANONICORUM WINDESHEMENSIUM, I

excommunicacionis et exigere iuramentum. Possunt eciam fratribus 30
iniungere silencium ubi viderint expedire. De clericis et conversis per
clericos et conversos inquisicio fiat. Seculares eciam, si ydonei sint ad te-
stificandum, possunt si videatur recipi in testimonium tam contra priorem quam contra clericum et conversum, si quod probacione indiget
per nostros non possit probari. Visitatores tamen non facile credant 35
omni spiritui nec aliquem ex sola suspicione condempnent. Facto precepto et allata precedencium visitatorum cartha et in conspectu omnium lecta, prior et fratres de domo capituli exeant, ac deinde a singulis
seorsum que fuerint inquirenda visitatores diligenter inquirant. Primo
super pactionibus quas priores visi|tacionem timentes a fratribus extor- 16v
quent et laycis, singulos diligenter scrutentur. Factas solvant et prior sit
extra sedem suam et Missa careat quadraginta diebus, nisi novicius professionem sit facturus, nichilominus capitulo, si sibi videbitur, discipli-
nam aucturo. Attente quoque inquirant, si precedens visitacio bene
fuerit observata, et quem in non observando invenerint culpabilem, sive 45
sit prelatus sive subiectus, tamquam inobedientem Deo et generali capitulo graviter puniant. Attente eciam et sollicite, non obstante aliqua
benivolencia que in subversionem religionis aliquando exhibetur, inquirant diligenter de negligencia priorum, si corrigant excessus, si sint
carnales vel seculares nimis, si dant bonum exemplum subditis in fre- 50
quentando ecclesiam, in abstinenciis et in aliis observanciis ordinis, si
statuta capituli faciunt observari – per ipsos enim viget vel deficit ordo
in domibus – si ferventer reprehendant ea que fiunt inor|dinate vel si 17r
nimis evagantur et sine personarum accepcione negligencias et excessus,
quos invenerint, puniant et in cartha sua totaliter inserant. 55
    Postea interrogetur de pace domus et sua et fratrum et converso-
rum, donatorum quoque et aliorum familiarium necnon eorum adinvicem. Si dixerit non esse pacem, causa cum omni studio inquiratur,
eaque cognita, qui puniendi fuerint legittime puniantur. Exinde inter-
rogetur qualiter tam fratres quam conversi habeant se in observanciis 60

31-36 *SA* II, 30 §9: De clericis … condempnent   **35-36** cf. 1 Io. 4,1: credant omni
spiritui   **36-39** *SA* II, 30 §10: Facto … inquirant   **39-44** *SA* II, 30 §11: Primo …
aucturo   **44-47** *SA* II, 30 §12: Attente … puniant   **47-55** *SA* II, 30 §13: Attente
eciam … inserant   **56-59** *SA* II, 30 §14: Postea … puniantur   **59-74** *SA* II, 30 §15:
Exinde … inquirendum

30-31 fratribus iniungere] *inv. L*   **33** recipi] accipi *L*   **41** laycis] laicis *G*   **43** sibi]
om. L   **59** legittime] legitime *GL*

prieur que contre un clerc ou un convers, si ce qu'on a besoin de prouver ne peut être établi par les nôtres. Que les visiteurs pourtant n'ajoutent pas foi à tout esprit et ne condamnent pas quelqu'un sur un simple soupçon. Le précepte donné et la charte des visiteurs précédents produite et lue en présence de tous, que le prieur et les frères sortent de la salle capitulaire et ensuite, que les visiteurs s'enquièrent avec soin auprès de chacun séparément sur ce qui doit l'être. Qu'ils examinent chacun avec soin, d'abord sur les engagements que des prieurs dans la crainte de la visite, extorquent des frères et des laïcs. Qu'ils annulent ceux qui auraient été faits et que le prieur soit démis de sa charge et privé de la Messe pendant quarante jours, sauf si un novice doit faire profession; le Chapitre pourra néanmoins augmenter la punition si cela lui paraît bon. Qu'ils enquêtent aussi avec exactitude pour savoir si la visite précédente a été bien observée et qu'ils punissent sévèrement celui qu'ils trouveront coupable de non observance, qu'il soit prélat ou sujet, en tant que désobéissant à Dieu et au Chapitre Général. Avec exactitude et vigilance, et sans être empêchés par cette bienveillance qui parfois ruine la vie religieuse, qu'ils enquêtent soigneusement sur l'incurie des prieurs, demandant s'ils corrigent les excès, s'ils sont trop charnels ou trop mondains, s'ils donnent le bon exemple à leurs sujets par leur présence à l'église, les abstinences et les autres observances de l'Ordre, s'ils font observer les statuts du Chapitre – c'est par leur intermédiaire en effet, que l'Ordre se fortifie ou dépérit dans les maisons – s'ils reprennent avec zèle ce qui se fait de manière désordonnée ou extravagante, et sans acception de personnes, s'ils punissent les négligences et les excès qu'ils auront trouvés et les inscrivent intégralement sur leur charte.

Ensuite, qu'on s'enquière de la paix de la maison, de la sienne et de celle des frères et des convers, des oblats également et des autres familiers, et celle des uns envers les autres. Si le prieur dit que la paix n'existe pas, qu'on en recherche la cause avec grande application et quand elle sera connue, que soient punis selon les Constitutions ceux qui doivent être punis. Ensuite, qu'on demande comment tant les frères que les convers se comportent dans l'observance de l'Ordre, c'est-à-dire, dans le fait ne pas avoir de biens propres, de garder le silence et les cellules, dans la continence, l'obéissance à son propre pasteur, le respect de chacun à son égard, et mutuellement, dans le fait de se rendre à l'église, de célébrer l'Office divin, de garder les abstinences. Qu'ils s'enquièrent par des entretiens entre eux et avec les hôtes, si on ne demande pas de permission indue, si, avec les séculiers, les familiers, les convers ou avec tout autre, on observe la retenue requise dans la vie religieuse; enfin, il faudra re-

76 CONSTITUTIONES CANONICORUM WINDESHEMENSIUM, I

ordinis, scilicet in non habendo propria, in tenendo silencium et cellas, in continencia, in proprii pastoris obediencia, in eiusdem suaque adinvicem reverencia, in veniendo ad ecclesiam, in celebrando divinum officium, in abstinenciis. Si in colloquio adinvicem et cum hospitibus, si in non petenda inordinata licencia, si cum secularibus, cum familiaribus, cum conversis seu aliis quibuscumque religioni debitam servant honestatem, demum si curiositatem vitant, si detractiones et murmura fugiunt, si laudabiliter|culpas in capitulo confitentur, si in reprehensione sunt humiles et in emendacione tractabiles, est sollicite perquirendum. 65 17v 70

Pro temporalium quoque statu cognoscendo diligenter, an domus sit gravata debitis et quantis, non tamen cui vel quibus specialiter debeat, nec si quid quantumve in depositis habeat aut a quibus deposita susceperit, est inquirendum. Si igitur domus inveniatur debitis gravata, nulla racionabili apparente causa que priorem vel procuratorem excusat, in ipsos culpa redundat. Super premissis omnibus singillatim a singulis fratribus et conversis inquisicio tam de priore quam de seipsis adinvicem cum omni studio est facienda. 75

Sed et si quis fratrum seu conversorum in priore vel in alio aliquo de congregacione crimen vel aliud grave aliquid, quod emendacione vel accusacione dignum sit, cognoverit, eciam non interrogatus illud visitatoribus insinuare tenetur, non tamen in conventu seu palam, nisi probare queat. Porro visitatores ea, que sibi insinuantur nec pro|bari possunt, diligenter inquirant a remotis, non nominata persona, sed de vicio inquirendo, si forte queat et debeat quod occultum est in publico probari. Inquisicione facta, si quid de priore vel de alio aliquo dicitur quod emendacione aut pena dignum sit, interrogetur seorsum secrete qui dictus est reus, an sit verum quod obicitur ei. Qui, confessione sua, vel si negaverit, facta per testes inquisicione, convictus arbitrio visitatorum in privato vel eciam in publico, si ita res exegerit et ipsis visum fuerit, vel puniatur vel emendetur. Celantes vero ex proposito huiusmodi crimina 80 18r 85 90

74-76 *SA* II, 30 §16: Si igitur ... redundat   76-78 *SA* II, 30 §17: Super premissis ... facienda   79-83 *SA* II, 30 §18: Sed et ... queat   83-85 *SA* II, 30 §19: Porro ... probari   86-91 *SA* II, 30 §20: Inquisicione ... emendetur   91-93 *SN* II, 8 §3: Celantes ... abstinenciarum

---

61 propria] proprium *L*   **64-65** si in non] si non *W* si non in *L*   **75-76** excusat] excuset *L*   **79** seu] aut *L*   alio aliquo] *inv. L*   **86** de²] *om. L*

LES CONSTITUTIONS DE WINDESHEIM, I

chercher avec vigilance si on évite la curiosité, s'abstient de critiques et de murmures, confesse louablement ses fautes en chapitre, si l'on est humble devant le reproche et docile devant la correction.

Pour connaître l'état des biens temporels, on devra s'enquérir soigneusement si la maison est chargée de dettes et de combien, sans pourtant chercher à savoir qui est ou sont ses débiteurs, ni si elle a reçu des sommes en dépôt, ni combien ou de qui elle les a reçues en dépôt. Si donc une maison est trouvée grevée de dettes sans aucun motif raisonnable qui disculpe le prieur ou le procurateur, que la faute retombe sur ceux-ci. Sur toutes les choses précitées, l'enquête doit être faite avec toute application auprès de chacun des frères et convers un par un, tant à propos du prieur qu'à propos des uns vis-à-vis des autres.

Mais si l'un des frères ou convers a eu connaissance d'une accusation contre le prieur ou contre quelqu'un d'autre de la Congrégation, ou de quelque autre chose grave qui mérite amendement ou accusation, il est tenu de le notifier aux visiteurs, même sans être interrogé; cependant il ne le fera ni en assemblée ni en public sauf s'il a la possibilité de le prouver. De plus, sur ce qui leur est notifié et qu'ils ne peuvent prouver, que les visiteurs s'enquièrent soigneusement de façon lointaine, auprès de personnes éloignées sans nommer la personne, mais en demandant à propos de la faute, si par hasard, il y a possibilité et devoir de prouver publiquement ce qui est caché. L'enquête ayant été faite, s'il est dit quelque chose du prieur ou de quelqu'un d'autre qui mérite correction ou châtiment, qu'on demande séparément en secret à celui qui est dit coupable si ce dont on l'accuse est vrai. Et lui, convaincu par sa confession ou, s'il nie, par l'enquête faite auprès de témoins, qu'il soit ou puni ou corrigé en privé ou même en public au jugement des visiteurs si la chose l'exige et que cela leur paraît convenir. Ceux qui cachent délibérément les délits de cette espèce ou des choses graves à révéler aux visiteurs, ne peuvent être absous par leurs prieurs, sans que leur soient enjoints en pénitence sept jours d'abstinence au pain et à la bière.

Lors donc que les visiteurs auront écrit ce qu'ils savent devoir l'être, qu'ils recommandent avec exactitude à tous que nul ne présume de divulguer ce qui doit rester caché plutôt que dit, et de ne parler en assemblée que de ce qui peut et doit être prouvé, les y contraignant par précepte et les y amenant par la persuasion raisonnée. Personne en effet ne doit être blâmé publiquement sans un motif évident, sinon pour ce qui est déjà flagrant ou connu de plusieurs.

Ces actes ayant ainsi été posés de façon ordonnée, qu'ils recommandent finalement à ceux qu'ils auront réunis que chacun demeurant

78 CONSTITUTIONES CANONICORUM WINDESHEMENSIUM, I

vel gravia visitatoribus revelanda non possunt absolvi per priores suos, nisi iniuncta penitencia septem abstinenciarum in pane et cervisia.

Cum igitur visitatores que noverint scribenda scripserint, districte precipiant universis, ne illa, que occultanda magis sunt quam dicenda, 95 quivis eorum manifesta facere presumat, et ad ea solum in conventu dicenda, que probari possunt | et debent, eos et precepto cogentes et per- 18v suasione racionabili inducentes. Nemo quippe absque evidenti causa publice notandus est nisi in hiis, que manifesta vel pluribus iam comperta sunt. 100

Quibus sic ordinate peractis, tunc demum in unum accersitos moneant, ut sine contencione cum modestia, unusquisque suo loco manens et ordine iussus et non aliter, ceteris interim tacentibus, puram, nullo inserto mendacio, stans nichilque celans pronunciet veritatem contra quemcumque in testimonium requisitus fuerit. Qua in re priori 105 districte iniungitur, ne cuiquam qui aliquid contra eum dixerit, solitam humanitatem quam ceteris exhibet in communi vel pro infirmitatis debilitatisve languore debitam subtrahendo vindictam, ullo in tempore inferat. Sed et fratribus nichilominus iniungitur, ne cui adversus eos aliquid proferenti verbis umquam aut factis molesti existant. Si qua vero 110 de cottidianis et minus gravibus, ut de silencio forsan et aliis observanciis incaute pretermissis, sine probacione di|cenda visitatores cognove- 19r rint, per semetipsos illa proponunt, vocatisque nominatim singulis, que corrigenda et emendanda noverint obiciunt et secundum excessuum exigenciam penitencias et disciplinas imponunt. Et primo quidem ex- 115 pediuntur hii qui in sacris ordinibus non sunt constituti, quibus expeditis simul exeunt. Dehinc ad reliquos procedunt inchoantes a priore. Eius tamen excessus vel negligencias paucis notas non faciliter coram omnibus manifestent, de quibus eum nichilominus seorsum ammonere debent. Ipso quoque post obiecta ad veniam se prosternente, conventus 120 ob eius reverenciam stat, donec a visitatoribus iussus surgat. – Hucus-

---

94-98 *SA* II, 30 §21: Cum igitur ... inducentes   101-104 *SA* II, 30 §22: Quibus sic ... veritatem   105-110 *SA* II, 30 §23: Qua in re ... existant   110-113 *SA* II, 30 §24: Si qua ... proponunt

---

94 noverint] cognoverint *L*   102 ut] *iter. sed del. W*   103 non] *add. in marg. m. post. W*   108 languore] languorem *W*   111 cottidianis] cotidianis *GL*   112 visitatores] *om. W*   113 semetipsos] seipsos *W* et *add. L*   procedunt] procedant *W*   119 eum nichilominus] *inv. W*   121-122 Hucusque ... visitacionis] *om. L*

à sa place, sans dispute, avec retenue, suivant son rang et pas autrement, tous les autres gardant le silence, se lève et sans mensonge ni dissimulation, déclare l'exacte vérité contre celui – qui qu'il soit – contre lequel il aura été appelé à témoigner. Dans cette affaire, il est rigoureusement enjoint au prieur de montrer envers quiconque aura parlé contre lui, la bienveillance habituelle qu'il témoigne à tous les autres en général ou celle requise pour soulager la fatigue de la maladie ou de la faiblesse, sans infliger de vengeance en aucun moment. Mais il est tout autant prescrit aux frères de ne jamais se montrer désagréables en paroles ou en actes envers celui qui aura dit quelque chose contre eux. Si les visiteurs ont eu connaissance de fautes quotidiennes et bénignes, comme peut-être à propos du silence, et d'autres observances omises par inattention et qui sont à aborder sans enquête, ils les proposent d'eux-mêmes et ayant appelé nommément chacun, ils leur présentent ce qu'ils savent devoir être corrigé et amendé et selon que le comporte l'abus, imposent les pénitences et les punitions. Ils traitent d'abord de ceux qui ne sont pas dans les ordres sacrés qui, cela fait, sortent ensemble. Ensuite, les visiteurs continuent avec les autres, en commençant par le prieur. Cependant, que ses abus ou négligences connus de peu, ne soient pas facilement révélés en présence de tous; néanmoins ils doivent l'en avertir séparément. Et après les reproches, tandis que le prieur se prosterne pour recevoir le pardon, la communauté se lève par respect pour lui, jusqu'à ce que sur l'ordre des visiteurs, il se relève. – On lit jusqu'ici pour la forme de la visite. – Les visiteurs, une fois tout cela accompli dans la communauté des clercs, gardent ces mêmes formes à l'égard de la personne des convers, comme on l'a dit, ils procéderont individuellement, s'enquérant auprès de chacun d'eux avec une attention fort éveillée.

Toutes les affaires ci-dessus ayant été traitées, que les visiteurs, après avoir tenu à l'écart la délibération qu'ils doivent rendre et conclu leur sentence selon les Constitutions, écrivent sur leur charte ce qu'ils ont décidé devoir être écrit quant aux abus évidents et publics ou même être ordonné pour le bon état de la maison. La charte des visiteurs précédents sera examinée avec soin et tout ce qu'ils y auront trouvé à observer, qu'ils le mettent sur la leur ou le laissent sur les cédules, et que la charte précédente soit détruite. Cela fait, les mentions qui concernent les clercs seront proclamées dans leur assemblée; et la charte portant toutes ces choses qu'ils la munissent de leurs sceaux et la confient à la garde du prieur ou du sacristain pour être montrée aux visiteurs suivants. Ne perdant pas de vue les châtiments que le Chapitre a prescrit d'infliger pour certains excès, qu'ils n'essaient en aucune manière de les

80 CONSTITUTIONES CANONICORUM WINDESHEMENSIUM, I

que legitur pro forma visitationis. – Que omnia postquam, sicut diximus, in conventu clericorum fuerint visitatores prosecuti, mox eandem in conversorum personis formam servantes ad universa singillatim a singulis inquirenda studio atttenciori procedant. 125

Omnibus igitur que premissa sunt expeditis, visitatores, debita seorsum deliberacione prehabita, finem legittimum sua sentencia|imponentes, que de manifestis et publicis excessibus scribenda vel eciam pro bono statu domus ordinanda decreverint, in cartha sua scribant. Considerataque diligenter cartha visitatorum precedencium, quidquid invenerint in ea observandum in sua apponant vel in cedulis relinquant, et precedens cartha deleatur. Quo facto, que ad clericos pertinent in conventu eorum recitata sigillis suis muniant carthamque ipsam omnia continentem exhibendam visitatoribus sequentibus priori vel sacriste custodiendam tradant, observantes ne penas, quas pro quibusdam excessibus capitulum censuit infligendas, nisi racio urgens et evidens flagitaverit, attemptent ullatenus immutare. Aliam quoque cartham huic similem sigillis suis munitam ac diligenter clausam priori superiori transmittere vel, cum ad capitulum venerint, secum deferre debent. Ipsa vero cartha, que in domo relinquitur, presentibus fratribus in capitulo singulis annis in|festo sancti Iohannis evangeliste et secunda feria Pasche legatur. 19v 130 135 140 20r

Porro visitatores officium suum fideliter exerceant et ferventer et in domibus, quas visitant, sine iusta causa moram nimiam non faciant, alioquin in sequenti capitulo culpas suas clament. Quod, si per tres vel quatuor dies ad brevius vel per octo seu decem ad longius in visitando duraverint, nisi evidens necessitas aliud requirat, non sunt de festinancia vel mora nimia redarguendi, nec debent in examinandis fratribus clericis sine causa notabili post Completorium vel ante Primas occupari. Diebus quoque festivis Misse conventuali et Vesperis interesse et celebracioni Missarum se aptare studeant. 145 150

122-125 *SA* II, 30 §25: Que omnia ... procedant   126-132 *SA* II, 30 §26: debita seorsum ... deleatur   132-137 *SA* II, 30 §27: Quo facto ... immutare   137-139 cf. *SA* II, 30 §40: cartham ... superiori transmittere   139-142 *SA* II, 30 §28: Ipsa vero ... legatur   143-145 *SN* II, 8 §4: visitatores ... clament

---

127 legittimum] legitimum *GL*   **137** ullatenus] nullatenus *WL* (*SA* II, 30, §27: ullatenus)   **145** sequenti capitulo] *inv. W*   suas] *om. W*   **149** causa notabili] *inv. sed corr. W*

modifier, à moins qu'une raison urgente et évidente ne l'exige. Ils doivent également remettre au Prieur Supérieur une autre charte semblable à celle-ci, munie de leurs sceaux et soigneusement fermée, ou la prendre avec eux lorsqu'ils se rendront au Chapitre. Quant à la charte laissée dans la maison, qu'on la lise chaque année au chapitre en présence des frères, en la fête de saint Jean l'Évangéliste et le lundi de Pâques.

De plus, que les visiteurs exercent leur charge fidèlement, avec zèle et, sauf pour un juste motif, qu'ils ne s'attardent pas trop longtemps dans les maisons qu'ils visitent; autrement, qu'ils s'en accusent au prochain chapitre. Si lors de la visite, ils demeurent trois ou quatre jours, au plus court, ou huit à dix jours, au plus long, à moins qu'une nécessité évidente ne le demande autrement, on ne doit pas les convaincre de hâte ou lenteur excessives, et sauf motif sérieux, ils ne doivent pas être occupés par l'examen des frères clercs après Complies ou avant Prime. Aux jours de fête, qu'ils veillent à assister à la Messe conventuelle et aux Vêpres, et à se préparer pour la célébration des Messes.

Il faut savoir encore que les visiteurs en voyage jusqu'à leur retour dans leurs propres maisons ont les pleins pouvoirs pour corriger les abus, par eux-mêmes et sans pouvoir les déléguer à d'autres. À cette occasion cependant, qu'ils ne relèvent personne de la charge de prieur sans une permission spéciale du Chapitre Général ou du Prieur et du couvent supérieurs, à moins qu'ils n'aient trouvé une situation telle que, différer cette destitution jusqu'au Chapitre Général, entraînerait un grand dommage pour la maison ou un scandale pour l'Ordre; dans ce cas, ils écriront fidèlement aux définiteurs du Chapitre Général les causes de destitution ou de déposition qu'ils ont découvertes. L'autorité confiée aux visiteurs quant à la destitution des prieurs doit leur être donnée sur une charte patente munie du sceau de la maison supérieure. À cause de quelques prieurs, demandant peut-être moins volontiers la miséricorde selon le louable usage des premiers pères, nous enjoignons aux visiteurs que, chaque fois qu'ils verront apparaître un motif raisonnable, ils ordonnent aux prieurs de demander en leur présence d'être relevés de leur charge de prieur, et de le réclamer surtout de ceux qu'ils savent obstinés à ne pas le demander. Cependant, qu'ils ne déposent personne de la charge de prieur, sinon de la façon déjà mentionnée. Quant aux autres officiers qui ne gouvernent pas principalement les maisons, mais sont simplement députés aux autres obédiences, les visiteurs pourront les destituer indifféremment quand cela leur semblera convenir.

À aucun autre qu'au Prieur Supérieur ou aux définiteurs du Chapitre, que les visiteurs ne révèlent les excès des maisons qu'ils visitent,

82   CONSTITUTIONES CANONICORUM WINDESHEMENSIUM, I

Ad hoc sciendum, visitatores in itinere, donec ad domos suas reversi fuerint, exercendam per se, quam aliis delegare non valent, habere plenariam in corrigendis excessibus potestatem. Qua tamen occasione nullum a prioratu absolvant sine speciali licencia capituli generalis vel 155 prioris et conven|tus superioris, nisi talem casum invenerint, quod im- 20v mineret magnum dampnum domus vel scandalum ordinis, si absolucio huiusmodi differretur usque ad capitulum generale, scripturi fideliter diffinitoribus capituli generalis causas absolucionis seu deposicionis inventas. Auctoritas que committitur visitatoribus super absolucione pri- 160 orum, danda est eis in cartha patenti cum sigillo domus superioris. Propter aliquos eciam priores minus forte libenter secundum usum laudabilem patrum precedencium misericordiam postulantes, visitatoribus iniungimus ut, quociens causam racionabilem viderint apparere, prioribus iubeant ut ab officio prioratus coram ipsis misericordiam po- 165 stulent et requirant, et illis potissime quos ad non petendum noverint obstinatos. Neminem tamen absolvant ab officio prioratus, nisi ut iam dictum est. Alios tamen officiales, qui principaliter domibus non president sed aliis simpliciter sunt obedienciis deputati, poterunt visitatores indifferenter absolvere quando eis visum fuerit ex|pedire.   21r

Visitatores alteri quam priori superiori vel diffinitoribus capituli excessus domorum, quas visitaverint, maxime infamiam tangentes personarum non revelent, alias in capitulo gravissime puniantur. Caveant eciam ne conversi vel eorum famuli culpas et modum visitacionis domorum visitatarum sciant vel inquirant aliisve revelent. Visitatores non 175 possunt absque licencia capituli generalis vel prioris superioris mittere aliquos extra domum quam visitant, nisi tam perversus quis esset, quod confisus de parentibus vel amicis in domo propria corrigi non valeat debite vel puniri. In hoc enim casu visitatores, si ipsis evidenter constiterit de premissis Deum pre oculis habentes talem personam de domo sua 180 valeant emittere et in alia domo sub disciplinis debitis collocare, ita dumtaxat quod prior suus ipsum, propriis expensis ac cum visitatorum litteris fidem de premissis facientibus, ad domum per visitatores ordina-

---

152-160 *SA* II, 30 §29: Ad hoc ... inventas   **162-170** *SN* II, 8 §5: Propter ... expedire   **171-173** *SN* II, 8 §10: Visitatores alteri ... puniantur   **173-175** *SN* II, 8 §11: Caveant ... revelent   **175-177** *SN* II, 8 §9: Visitatores non ... quam visitant   **177-181** *SN* II, 8 §7: nisi tam ... corrumpat

---

161 superioris] aut a presidenti capituli (generalis *add. L*) vive vocis oraculo *add. in marg. m. post. G, add. in plano textu L*

surtout une infamie qui touche à la réputation des personnes ; autrement, qu'ils soient très lourdement punis en Chapitre. Qu'ils prennent soin aussi que ni les convers, ni leurs familiers ne sachent, ne cherchent à savoir ou ne révèlent à d'autres les fautes et la conduite de la visite dans les maisons visitées. Les visiteurs ne peuvent, sans permission du Chapitre Général ou du Prieur Supérieur, renvoyer certaines personnes de la maison qu'ils visitent, sauf si quelqu'un était si pervers, qu'ayant l'appui de parents ou d'amis dans sa propre maison, il ne puisse être corrigé ou puni comme il le doit. En ce cas, si ces conditions apparaissent évidentes aux visiteurs, gardant Dieu devant les yeux, qu'ils aient le pouvoir de renvoyer une telle personne de sa maison et de la placer dans une autre selon les mesures disciplinaires requises, de façon cependant que son prieur le fasse conduire sous protection à ses propres frais, munis des lettres des visiteurs attestant ce qu'on vient de dire, à la maison désignée par eux. Le prieur n'en paiera pas moins à cette maison les dépenses fixées à l'avance par le Chapitre, tout le temps qu'il y sera hébergé. Outre les pénitences que lui ont imposées les visiteurs, que celui qui sera ainsi envoyé soit tenu à un rigoureux silence, de peur que par des paroles et une conduite mauvaises, il n'influence et ne corrompe tous les autres. Cependant, le prieur de la maison qui le reçoit pourra tant soit peu adoucir cette sévérité lorsqu'il constatera qu'il progresse dans l'humilité. Mais si l'on trouve dans une de nos maisons, quelques querelleurs dont il est vraisemblable que la maison ne vivra pas en paix tant qu'ils y seront présents, le Prieur Supérieur pourra les déplacer sur rapport des visiteurs.

Que les visiteurs corrigent avec rigueur les prieurs qui sans utilité ou nécessité majeure et évidente et sans le conseil de la communauté, donnent aux frères la permission de visiter parents et amis, ou de sillonner villes et villages ; qu'ils règlent et restreignent de telles permissions autant qu'ils le pourront. Les prieurs peuvent cependant se faire accompagner de frères et désigner un compagnon au procurateur ou au frère qui doit sortir.

Que les visiteurs veillent aussi que, dans les nouvelles maisons, autant qu'il est possible, les choses soient ordonnées de façon que les femmes soient au plus tôt exclues, en sorte qu'elles n'aient d'autre accès à l'intérieur de la clôture, que l'entrée séparée à l'extérieur du chancel, à l'arrière de l'église.

Que les visiteurs prennent très grand soin, autant qu'ils le peuvent, de laisser la paix dans les maisons visitées, la discipline de la correction

84 CONSTITUTIONES CANONICORUM WINDESHEMENSIUM, I

tam tute faciat deduci, soluturus nichilominus illi|domui expensas a ca- 21v
pitulo pretaxatas, quamdiu ibi fuerit hospitatus. Emissus vero talis, 185
preter disciplinas a visitatoribus sibi impositas, iuge silencium tenebit,
ne perversis suis verbis ac moribus ceteros inficiat vel corrumpat. Poterit tamen prior domus ad quam mittitur rigorem hunc aliquantulum
relaxare, cum viderit eum in humilitate proficere. Si vero aliqui conten-
ciosi in aliqua domorum nostrarum reperti fuerint, de quibus est verisi- 190
mile quod ipsis ibidem existentibus domus illa pacem non habebit, ad
relacionem visitatorum prior superior ipsos alibi poterit collocare.

Visitatores districte corrigant priores, qui sine magna et evidenti
utilitate vel necessitate et sine consilio conventus dant fratribus licenciam parentes vel amicos visitandi seu ad civitates et villas evagandi, et 195
tales licencias inquantum poterunt moderentur et restringant. Possunt
tamen priores sibi fratres assumere et procuratori seu fratri exituro so-
cium|deputare. 22r

Visitatores eciam solliciti sint, ut in novis domibus inquantum pos-
sibilitas admittit ita ordinetur, ut mulieres quanto cicius excludantur, 200
ita ut nusquam accessum habeant infra septa, preterquam per introitum
segregatum extra cancellos in retro ecclesiam.

Sumopere quoque visitatores provideant, quantum in eis est, ut in
domibus visitatis pacem salva correctionis disciplina relinquant et ut
questiones nullatenus capitulo generali, quas suo poterunt iudicio ter- 205
minare, reservent.

Quod semel in cartha prohibitum est a visitatoribus intelligitur
semper esse prohibitum, nisi per capitulum generale vel priorem superiorem aut visitatores alios revocetur.

Visitatores a domibus visitatis munera sive munuscula cuiuscum- 210
que quantitatis aut precii nec accipiant oblata, nec exigant non oblata,
per se interpositamve personam, quacumque dissimulacione. Caveant

---

189-192 *SN* II, 8 §8: Si vero ... collocare   193-196 cf. *SN* II, 8 §6: Visitatores districte ... restringant   203-206 *SA* II, 30 §33: Sumopere ... reservent   207-209
SN II, 8 §13: Quod semel ... revocetur   210-212 *SA* II, 30 §32: munera ... dissimulacione

---

192 collocare] Alias nullus frater de domo sua ad habitandum in alia domo mittatur
nisi per capitulum generale vel priorem superiorem. Qui sic missus non remittatur
neque redeat sine predicta auctoritate vel licencia *add. in plano textu GL*   200
quanto cicius] quantocius *sed sup. lin. add. m. post.* ci *W*   207-209 Quod ... revoce-
tur] *del. et add. in marg. ma. post.* Retractatum *G, om. L*

étant sauve, et sans aucunement réserver au Chapitre Général, des questions qu'ils peuvent résoudre par leur propre jugement.

Il est entendu que ce qui a été une fois prohibé par les visiteurs sur la charte demeure toujours prohibé, sauf si le Chapitre Général ou le Prieur Supérieur ou d'autres visiteurs le révoquent.

Que les visiteurs n'acceptent des maisons visitées aucun don ou petits présents de quelque nombre ou prix que ce soit qu'on leur offrirait, et s'ils ne sont pas offerts, qu'ils ne les demandent ni eux-mêmes ni par personne interposée avec quelque dissimulation que ce soit. Qu'ils veillent également à ne demander de ces mêmes maisons aucun bienfait spirituel. Nous prescrivons rigoureusement aux visiteurs et prieurs précités que, s'ils enfreignent ce qu'on vient de dire, ils en proclament la faute au Chapitre Général suivant et reçoivent les pénalités qu'ordonnera le Chapitre, selon la gravité de la faute. Finalement, avant de prendre congé des frères, parce que dans l'abondance de paroles le péché n'est pas absent, ils récitent le *Confiteor* avec toute la communauté, comme on fait d'habitude à la fin du Chapitre Général.

Qu'ils soient dédommagés par la ou les maisons visitées de toutes les dépenses qu'ils auront déclaré avoir faites ou devoir faire à l'occasion de la visite, tout en gardant la réserve et l'honnêteté, c'est-à-dire, en répartissant leurs charges entre les maisons visitées, de façon que chaque maison apporte une contribution d'autant plus importante aux dépenses qu'elle sera plus éloignée. Que la maison supérieure et les autres maisons voisines de celle-là soient visitées aussitôt après le Chapitre pour diminuer les trajets et les dépenses, sauf si quelqu'autre utilité évidente ou nécessité requérait qu'on fasse autrement.

86 CONSTITUTIONES CANONICORUM WINDESHEMENSIUM, I

quoque, ne spiritua|lia beneficia exigant ab eisdem. Districte vero pre- 22v
dictis visitatoribus et prioribus iniungimus quatinus, si contra premissa
aliquid fecerint, clament inde culpas in capitulo generali subsequenti, 215
disciplinas recepturi, quas pro modo culpe capitulum ordinabit. Denique fratribus valedicturi, quoniam in multiloquio non deest peccatum,
Confiteor cum toto conventu dicunt, sicut in fine capituli generalis fieri
consuevit.

Omnes autem expensas, quas occasione visitacionis fecisse se dixe- 220
rint vel esse facturos, modestia tamen et honestate servata, a domo seu a
domibus recipiant visitatis, earum scilicet onera sic inter domos visita-
tas parciendo, ut unaqueque domus, que remocior fuerit, amplius in racionem conferat expensarum. Domus superior et alie domus eidem
vicine post capitulum statim visitentur, ut discursus et expense minu- 225
antur, nisi aliqua evidens utilitas vel|necessitas aliter requireret facien- 23r
dum.

Sciendum autem quod, si forte aliquis vel aliqui visitatorum morte
interveniente seu alia quacumque iusta et necessaria causa prepediente
officium visitacionis implere nequiverint, prior superior cum consilio 230
conventus sui alium seu alios substituere poterit prout sibi videbitur expedire.

CAPITULUM DECIMUM

DE ELECTIONE ET CONFIRMACIONE NOVI PRIORIS ET PROFESSIONE EIUSDEM

Cum priorem cuiuscumque domus nostre obire vel resignare contigerit, post eius resignacionem sive sepulturam convocatis fratribus tri- 5
duanum continuum, nisi festum novem lectionum vel ebdomada
Pasche intervenerit, cunctis indicitur ieiunium et, quousque priorem
habeant, post Laudes et Vesperas, procumbentibus omnibus super for-

---

213-216 *SN* II, 8 §7: Districte ... ordinabit   216-219 *SA* II, 30 §34: Denique ...
consuevit   220-224 *SA* II, 30 §30: Omnes autem ... expensarum   224-227 *SA*
II, 30 §31: Domus superior ... faciendum

I, 10, 4-12 *SA* II, 5 §1: Cum priorem ... Pretende

---

215 culpas] suas *add. sed del. L*   220 visitacionis] in itinere *add. sed del. G*   226 re-
quireret] requirat *W* (*SA* II, 30, §31: requireret)   229 quacumque] *scr. m. post. W*

Il faut savoir que si un ou plusieurs visiteurs ne peuvent remplir leur charge de visite, empêchés par la mort ou par quelque autre motif juste et nécessaire, le Prieur Supérieur avec le conseil de sa communauté, pourra substituer un ou plusieurs autres, comme cela lui semblera convenir.

CHAPITRE X

L'ÉLECTION ET LA CONFIRMATION DU NOUVEAU PRIEUR ET SA PROFESSION

Lorsqu'il arrivera qu'un prieur de l'une de nos maisons meure ou se démette, après sa résignation ou ses funérailles, les frères sont convoqués et un jeûne de trois jours consécutifs est prescrit à tous, sauf en cas de fête à neuf leçons ou pendant la semaine de Pâques; après Laudes et Vêpres, tous inclinés dans leurs stalles récitent avec dévotion le psaume *Ad te leuaui* suivi du *Gloria Patri, Kyrieleison, Pater noster, Et ne nos, Salvos fac seruos, Mitte nobis, Nichil proficiat inimicus in nobis, Domine Deus, Domine exaudi, Dominus vobiscum, Oremus, Pretende* – se reporter au chapitre trois – *Per Christum.*

Que les élections se fassent endéans les quarante jours. La maison qui désobéira en cela, à moins d'être excusée par un empêchement prévu par les Constitutions, recevra au Chapitre suivant une peine proportionnée. De plus, s'il arrive que le priorat devenait vacant par un décès,

88   CONSTITUTIONES CANONICORUM WINDESHEMENSIUM, I

mas, psalmus *Ad te levavi* communi devocione dicitur, sequitur *Gloria Patri, Kyrieleison, Pater noster, Et ne nos, Salvos fac servos, Mitte nobis,* 10 *Nichil proficiat, Domine | Deus, Domine exaudi, Dominus vobiscum, Oremus, Pretende* – Require supra capitulo tercio – *Per Christum.* 23v

Electiones infra quadraginta dies fiant. Domus autem, que in hoc fuerit inobediens, nisi legittimo impedimento excusetur, in futuro capitulo penam sustinebit condignam. Porro, si per obitum contigerit va- 15 care prioratum, priusquam electio fiat, conventus electionem facturus significet quantocius domui superiori pastore se esse orbatos, petentes ab eadem domo licenciam duos quos voluerint indeterminate convocandi priores. Que dando licenciam rescribit eis, ut de vicinioribus et discrecioribus ad electionem suam duos convocent priores, commonens 20 ut talem eligant secundum Deum personam de seipsis vel de aliqua domorum nostrarum, cuius vita, scientia et etas, et fratribus et hiis qui extra sunt esse possit in sancte conversacionis exemplum. Licencia vero semel data, si forte qualibet ex causa electio nequiverit effectum sortiri, sufficiat eis ad | convocandum, quociens voluerint, eosdem aliosve prio- 24r res de vicinioribus et discrecioribus, ut dictum est, donec fine pociantur optato.

Sciendum autem, quod ad subdiaconatum non promoti, non professi, leprosi, criminosi, eciam ab omni disciplina absoluti, nisi eis vox expresse fuerit restituta, excommunicati, suspensi vel interdicti nec eli- 30 gere possunt nec eligi, nec ad electionem cum aliis sunt admittendi. Qui vicesimum quintum etatis sue annum non attigit non potest eligi in priorem. Nullus eciam, qui de ordine nostro apostataverit, vel alias criminosus fuerit, de cetero eligatur in priorem. Si secus attemptatum fuerit, eo ipso sit irritum et inane. Nullus quoque absque licencia capituli ge- 35 neralis vel prioris et conventus superioris preficiatur in priorem, quoadusque laudabiliter steterit in domibus nostris per tres annos.

13-23 *SA* II, 5 §3-4: Electiones ... exemplum   **23-27** *SA* II, 5 §5: Licencia ... opta-to   **28-31** *SN* II, 2 §3: ad subdiaconatum ... admittendi   **31-33** *SN* II, 2 §5: Qui vicesimum quintum ... priorem   **33-35** *SN* II, 2 §8: Nullus ... inane   **35-37** *SN* II, 2 §10: Nullus quoque ... tres annos

---

I, 10, **9** communi] cum *W*, cum omni *L* (*SA* II, 5, §1: communi)   **10** servos] tuos *add. W*   nobis] Domine *add. L*   **11** proficiat] inimicus in nobis *add. W*   Deus] virtutum *add. W*   **12** Christum] Dominum nostrum *add. L*   **14** legittimo] legitimo *GL*   **20** duos] *om. W*   **28** subdiaconatum] subdyaconatum *L*   **34** de cetero eligatur] e. d. c. *L*   **36** prioris] superioris *add. L*

avant que n'ait lieu l'élection, que la communauté qui doit y procéder, prévienne le plus tôt possible la maison supérieure qu'elle est privée de pasteur, demandant à cette même maison la permission de convoquer deux prieurs qu'ils voudront, sans préciser. En donnant cette permission, la maison supérieure leur répond de convoquer pour leur élection deux prieurs parmi les proches et les plus avisés, leur recommandant d'élire, parmi eux-mêmes ou dans l'une de nos maisons, une personne selon Dieu dont la vie, la science et l'âge puissent être, et pour les frères et pour ceux du dehors, un exemple de sainte conduite. La permission une fois donnée, si, pour quelque raison, l'élection n'a pas pu être suivie d'effet, qu'il leur suffise de convoquer autant de fois qu'ils le voudront ces mêmes prieurs ou d'autres parmi les proches et les plus avisés comme il a été dit, jusqu'à ce qu'ils obtiennent le résultat souhaité.

On retiendra cependant que ceux qui n'ont pas reçu le sous-diaconat, qui n'ont pas fait profession, les lépreux, les coupables d'une faute grave, même absous de toute mesure disciplinaire à moins que leur voix ne leur ait été expressément rendue, les excommuniés, les suspendus ou interdits, ne peuvent ni élire ni être élus, et ne doivent pas être admis à l'élection avec les autres. Qui n'a pas atteint vingt-cinq ans ne peut être élu prieur. Que celui qui aura apostasié de notre Ordre ou aura été coupable d'une faute grave, ne puisse plus désormais être élu prieur. S'il y a une tentative dans ce sens, qu'elle soit par le fait même nulle et sans effet. De même, sans la permission du Chapitre Général ou du Prieur et de la communauté supérieurs, que personne ne soit établi prieur, avant d'avoir vécu louablement trois années dans nos maisons.

Le jour de l'élection donc, en présence des prieurs convoqués, la Messe du Saint-Esprit est célébrée le matin en communauté, avec très grande dévotion. Après la célébration de la Messe, rassemblés en chapitre, ils récitent le psaume *Ad Te levavi*, avec les versets et prières mentionnés plus haut. Le prieur le plus ancien dit *Benedicite*, et si on en décide ainsi, l'un d'eux prononce une exhortation. Après quoi, de par l'autorité du Chapitre Général, que les prieurs leur recommandent d'élire, selon Dieu et du mieux qu'ils le pourront, quelqu'un qui, pour autant que la fragilité humaine le permette, sera par sa vie, sa science et son âge, estimé digne et capable de la charge du priorat. Qu'ensuite, les frères élisent l'un d'entre eux ou d'une de nos maisons, prêtre ou destiné au sacerdoce. Tout frère de l'une de nos maisons peut en effet être élu, en tenant compte de ce qui a été dit précédemment, excepté un prieur ou un recteur quelconque, le sous-prieur, le procurateur et le député au conseil de la maison supérieure. Toute maison peut élire comme prieur

90 CONSTITUTIONES CANONICORUM WINDESHEMENSIUM, I

Igitur in die electionis, convocatis prioribus et presentibus, mane Missa de Sancto Spiritu in conventu devotissime celebratur. Deinde, | Missa celebrata, in capitulum convenientes dicunt psalmum *Ad te* 24v *leuaui* cum precibus et oracione supradictis. Dictoque ab antiquiore priore *Benedicite*, unus ex eis aliquam, si placet, facit exhortacionem. Postmodum priores auctoritate capituli generalis precipiant, quatinus secundum Deum sicut melius potuerint talem eligant qui, quantum humana fragilitas permittit, vita, scientia et etate dignus et ydoneus existi- 45 metur ad officium prioratus. Postmodum fratres ex seipsis vel de domibus nostris unum eligant, aut sacerdotem aut ad sacerdocium promovendum. Potest enim de domo qualibet omnis frater eligi, salvis predictis, excepto priore vel rectore quocumque et superioris domus suppriore et procuratore et fratre pro consilio deputato. Domus eciam 50 quelibet fratrem suum, licet forte sit prior in alia domo, potest in priorem eligere, nisi fuerit prior superior, et domus superior eciam quemcumque priorem. Prior vero | qui non propter crimen sed propter aliam 25r culpam depositus est, in alia quidem domo poterit eligi, nisi specialiter a capitulo generali sibi fuerit interdictum, in amissa vero numquam, nisi 55 de licencia capituli generalis vel prioris et conventus superioris. Omnino autem ab omnibus caveatur, ne ullus in domibus nostris qualibet surrepcionis astucia seu violencia preponatur, nisi quem fratres communi consensu vel fratrum maior pars consilii sanioris secundum Deum providerint eligendum. Verumptamen constitucio generalis consilii La- 60 teranensis ultimi de faciendis electionibus firmiter observetur pro eo quod ibi scriptum est, quod electio aliter facta non valet. De qua constitucione, quantum visum est nobis sufficere, in presenti loco de verbo ad verbum posuimus, sicut in Decretalibus continetur in hunc modum: «Ne pro defectu pastoris gregem dominicum lupus rapax invadat aut 65

38-42 *SA* II, 5 §7: in die ... exhortacionem   **43-46** *SA* II, 5 §8: Postmodum priores ... prioratus   **46-48** *SA* II, 5 §9: Postmodum fratres ... promovendum   **48** *SA* II, 5 §18: Potest ... salvis   **50-53** *SA* II, 5 §19: Domus eciam ... priorem   **53-56** *SA* II, 5 §20: Prior vero ... capituli generalis   **56-60** *SA* II, 5 §23: Omnino autem ... eligendum   **60-64** *SA* II, 5 §10: Verumptamen ... hunc modum   **65-92** *SA* II, 5 §11-14 (MANSI, XXII, col. 1011-1014, Decreta, 23-24): Ne pro ... constitucione

---

39 celebratur] celebretur *W* (*SA* II, 5, 7: celebratur)   **41** oracione] oracionibus *L*   **42** priore] *om. L*   **49** quocumque] *om. W*   **51** domo] *add. in marg. m. post. W*   **54** culpam] *scr. sed in ras. corr. in* causam *G*   est] *om. L*   poterit] potest *WL* (*SA* II, 5, §20: poterit)   nisi] sibi *add. sed del. L*

LES CONSTITUTIONS DE WINDESHEIM, I 91

un de ses frères, même s'il est éventuellement prieur dans une autre maison, sauf s'il est Prieur Supérieur, et la maison supérieure peut aussi élire n'importe quel prieur. Un prieur qui a été déposé, non à cause d'un délit mais pour une autre faute, pourra être élu dans une autre maison, à moins que cela ne lui ait été spécialement interdit par le Chapitre Général, mais jamais dans celle où il a été démis, sinon avec la permission du Chapitre Général ou du Prieur et de la communauté supérieurs. Que tous absolument veillent que dans nos maisons, nul ne soit établi supérieur par quelque ruse, usurpation ou violence, mais bien celui que les frères d'un commun accord ou la majeure partie du conseil la plus saine ont prévu selon Dieu devoir être choisi. Cependant, que la constitution du dernier Concile général du Latran sur la procédure d'élections soit fermement observée en ce qu'il y est écrit soit qu'une élection faite autrement est nulle. De cette constitution, ce qui nous semble suffire, nous l'avons copié mot à mot en cette place, tel qu'il est contenu dans les Décrétales sous cette forme: « Pour qu'en l'absence de pasteur, un loup rapace n'attaque le troupeau du Seigneur, ou qu'une église veuve souffre un grave dommage dans ses ressources, voulant dans cette situation, tant protéger les âmes des dangers que pourvoir à la sauvegarde des églises, nous décidons qu'une église cathédrale ou régulière ne reste pas sans prélat au-delà de trois mois; si durant ce terme, tout empêchement juste ayant été écarté, l'élection n'a pas été célébrée, ceux qui auraient dû élire perdront leur pouvoir d'élire à ce tour et ce droit d'élection sera dévolu à celui qui est désigné pour présider au suivant. Que celui à qui le pouvoir sera dévolu, gardant Dieu devant les yeux, s'il veut éviter la sanction canonique, ne diffère pas au-delà de trois mois, avec le conseil de son chapitre et d'autres hommes prudents, de placer canoniquement à la tête de l'église vacante, une personne capable, venant de cette église même ou d'une autre s'il ne se trouve personne digne de l'être dans celle-là.

« Parce que des diverses formes d'élections que d'aucuns s'efforcent de trouver, beaucoup d'empêchements surviennent et de grands risques menacent les églises vacantes, nous statuons que lorsqu'une élection devra être célébrée, en présence de tous ceux qui doivent, veulent et peuvent commodément y assister, que trois membres dignes de foi soient choisis au sein du collège pour s'enquérir soigneusement, en secret et séparément, des vœux de tous les autres; les ayant consignés par écrit, qu'ils les publient aussitôt en commun, sans qu'on puisse y faire aucun empêchement par voie d'appel de sorte qu'après la collation, soit élu celui pour qui tous, ou la plus grande et plus saine partie du chapitre,

92 CONSTITUTIONES CANONICORUM WINDESHEMENSIUM, I

in facultatibus suis ecclesia viduata grave dispendium paciatur, volentes
in hoc et occurrere periculis animarum et ecclesiarum indempnitati-
bus|providere, statuimus ut ultra tres menses cathedralis vel regularis 25v
ecclesia prelato non vacet, infra quos, iusto impedimento cessante, si
electio celebrata non fuerit, qui eligere debuerant eligendi potestate 70
careant ea vice, ac ipsa eligendi potestas ad eum, qui proximo preesse di-
noscitur, devolvatur. Is vero, ad quem devoluta fuerit potestas, Deum
pre oculis habens, non differat ultra tres menses cum consilio capituli
sui et aliorum virorum prudencium viduatam ecclesiam de persona ydonea ipsius quidem ecclesie vel alterius, si digna non reperiatur in illa, ca- 75
nonice ordinare, si canonicam voluerit effugere ulcionem.

Quia propter diversas electionum formas, quas quidam invenire co-
nantur, multa impedimenta proveniunt et magna pericula imminent
ecclesiis viduatis, statuimus ut, cum electio fuerit celebranda, presentibus omnibus qui debent et volunt et possunt commode interesse, assu- 80
mantur tres de collegio fide digni, qui secreto et singil|latim vota 26r
cunctorum diligenter exquirant, et in scriptis redacta mox publicent in
communi, nullo prorsus appellacionis obstaculo interiecto, ut is collacione habita eligatur, in quem omnes vel maior et sanior pars capituli con-
sentit. Vel saltem eligendi potestas aliquibus viris ydoneis committatur, 85
qui vice omnium ecclesie viduate provideant de pastore. Aliter facta
non valet, nisi forte communiter ab omnibus esset quasi per inspiracionem absque vicio celebrata. Qui vero contra prescriptas formas eligere
attemptaverint, eligendi ea vice potestate priventur. Electiones quoque
clandestinas reprobamus, statuentes ut quam cito electio fuerit cele- 90
brata, solempniter publicetur». Hucusque positum est de predicti consilii constitucione. Addimus vero, quod ad faciendum scrutinium
adiungantur dicti duo priores predictis tribus de quibus loquitur decretalis.

Cum autem per primam formam,|scilicet per viam scrutinii, ad 26v
electionem proceditur, observandum est primo, ut scrutinium fiat in
tali loco, quod scrutatores ab omnibus videantur et a solis scrutatoribus
ille qui nominat audiatur. Et tres scrutatores, qui de collegio eligencium

---

92-94 *SA* II, 5 §15: Addimus ... decretalis   96-98 *SA* II, 5 §16: scrutinium ... audiatur

---

77 quas quidam] *inv. sed corr. W*   78 imminent] *om. L*   81 de collegio]
om. W   84 omnes vel maior] v. m. o. *sed corr. W*   86 vice omnium] *iter. sed
corr. L*   89 priventur] careant *expunct. sed sup. lin. add. m. post.* priventur *L*

ont donné leur accord. Ou bien, à défaut d'autre chose, que le pouvoir d'élire soit dévolu à quelques hommes capables qui, au nom de tous, pourvoiront d'un pasteur l'église vacante. Faite autrement, elle n'a pas de valeur, sauf s'il arrivait qu'elle soit faite par tous communautairement célébrée sans vice de forme, comme sous une inspiration. Que ceux qui essaient d'élire de façon contraire aux formes prescrites, soient privés de leur pouvoir d'élire pour cette fois. Nous réprouvons également les élections clandestines et décrétons que dès l'élection faite, elle soit publiée avec solennité ». Jusqu'ici on a établi ce qui vient de la constitution du concile mentionné plus haut. Mais on ajoute que pour procéder au scrutin, deux prieurs nommés soient adjoints aux trois mentionnés plus haut par la Décrétale.

Lorsque l'on procède à l'élection selon la première forme, c'est-à-dire par voie de scrutin, il faut observer premièrement que le scrutin se fasse en un lieu tel que les scrutateurs soient vus de tous et que celui qui nomme ne soit entendu que des seuls scrutateurs. Les trois scrutateurs choisis dans le collège des électeurs pour rechercher les volontés de chacun, donneront d'abord eux-mêmes leur scrutin, ensuite les autres frères, un à un en secret, tandis que l'un d'eux adjure tour à tour chaque électeur. Deuxièmement, que la volonté de chacun soit aussitôt consignée par écrit, par eux-mêmes ou par un autre. Troisièmement, qu'ils publient sans attendre dans l'assemblée commune les volontés dites et écrites. Quatrièmement, qu'une fois les volontés publiées, on collationne les volontés exprimées pour que celui qui a obtenu les volontés de la majorité de la communauté soit peu après déclaré élu prieur de la maison pour laquelle il est nommé. Cinquièmement, que l'un des plus âgés de cette majorité déclare l'élection, en son nom et celui de ses compagnons, précisant le nombre de voix pour chacun et demandant aux prieurs de la confirmer. Tout cela doit se faire en une unique démarche, de façon que l'on ne soit pas distrait entre-temps pour d'autres occupations. Ensuite, que les prieurs appelés pour confirmer l'élection ne le fassent pas avant d'avoir proclamé en présence de toute la communauté que si quelqu'un veut dire ou formuler quelque chose contre la forme de l'élection ou la personne élue, il a la possibilité et le temps de s'opposer et la confirmation sera reportée à un moment déterminé, après une journée au moins. Si quelqu'un oppose un motif précis qui empêche la confirmation, que celle-ci soit différée jusqu'à ce que, après l'examen de l'objection, la vérité et l'importance de l'opposition soient connues des confirmateurs. Si le motif s'avère injuste ou si aucune opposition n'est faite, que l'élection soit confirmée une fois écoulé le délai fixé. Mais si

94 CONSTITUTIONES CANONICORUM WINDESHEMENSIUM, I

assumuntur, ad inquirendum voluntates singulorum, primo seipsos
scrutabuntur et postea singillatim secrete reliquos fratres, uno ex ipsis 100
vice omnium unumquemque electorum adiurante. Secundo, ut statim
uniuscuiusque voluntatem in scriptis redigant per se vel per alium. Tercio, ut in continenti dictas voluntates et scriptas publicent in communi
audiencia. Quarto, ut publicatis voluntatibus fiat collacio dictarum vo-
luntatum, ut ille qui habet voluntates maioris partis conventus, mox eli- 105
gatur in priorem domus ad quam nominatur. Quinto, ut unus ex
senioribus illius maioris partis vice sua et sociorum suorum | electionem 27r
pronunciet per verba singularis numeri, petens eandem a prioribus confirmari. Et hec predicta fieri debent uno contextu, ita ut ad alia interim
non divertatur. Postea priores ad confirmandam electionem vocati, an- 110
tequam confirment, proclamacionem coram toto conventu faciant ut,
si quis aliqua dicere vel procurare voluerit contra formam electionis vel
contra personam electam, facultatem et tempus opponendi habeat, et
ad certum tempus, saltem per unam diem ad minus, confirmacio differatur. Et, si certam causam aliquis opponat propter quam electio non 115
debeat confirmari, differatur confirmacio donec, discussa causa, veritas
et sufficiencia opposicionis a confirmatoribus cognoscatur. Quod, si
causa iniusta inventa fuerit vel si nichil opponitur, transacto termino
prefixo, electio confirmetur. Si autem iusta fuerit opposicio, non confir-
metur, quia nullius esset valoris. Hec proclamacio et iste modus | servan- 27v
dus est eciam si communi concordia electio fuerit celebrata. Si autem in
forma electionis erratum est poterit electio de novo repeti, nec persona
electa ex hoc efficitur minus ydonea.

Sciendum quod, si omnes de conventu nominant scienter indignum, tunc per priores, eodem reprobato, electio devolvitur ad domum 125
superiorem. Si autem aliqui nominant scienter indignum, electio ad reliquos, qui huiusmodi electioni non consenserunt, devolvitur.

Cum vero per secundam formam, scilicet per viam compromissi,
proceditur et aliqui ex hiis, in quos compromittitur, de conventu fuerint, non possunt eligi in quos compromissum est, nisi additum fuerit 130
in compromisso quod possent eligere sive de seipsis sive de aliis. Item,

---

124 cf. *SN* II, 2 §2: si omnes ... scienter

---

99 inquirendum] requirendum *L*   **101** statim] unusquisque voluntatem *add. sed
del. L*   **105** maioris] et sani *add. sed del. L*   **108** eandem] eciam *L*   **131** possent]
possint *W*

l'opposition est juste, que l'élection ne soit pas confirmée, parce qu'elle serait sans valeur. Cette proclamation et cette procédure doivent être observées même si l'élection a été faite par un consentement commun. Mais s'il y a une erreur dans la forme de l'élection, celle-ci pourra être renouvelée, sans que l'élu soit de ce fait, moins idoine.

Il faut savoir que si tous dans la communauté nomment sciemment un homme indigne, une fois ce dernier réprouvé par les prieurs, l'élection est transférée à la maison supérieure. Mais si seuls quelques-uns nomment sciemment un homme indigne, l'élection est remise à tous les autres qui n'ont pas donné leur consentement à cette élection.

Mais lorsqu'on procède suivant la deuxième forme, c'est-à-dire par voie de compromis, et si quelques-uns à qui se fait le compromis font partie de la communauté, ceux pour qui fut fait le compromis ne peuvent être élus, sauf si l'on ajoute dans le compromis qu'ils peuvent élire soit parmi eux, soit parmi d'autres. De même, une telle élection doit être annoncée par l'un d'entre eux, en parlant au singulier. Ensuite, la proclamation doit être faite par les confirmateurs et un délai fixé pour une opposition. On notera aussi qu'on ne doit pas procéder par voie de compromis, sans que tous y aient librement consenti; car si l'un ne voulait pas procéder par cette voie, elle serait alors sans valeur. La voie de scrutin s'impose en effet davantage.

La troisième forme est celle par inspiration. Elle est présumée avoir été subornée à moins que par hasard, elle se fasse à propos d'une personne réputée et remarquable, qu'on disait généralement et depuis long-temps digne de gouverner utilement dans les affaires tant spirituelles que temporelles. De même, une élection pourrait se faire par voie de compromis de façon que les compromissaires, après s'être enquis des volontés de tous, seraient tenus d'élire celui vers qui a convergé la majorité.

De plus, les prieurs appelés pour les élections, gardant Dieu comme juge devant les yeux, ne s'écarteront pas de la voie de Dieu pour l'amour ou la faveur de quelques-uns. Car de même qu'il est prescrit aux communautés qui doivent procéder à une élection d'élire selon Dieu du mieux qu'elles le pourront, il l'est aussi aux prieurs appelés pour une élection de ne jamais sciemment s'entendre sur un incapable. Et s'ils constatent que l'élection se fait de façon désordonnée, ils possèdent de par le Chapitre Général l'autorité de s'y opposer et de la réprouver. Si par la suite, d'autres prieurs sont appelés pour la même élection, qu'ils veillent soigneusement à ne donner en aucune manière leur approbation à quelqu'un récusé par les précédents prieurs.

96 CONSTITUTIONES CANONICORUM WINDESHEMENSIUM, I

electio talis per aliquem ipsorum per verba singularis numeri est pronuncianda. Deinde, a confirmatoribus facienda est proclamacio et terminus opponendi statuendus. Et notandum, quod per viam compromissi non debet procedi, nisi omnes vo|luntarie in hoc consenserint, 28r nam si unus nollet per eam procedi, tunc non valeret. Via enim scrutinii magis est de necessitate.

Tercia forma est per inspiracionem et talis presumitur suborata, nisi forte fieret de persona famosa et excellenti, de qua diu dicebatur communiter, quod digna et utilis esset ad regimen tam in spiritualibus 140 quam in temporalibus. Item per viam compromissi fieri posset electio, ut compromissarii voluntatibus omnium inquisitis, illum in quem maior pars consenserit eligere teneantur.

Porro priores, qui ad electiones vocantur, Deum iudicem pre oculis habentes, a via Dei amore aliquorum non exorbitent vel favore. Sicut 145 enim precipitur conventibus electionem facturis ut, sicut melius poterunt, secundum Deum eligant, eodem modo vocatis ad electionem prioribus precipitur, ne in personam non ydoneam scienter aliquando concordent. Qui, si viderint electionem inor|dinate fieri, auctoritatem 28v habent a generali capitulo contradicendi et reprobandi. Quod si priores 150 alii pro eadem electione postea vocati fuerint, diligenter caveant, ne in personam quoquomodo consenciant a prioribus precedentibus reprobatam.

Sciendum quoque, quod electum et in domo a qua eligitur convocatorum approbacione priorum approbatum, domus ipsa reprobare 155 non valet, nec electus sine consensu prioris superioris vel confirmatorum propter apostolicum mandatum valet renunciare. Nulli enim omnino domui nostre ab officio suo, nisi de consensu generalis capituli, licet amovere priorem, cum nec ipsum generale capitulum cuilibet congregacioni renitenti vel inconsulte debeat sine iusta causa dare vel au- 160 ferre priorem.

Electione igitur secundum formam predictam canonice celebrata et confirmata, statim electus et confirmatus per priores, si presens | fuerit, 29r

---

144-153 *SA* II, 5 §21-22: Porro priores ... reprobatam   154-156 *SA* II, 5 §37: Sciendum ... non valet   157-161 *SA* II, 5 §38: Nulli enim ... priorem   162 *SA* II, 5 §24: Electione ... celebrata   163-164 *SA* II, 5 §28: statim ... advenerit

---

138 suborata] suborata *scr. sed in marg. add. m. post.* di (= suordinata) *W*   155 approbatum] *add. in marg. L*   157 valet renunciare] *inv. W*   159 amovere] ammovere *W*   162 canonice] cononice *W*

Il faut également savoir que l'élu ayant reçu dans la maison par laquelle il est élu, l'approbation des prieurs convoqués, la maison elle-même n'a pas le pouvoir de le récuser, ni l'élu celui de renoncer sans le consentement du Prieur Supérieur ou des confirmateurs, à cause du mandat apostolique. Car il n'est absolument pas permis à l'une de nos maisons de déposer un prieur de sa charge sans le consentement du Chapitre Général, puisque même ce Chapitre Général ne doit sans un juste motif, imposer un prieur à une quelconque communauté ou le déposer de façon inconsidérée.

L'élection ayant donc été célébrée et confirmée canoniquement selon la forme mentionnée susdite, aussitôt l'élu confirmé par les prieurs, s'il est présent, autrement, quand il sera là, est introduit par le sous-prieur et l'aîné des frères dans l'église, de l'entrée du chœur jusqu'aux marches du presbyterium, tandis que les frères attendent dans le chœur son arrivée et s'inclinent vers lui de chaque côté tandis qu'il s'avance au milieu du chœur. Le prieur s'y prosterne, ceux qui le conduisaient se prosternent avec tous les autres si c'est l'époque de la prostration, si ce ne l'est pas, que seul le prieur se prosterne, les autres restant debout. Après quoi, les frères, prosternés ou debout selon le temps, chantent le psaume *Ecce quam bonum*, avec la doxologie, puis on dit l'antienne *Intret oracio mea in conspectu tuo, Domine. Kyrieleison, Christeleison, Kyrieleison, Pater noster* et cetera. Ensuite, l'ancien prieur s'il est présent, sinon le sous-prieur, debout à côté du nouveau prieur, dit *Et ne nos, Salvum fac servum tuum, Mitte ei Domine auxilium, Esto ei Domine, Domine exaudi, Dominus vobiscum*, avec la prière *Omnipotens sempiterne Deus, qui facis mirabilia magna solus, pretende super famulum tuum dexteram celestis auxilii et, ut in veritate tibi complaceat, perpetuum ei rorem tue benedictionis infunde, Deus, a quo sancta desideria, Per Christum.* Puis les prieurs ou le sous-prieur avec l'aîné des frères relèvent le prieur et le conduisent à son siège. Après la prière à l'église, ils se rendent à la salle du chapitre. L'aîné des frères s'approche du prieur qui lui demande: «Promets-tu obéissance selon la Règle de saint Augustin et selon les Constitutions de notre Chapitre Général?» Plaçant ses mains entre les mains du prieur, il répond: «Je promets». Les autres font de même suivant leur rang. Les convers et les oblats promettent également obéissance. Toute cette journée est consacrée à la joie, les frères ont deux repas, à moins que ce ne soit vendredi ou un jeûne d'Église. Si l'élu n'est pas présent, ce n'est pas le jour de l'élection mais celui de sa réception qu'ils mangent deux fois, sauf si c'est un jour de jeûne, comme il est indiqué plus haut.

98 CONSTITUTIONES CANONICORUM WINDESHEMENSIUM, I

alioquin cum advenerit, per suppriorem et seniorem fratrem in ordine
introducitur in ecclesiam ab introitu chori usque ad gradus presbiterii, 165
fratribus in choro prestolantibus adventum eius et ei per medium chori
transeunti hincinde inclinantibus. Quo ibidem prostrato, hii qui priorem ducebant cum ceteris prosternunt se, si tempus prostracionis fuerit, si autem tempus prostracionis non fuerit, solus prior prosternet se,
ceteris stantibus. Post hec, fratres prostrati vel stantes pro tempore, de- 170
cantant psalmum *Ecce quam bonum*, finito psalmo cum *Gloria Patri*,
dicitur antiphona *Intret oracio mea in conspectu tuo Domine, Kyrieleison,
Christeleison, Kyrieleison, Pater noster* et cetera. Deinde senior prior, si
presens fuerit, alioquin supprior stans iuxta priorem dicit *Et ne nos, Salvum fac servum tuum, Mitte ei Domine auxilium, Esto ei Domine, Do-* 175
mine exaudi, Dominus vobiscum, cum Collecta *Omnipotens sempiterne
Deus, qui facis mirabilia magna solus, pretende|super famulum tuum* 29v
*dexteram celestis auxilii et, ut in veritate tibi complaceat, perpetuum ei ro-
rem tue benedictionis infunde, Deus, a quo sancta desideria, Per Christum*. Deinde priores vel supprior cum seniore fratre elevantes eum 180
ducunt ad sedem suam. Factaque oracione in ecclesia, veniunt ad domum capituli. Et accedens senior ad priorem interrogatus ab ipso:
«Promittis obedienciam secundum regulam beati Augustini et secundum constituciones capituli nostri generalis?» Inferens manus intra
manus prioris respondet: «Promitto». Similiter faciunt alii per ordi- 185
nem. Promittunt eciam obedienciam conversi et donati. Totamque
diem illam gaudio dedicantes bis reficiunt, nisi fuerit feria sexta vel ieiunium ab ecclesia institutum. Si autem qui eligitur presens non fuerit,
non in die electionis, sed in die suscepcionis bis manducant, nisi fuerit
ieiunium ut supra. 190

Notandum autem,|quod novus prior tam domus superioris quam 30r
ceterarum, in proximo sequenti capitulo generali professionem facere
debet in hunc modum: «Ego, frater N., promitto obedienciam et fide-

---

165-181 cf. *LO* 2, 11-29: ab introitu ... ad sedem suam (*non verbatim*)   **181-186** *SA*
II, 5 §29: Factaque oracione ... conversi   **186-187** *SA* II, 5 §30: Totamque diem ...
ieiunium   **188-189** *SA* II, 5 §31: Si autem ... manducant   **190-193** *SA* II, 5 §35:
novus prior ... domo nostra

---

164 suppriorem] superiorem *sed sup. lin. add. m. post.* suppriorem *W*   **168** prosternunt se] *inv. L*   **175** auxilium] *om. GL*   **176** Collecta] collectis *GL*   **178** ei ro-
rem] *inv. sed corr. W*   **182** senior ad priorem] *a. p. s. sed corr. W*   **183** beati]
sancti *W*   **191** facere] *add. in marg. m. post. W*

LES CONSTITUTIONS DE WINDESHEIM, I 99

On notera que le nouveau prieur, tant de la maison supérieure que des autres maisons, doit au Chapitre Général qui suit faire profession de cette façon: «Moi, frère N., je promets obéissance et fidélité au Chapitre Général, en mon nom et celui de ma maison». Et si un motif raisonnable l'empêche de se rendre au prochain chapitre, il enverra sa profession sur une charte patente scellée pour être présentée au Chapitre; néanmoins lorsqu'il sera présent, il la répétera de vive voix au Chapitre Général.

Le prieur pris dans une autre maison, quittant le priorat exempt de reproches, peut si cela lui plaît, faire profession là, après un an ou moins, si cela plaît au prieur de la maison, et une place lui est donnée, selon son rang de profession. Pour faire profession, il suffit qu'il promette obéissance en communauté, entre les mains du prieur. Lorsqu'un prieur devenu incapable à cause de maladie ou de vieillesse, veut obtenir miséricorde en cours d'année, qu'il le fasse savoir à la maison supérieure. Avec l'autorité du Chapitre Général, elle lui donnera permission de convoquer deux prieurs parmi les plus proches et les plus avisés, qui pourront le libérer de sa charge s'ils le jugent opportun, et assister à une nouvelle élection et confirmer l'élu. Si au prieur pris d'une autre maison, survient un héritage ou autre chose par droit d'héritage, cela sera converti en rentes annuelles qui seront accordées à ce prieur tant qu'il demeurera dans l'autre maison.

Fin de la première partie.

100   CONSTITUTIONES CANONICORUM WINDESHEMENSIUM, I

litatem communi capitulo pro me et domo nostra». Si vero racionabili
causa prepeditus in proximum capitulum non venerit, mittet professi- 195
onem suam in cartha patenti sigillata, capitulo presentandam et nichilominus cum presens fuerit, in generali capitulo eam iteret viva voce.

Prior de alia domo assumptus, sine crimine cedens prioratui, si ei
placet, potest inibi profiteri post annum vel infra, si priori domus placuerit, locusque ei detur secundum quod fuit in ordine. Ad professio- 200
nem autem faciendam sufficit, ut obedienciam in conventu promittat in
manibus prioris. Cum prior aliquis propter infirmitatem vel propter senium factus inutilis voluerit infra annum habere misericordiam, signi-
ficet domui superiori. Que auctoritate capituli generalis dabit ei
licenciam convo|candi duos priores de vicinioribus et discretioribus, qui 30v
poterunt eum absolvere, si viderint expedire, et nove interesse electioni
electumque confirmare. Si priori de alia domo assumpto hereditas aliqua aut aliud quodlibet hereditario iure provenerit, in annuos redditus
redigatur et priori illi quamdiu in alia steterit domo tribuatur.

Explicit pars prima. 210

194-196 *SA* II, 5 §36: proximum capitulum ... viva voce   **197-198** *SN* II, 3 §24:
Prior de ... profiteri   **201-205** *SA* II, 6 §48: Cum prior ... expedire

---

194 prepeditus] fuerit *add. sed del. L*   **198-209** profiteri ... tribuatur] *illegibilis (miniatura) G*   **209** Explicit ... pars] *om. WL*

⟨SECUNDA PARS⟩

INCIPIT PARS SECUNDA
DE SINGULIS OFFICIIS

De priore	capitulum .i.
De suppriore	capitulum .ii.
De procuratore	capitulum .iii.
De cellerario	capitulum .iv.
De refectorario	capitulum .v.
De infirmario	capitulum .vi.
De vestiario	capitulum .vii.
De sacrista	capitulum .viii.
De cantore	capitulum .ix.
De ebdomadariis	capitulum .x.
De armario	capitulum .xi.
De portario	capitulum .xii.
De hospitario	capitulum .xiii.

II, Cap., **1-16** Secunda pars ... capitulum .xiii.] *illegibilis (miniatura) G*

⟨DEUXIÈME PARTIE⟩

COMMENCE LA DEUXIÈME PARTIE SUR CHACUNE DES CHARGES

  I. Le prieur
  II. Le sour-prieur
  III. Le procurateur
  IV. Le cellérier
  V. Le réfectorier
  VI. L'infirmier
  VII. Le vestiaire
  VIII. Le sacristain
  IX. Le chantre
  X. Les hebdomadiers
  XI. Le bibliothécaire
  XII. Le portier
  XIII. L'hôtelier

104 CONSTITUTIONES CANONICORUM WINDESHEMENSIUM, II

CAPITULUM PRIMUM
DE PRIORE

Postquam ergo prior electus et confirmatus fuerit, de cetero ab omnibus in reverencia habeatur ita ut quilibet ante eum transiens ei modice inclinet. In quocumque loco extra | conventum fratres aliqui sederint, si 31r prior supervenerit, assurgere debent nec sedere, donec ipse sedeat vel eos sedere moneat. Si autem transierit coram eis, assurgere debent et inclinare et stantes permanere quousque transierit. Si per medium conventum transierit in choro et in refectorio, de sedibus suis fratres tantum inclinare debent. In capitulo per medium conventum transeunti assur- 10 gere debent et inclinare et stare, donec sedeat. Quicumque sibi sedenti librum vel aliquid tale obtulerit inclinare debet. Observare eciam debent omnes, ut maxime coram eo in omni habitu suo et moribus disciplinate se habeant et numquam verba contra modestiam aut disciplinam coram eo proferre presumant. 15

Providendum est autem priori ut bona conversacione sua omnibus exemplum discipline fiat, nec accepta abutatur potestate, sed tanto magis seipsum in omni disciplina co | hibeat quanto alium in monasterio 31v supra se nullum habet, a quo cohiberi possit. Non enim ideo prelatus est, ut discipline claustrali subiectus non sit. 20

Vestitus eius et lectualia nec colore nec precio nec forma ab habitu ceterorum differre debent. Horis canonicis interesse studeat, precipue autem capitulo culparum sine racionabili causa deesse non debet. In choro sicut alii ebdomadam facit. In maioribus duplicibus festis et supra totum officium facit. In die Palmarum et tribus diebus ante Pascha, 25 in vigilia Nativitatis Domini et Penthecostes, feria quarta in capite

---

II, 1, **3-10** *LO* 3, 2-11: De cetero ... inclinare debent   **10-12** *LO* 3, 13-17: In capitulo ... inclinare debet   **12-15** *LO* 3, 19-21: Observare ... presumant   **16-20** *LO* 4, 2-6: Providendum ... non sit   **21-22** *LO* 4, 17-19: Vestitus ... debent   **22-23** *LO* 4, 10-12: Horis canonicis ... non debet   **25, 27-28** *SA* II, 6 §3: totum officium facit cum frater aliquis ... cantat   **25-26** cf. *SA* II, 6 §4: tribus diebus ... Penthecostes

---

II, 1, **5** conventum] fuerit *add. sed del. L*   **20** est] *om. L*   **21** Vestitus] *in marg. inf. add. m. post. Ex forma inclusionis nostri monasterii Viridisvallis. Quilibet prior de novo electus in eodem tenetur promittere coram visitatoribus, si presentes fuerint, alias coram conventu, quando introducendus est, inclusionem hoc modo: Ego, frater N. prior, promitto servare ac servari facere debere inclusionem secundum formam huius domus a sancta Sede apostolica approbatam G* (fol. 29r)

LES CONSTITUTIONS DE WINDESHEIM, II

CHAPITRE PREMIER

LE PRIEUR

Après son élection et sa confirmation, le prieur sera désormais traité par tous avec respect; chacun en passant devant lui s'incline légèrement. En tout lieu où des frères sont assis sauf en réunion de communauté, ils se lèveront à l'arrivée du prieur et ne s'assiéront que lorsque lui-même se sera assis ou demande que l'on s'assoye. Si le prieur passe devant eux, ils se lèvent, s'inclinent et restent debout jusqu'à ce qu'il soit passé. S'il passe au milieu de la communauté au chœur et au réfectoire, les frères doivent seulement s'incliner en restant assis. S'il passe au milieu de la communauté au chapitre, ils se lèveront, s'inclineront et demeureront debout jusqu'à ce qu'il soit assis. Lorsqu'il est assis, quiconque lui apporte un livre ou un objet de ce genre, doit s'incliner. Tous veilleront aussi, surtout en sa présence, à se comporter avec retenue dans toute leur conduite, sans jamais se permettre devant lui, une parole manquant de modestie ou à la discipline régulière.

Le prieur veillera que sa bonne conduite soit un exemple de discipline pour tous. Il n'abusera pas du pouvoir reçu mais veillera sur lui-même en toute discipline, d'autant plus qu'il n'a personne au-dessus de lui au monastère qui puisse le retenir. Car il n'est pas prélat pour être soustrait à la discipline claustrale.

Son vêtement et sa literie ne doivent différer des autres ni par la couleur, ni par la qualité, ni par la forme. Il s'appliquera à être présent aux Heures canoniales et, en particulier, il ne doit pas s'absenter du chapitre des coulpes sans motif raisonnable. Au chœur, il accomplit sa semaine comme les autres. Aux fêtes double majeur et au-dessus, il célèbre tout l'office. Il chante la Messe conventuelle le jour des Rameaux et les trois jours avant Pâques, la veille de la Nativité du Seigneur, à la Pentecôte, le Mercredi des Cendres et le jour où un frère fait profession ou, mort, est enseveli. À Prime et à Complies, il dit *Confiteor*, et après les Heures *Fidelium* et *Adiutorium* et donne la bénédiction après Complies. Dans les lieux de silence, et surtout après Complies, qu'il veille à garder le silence, car il ne convient pas, alors que les autres s'adonnent au calme et au silence, qu'il se permette entretiens superflus ou agitation. Qu'il mange au réfectoire avec les autres et comme eux, sauf si la maladie ou la faiblesse requérait autre chose.

Qu'il ne s'éloigne pas du monastère de plus de cinq milles sans le conseil de la communauté ou de la majorité. Dans ces limites, s'il lui faut

106 CONSTITUTIONES CANONICORUM WINDESHEMENSIUM, II

ieiunii et cum frater aliquis professionem facturus est vel mortuus
sepeliendus Missam conventualem cantat. In Primis et Completoriis
Confiteor et post horas *Fidelium* et *Adiutorium* dicit et post Completo-
rium benedictionem facit. In locis|silencii et precipue post Completo- 32r
rium silencium custodire studeat, quia non decet eum, aliis in quiete et
silencio se cohibentibus, vacare superfluis confabulacionibus aut inqui-
etudini operam dare. In refectorio cum ceteris et sicut ceteri comedat,
nisi infirmitas sua vel debilitas aliud requirat.

Extra monasterium ultra quinque milliaria non proficiscatur abs- 35
que consilio conventus vel maioris partis. Infra hos terminos, si proficisci opus habuerit extra monasterium pernoctaturus, suppriori et
procuratori causam itineris sui ante exitum indicet, si autem exiens casu
pernoctari eum foris contingat, cum redierit hiis duobus causam indicare debet. A principio tamen Adventus usque ad Epyphaniam et a 40
Quinquagesima usque ad octavas Pasche sine consilio conventus monasterium pernoctaturus exire non presumat, nec ad visitandum qui-
dem.| 32v
Ad nupcias vero et primas Missas secularium neque prior neque
fratres accedant nec eciam pueros de sacro fonte levent. Priores et fratres 45
dum sunt in itinere, si commode possunt, Missam audiant. Prioris est
beneficia et salutaciones insinuare et oraciones iniungere, si obliviscitur,
procurator ei ad memoriam reducit. Ipsius quoque est errores legen-
cium emendare sive in choro sive in refectorio sive in capitulo vel alteri
committere. Ipsius eciam est de uno choro in alium, cum opus est, ad- 50
iutorium mittere. Prioris quoque est confessiones audire et aliquos ex
fratribus ad eas recipiendas specialiter deputare, infirmos communicare,
iniungere et mortuos sepelire, nisi aliqua ex causa alteri iniunxerit. Hii
autem, qui ex commisso seu precepto prioris confessiones audiunt, nulli
pro criminali, nisi de licencia ipsius, satisfactionem iniungunt, sed mit- 55

30-33 *LO* 4, 12-16: silencii ... dare   40-42 *SA* II, 6 §35: A principio ... non presumat   45-46 *SA* II, 6 §42: Priores ... audiant   46-48 *SA* II, 6 §6: Prioris est ... reducit   50-51 *SA* II, 6 §7: Ipsius eciam ... mittere   51-53 *SA* II, 6 §5: Prioris quoque ...
sepelire

---

33 comedat] commedat *W*   35 milliaria] miliaria *WGL*   35-36 absque] ab *et add.*
sup. lin. sque *W*   38 itineris ... exitum] *scr. in ras. m. post. G*   39 pernoctari eum
foris] e. f. pernoctare *G*   44 et] ad *add. L*   45 fonte] *iter. sed del. L*   levent]
levant *L*   51 ex] *add. sup. lin. m. post. W*

sortir et loger une nuit hors du monastère, il indiquera avant son départ au sous-prieur et au procurateur la raison de son voyage. Si en cours de route, il devait loger une nuit à l'extérieur, il en indiquera à tous deux la raison à son retour. Cependant, depuis le début de l'Avent jusqu'à l'Épiphanie, et depuis la Quinquagésime jusqu'à l'octave de Pâques, il ne se permettra pas de s'absenter du monastère pour une nuit ni pour faire une visite, sans le conseil de la communauté.

Ni le prieur, ni les frères n'assisteront aux mariages ou aux premières Messes de prêtres séculiers; ils ne baptiseront pas non plus les enfants. En voyage, le prieur et les frères entendront la Messe s'ils le peuvent commodément. Il revient au prieur de faire connaître les participations aux bonnes œuvres et les salutations et de prescrire des prières; s'il l'oublie, le procurateur le lui rappelle. Il lui revient aussi de corriger les erreurs des lecteurs au chœur comme au réfectoire et au chapitre, ou de le confier à quelqu'un d'autre. C'est encore lui qui envoie du renfort d'un chœur à l'autre, s'il en est besoin. Il lui revient aussi d'entendre les confessions, de nommer spécialement certains frères à ce ministère, de porter la communion aux malades, de donner l'extrême onction, d'ensevelir les morts à moins que pour quelque raison, il ne confie cela à quelqu'un d'autre. Ceux qui par charge ou par ordre du prieur entendent les confessions, n'enjoignent à personne de satisfaction pour une faute criminelle sans la permission du prieur, mais les lui envoient parce que ces cas sont réservés à son jugement. En danger de mort cependant, ils peuvent aussi absoudre ceux-là à condition que, s'ils guérissent ou s'ils en ont la capacité, ils se confessent au prieur. En l'absence du prieur, le sous-prieur peut absoudre les sujets de fautes criminelles et l'aîné en rang peut absoudre le sous-prieur, cependant de façon que tous soient tenus, en cas de péché mortel, de refaire leur confession au prieur à son retour, pour être absous par lui. Mais le prieur lui-même, s'il a commis un péché mortel pendant le voyage – ce qu'à Dieu ne plaise – sera tenu à son retour à la maison même déjà confessé, de refaire sa confession au sous-prieur. Tout frère clerc se confessera au prieur au moins une fois par semaine, s'il peut le trouver, les convers, au moins une fois par quinzaine. Au retour d'un déplacement, on doit toujours se confesser au prieur. Il revient au prieur de donner l'habit aux frères et de recevoir leur profession. Pourtant, il ne recevra personne à la vêture ni à la profession sans le consentement de la communauté ou de la majorité.

Quand une affaire importante et sérieuse doit être traitée, le prieur convoque tous les frères et là, chacun ayant exprimé librement sa pensée, on fera ce que la majorité et la meilleure part détermine, sans aucune

108 CONSTITUTIONES CANONICORUM WINDESHEMENSIUM, II

tunt eos ad priorem, quia huiusmodi | eius iudicio reservantur. In peri- 33r
culo tamen eciam tales absolvere possunt, tali condicione ut, si vixerint
vel potuerint, priori confiteantur. In absencia vero prioris potest supprior absolvere subditos a criminalibus et senior in ordine suppriorem,
ita tamen, quod de mortali certo teneantur omnes priori suo, cum ad 60
domum redierit, iterato confiteri ab eoque absolvi. Sed et ipse prior de
mortali certo in itinere, quod absit, commisso, tenebitur cum ad domum redierit, suppriori suo eciam confessus, reconfiteri. Quilibet frater
clericus ad minus semel in ebdomada confiteatur priori si eum habere
potuerit, conversi vero ad minus semel in quindena. De via autem rever- 65
tentes semper priori confiteri debent. Prioris eciam est investire fratres
et professiones recipere. Neminem tamen recipiet ad habitum vel professionem sine consensu conventus vel maioris partis.

Si quid magnum vel grave | tractandum fuerit, prior omnes fratres in 33v
unum faciat convenire ibique, cum omnes quid senciant libere pronun- 70
ciaverint, quod maior et sanior pars determinat, sine ulla personarum
accepcione exequatur. Et hoc omnino tamquam utilissimum rectissi-
mumque servetur, ut nemo vel suam vel alterius contenciose presumat
defendere sentenciam, ne bonum, quod absit, consilii in discordiam fu-
roremque convertatur. Qui vero contra priorem vel partem conventus 75
saniorem, suam vel alterius sentenciam contenciose seu maliciose defendere presumpserit et in hiis assuetus fuerit, commonitusque resipiscere
noluerit, tamquam pacis turbator a communibus tractatibus excluda-
tur, pena nichilominus plectendus graviori, que pro modo culpe et condicione delinquentis remittitur arbitrio presidentis. 80

Semel insuper circa principium cuiuslibet mensis, cum presens
fuerit, convocat fratres ad commune colloquium ad conferendum de
observanciis ordinis ac aliis quibusque utilibus et necessariis, ubi quis-
que | ad iussionem prioris libere proponere potest, quod pro observan- 34r
cia vel emendacione communis status et qualibet utilitate excogitaverit. 85

54-58 *SA* II, 11 §7: qui ex commisso ... confiteantur   58-61 *SN* II, 4 §12: In absencia ... absolvi   60-61 *SA* II, 6 §55: de mortali ... confiteri   67-68 *SN* II, 6 §6: Neminem ... maioris partis   69-72 *SA* II, 7 §1: Si quid ... exequatur   72-75 *SA* II, 7
§2: Et hoc ... convertatur   75-80 *SN* II, 4 §1: Qui vero ... presidentis

---

74-75 furoremque] furorem *G*   75 convertatur] vertatur *sed in marg. add. m. post.*
con *G*   76 seu] vel *W*

acception de personnes. Et ceci sera absolument observé comme le plus utile et le plus droit, que personne ne s'avise de défendre obstinément son opinion ou celle d'un autre, de peur que – ce qu'à Dieu ne plaise – le bien qu'est un conseil ne se transforme en discorde et en violence. Quiconque serait assez présomptueux de défendre son opinion ou celle d'un autre, avec opiniâtreté ou malice, contre le prieur ou la partie la meilleure de la communauté, et en fait une habitude, et quoique averti, ne voudrait pas revenir à de meilleures dispositions, sera exclu des discussions communes comme perturbateur de la paix; il devra néanmoins subir une peine assez importante qui est remise au jugement du président, selon la gravité de la faute et la condition du délinquant.

De plus, au début de chaque mois, le prieur s'il est présent, convoque les frères à une réunion générale pour s'entretenir des observances de l'Ordre, et autres sujets utiles et nécessaires, où chacun, à la demande du prieur, peut proposer librement ce qu'il aura pensé à propos de l'observance ou l'amélioration de la situation commune, et de tout sujet utile.

Au cas où il serait éventuellement surchargé par le souci et le soin des affaires temporelles, et pourrait moins bien veiller aux choses spirituelles, le prieur s'efforcera de députer à chacune de ces obédiences des hommes compétents à qui il pourra en confier le soin en toute sécurité.

On doit pourtant savoir que plusieurs obédiences ou charges peuvent être confiées à une seule personne, surtout dans des communautés réduites, de façon que quelques frères au moins, dégagés des charges s'adonnent plus librement et plus parfaitement aux exercices spirituels. Cependant la charge de sous-prieur et celle de procurateur ne doivent pas être confiées ensemble à une même personne.

En outre, même si le prieur a confié à d'autres la charge des affaires extérieures et des personnes qui ne sont pas membres de l'Ordre, il ne les négligera pas pour autant et parfois s'intéressera personnellement à leur bien-être et progrès, ou à leur amendement et instruction, qu'ils soient clercs ou laïcs. Et ceux à qui le prieur aura confié le soin des autres lui en feront souvent rapport et en parleront avec lui surtout pour ce qui a trait aux choses spirituelles.

Il ne lui est permis ni de vendre les possessions du monastère ou autres choses d'importance, ni de les échanger ou aliéner, ni de les louer plus de neuf années sans l'avis et l'accord de la communauté. Il ne doit rien garder en propre pour son usage. S'il a quelque dépense, il recevra du bien commun, et le procurateur tiendra les comptes de cela comme du reste.

110   CONSTITUTIONES CANONICORUM WINDESHEMENSIUM, II

Et ne prior forte temporalium cura ac sollicitudine pregravatus spiritalibus minus possit intendere, tales singulis obedienciis satagat deputare quorum eas sollicitudini secure valeat committere.

Sciendum autem, quod obediencie plures sive officia plura uni persone committi possunt, maxime in minoribus congregacionibus, ut 90 saltem aliqui de fratribus ab officiis vacantes liberius et perfectius spiritualibus studiis inhereant. Officium tamen supprioris et procuratoris uni persone simul committendum non est.

Porro, quamvis prior curam externorum et personarum que de ordine non sunt aliis imparciatur, non tamen ita abicere debet, quin et ipse 95 saluti et profectui seu emendacioni et instructioni eorum interdum insistat, sive clerici sint sive layci. Et ipsi quibus cura aliorum a priore|committitur, sepe super hiis ad eum recurrant et cum eo conferant, 34v maxime que spiritualia concernunt.

Possessiones monasterii seu alia quelibet magna vendere vel mutare 100 seu alienare neque elocare ultra novem annos, sine consensu et consilio conventus ei non licet. Ad usum suum nichil proprium retinere debet. Si que expendere eum oportuerit, de communi accipiat et procurator de hiis sicut de aliis computacionem faciat.

Donaria vero, sive in auro sive in argento sive in pecunia sive que- 105 cumque undecumque monasterio provenerint, ad priorem deferantur, ut ipse cum procuratore de hiis ordinet sicut eis pro communi utilitate domus visum fuerit, et procurator eciam de hiis racionem reddat.

Prior et supprior et frater a conventu electus sigillum conventuale et deposita notabilia et pecunias seu preciosa quelibet, que ad procura- 110 toris curam non pertinent, sub tribus differentibus clausuris conservent et quilibet eorum unam clavem ex|hiis custodiat. Deposita sive in pe- 35r cuniis sive in aliis rebus sciant cum priore et procuratore supprior et alius frater, quem prior et conventus ad hoc elegerint. Hec autem commodare vel expendere sine consensu deponencium et horum fratrum 115 consilio non licet, quorum eciam consilio in causis minus arduis contentus esse potest.

86-88 *SA* II, 7 §3: forte ... valeat   100-104 *LO* 4, 57-62: Possessiones ... de aliis   105-108 *LO* 9, 12-16: Donaria vero ... reddat   110-112 cf. *SN* II, 3 §11: deposita ... custodiat   112-114 *SA* II, 6 §15: Deposita ... elegerint   114-116 *SA* II, 6 §16: commodare ... non licet

---

86 prior forte] *inv. sed corr. G*   **96** eorum] earum *GL*   **101-102** sine ... conventus] *add. in marg. m. post. G*

LES CONSTITUTIONS DE WINDESHEIM, II 111

Les dons en or, en argent ou en monnaie ou tout autre don au monastère d'où qu'ils proviennent, seront portés au prieur pour que lui-même en dispose avec le procurateur comme bon leur semblera pour l'utilité commune de la maison, et le procurateur rendra compte aussi de ces biens-là.

Le prieur, le sous-prieur et le frère élu par la communauté gardent le sceau conventuel, les dépôts importants, l'argent et toutes choses précieuses dont la garde ne relèverait pas du procurateur, sous trois serrures différentes, et chacun d'eux conserve une des clés. Le sous-prieur et l'autre frère que le prieur et la communauté ont élus pour cette tâche, seront informés des dépôts d'argent ou d'autres objets avec le prieur et le procurateur. Ces dépôts, il n'est permis ni de les prêter, ni de les dépenser sans le consentement des dépositaires et l'avis de ces frères; leur avis peut suffire pour des affaires de moindre importance.

De même, aucun prieur ne se permettra, sans le conseil de ces trois frères, de donner de l'argent en une ou plusieurs fois au-delà de cinq florins du Rhin. Une fois l'an, aux environs de la Fête de Toussaint, ceux-ci parleront de l'état général de la maison, c'est-à-dire, de la façon de vivre et du progrès de tous les habitants, de la concorde et de la paix de chacun d'eux, de la rareté ou de l'équilibre des biens temporels. Que chacun des responsables soit averti, en ce qui le concerne, de veiller au bien avec plus de soin. Une fois par an, c'est-à-dire au début du Carême, les prieurs examineront, dans les cellules des frères et des convers, tous les objets précieux et ustensiles qu'il faut leur présenter.

112   CONSTITUTIONES CANONICORUM WINDESHEMENSIUM, II

Nullus quoque prior sine consensu horum trium presumat mutuo dare pecuniam simul aut per partes ultra quinque florenos Renenses. Hii eciam semel in anno circa festum Omnium Sanctorum simul con- 120 ferent de communi statu domus, videlicet de conversacione et profectu omnium inhabitancium, de concordia et pace singulorum, de penuria quoque seu competencia temporalium, quatinus ex hoc singuli officiales pro sibi commissis ammoneantur diligencius in bono vigilare. Priores quoque semel in anno, circa principium videlicet Quadragesime, 125 scrutinium faciant in cellis de clenodiis et utensilibus fratrum et conversorum, qui huiusmodi priori|debent presentare.   35v

Priores et fratres testamentorum execuciones in se non recipiant absque prioris superioris licencia speciali, qui de facili et sine causa racionabili talem licenciam non concedat. Nullus prior sigillet litteram aliquam 130 nomine sui et conventus nisi de voluntate conventus. Litteras quoque missas conventui non aperiet et leget, nisi presente suppriore vel procuratore, si alterum eorum commode habere potuerit. Nullus frater sive conversus litteras aut cedulas mittat vel recipiat per se interpositamve personam sine licencia prioris. Procurator tamen scribere vel deman- 135 dare potest de hiis que ad usum monasterii ex officio suo procurare habet.

CAPITULUM SECUNDUM

DE SUPPRIORE

Quando eligendus est supprior, de consilio discretorum fratrum vel maioris et sanioris partis conventus eligatur. Qui, cum electus fuerit et a priore nominatus, statim surgat et veniens coram priore se prosternat. 5 Deinde, iubente priore, surgens et indignum|minusque ydoneum huic 36r oneri se contestans humiliter supportari exoret. Quod si prior non an-

---

118-119 *SN* II, 3 §10: Nullus ... ultra   **120-121** cf. *SA* II, 6 §59: semel in anno ... statu domus   **124-127** cf. *SN* II, 5 §11: Priores ... priori   **128-130** *SN* II, 3 §13: Priores ... concedat   **130-131** *SA* II, 6 §60: Nullus prior ... voluntate conventus   **133-135** cf. *SN* II, 1 §18: Nullus ... licencia prioris

II, 2, **3-4** cf. *LO* 5, 2-4: Quando ... eligatur   **5-10** cf. *LO* 5, 6-13 et 15-17: nominatus ... primus erit

---

126 faciant] faciunt *G*   **133** habere] non *add. sed del. G*

Les prieurs et les frères n'accepteront l'exécution de testaments que par une permission spéciale du Prieur Supérieur, qui ne l'accordera pas facilement et sans motif raisonnable. Aucun prieur ne scellera une lettre en son nom et celui de sa communauté, que de la volonté de la communauté. Il n'ouvrira ni ne lira les lettres envoyées à la communauté qu'en présence du sous-prieur ou du procurateur, s'il peut trouver commodément l'un des deux. Aucun frère, aucun convers n'enverra ou ne recevra de lettres ou de billets, par lui-même ou par personne interposée, sans la permission du prieur. Le procurateur cependant, peut écrire et mettre en sûreté des choses qu'en vertu de sa charge, il doit procurer pour l'utilité du monastère.

CHAPITRE II

LE SOUS-PRIEUR

Le sous-prieur sera élu sur le conseil de frères discrets ou à la majorité et par la plus saine partie de la communauté. Celui qui aura été élu et nommé par le prieur, se lève aussitôt et s'approchant du prieur, se prosterne devant lui. Ensuite, sur l'ordre du prieur, il se relève et se reconnaissant indigne et peu capable pour cette charge, demandera humblement qu'on mette un autre à cette place. Si le prieur n'acquiesce pas, il lui donne son assentiment et se prosterne à nouveau, puis sur l'ordre du prieur, se relève et demande humblement les prières des frères. Désormais, il occupe la première place dans le chœur gauche. En l'absence du prieur, il le remplace et pendant ce temps tous les officiers en réfèrent à lui, si quelque nécessité apparaît dans leur charge, et obéissent à son ordre comme à celui du prieur. Mais si survient une affaire trop importante pour être réglée par lui seul, elle sera différée jusqu'au retour du prieur. Il ne nommera pas d'officiers et ne demandera l'ordination de

114 CONSTITUTIONES CANONICORUM WINDESHEMENSIUM, II

nuerit, assensum prebens iterum se prosternat. Deinde, iubente priore, surgens humiliter petat oraciones fratrum ac deinceps in sinistro choro primus erit. Absente priore, vices eius gerere debet et interim omnes 10 obedienciarii ad eum referent, si quid cause in ministerio cuiusquam emerserit et eius precepto obediant sicut prioris. Si quid tamen alcioris negocii intervenerit, quod per eius sentenciam diffiniri non possit, usque ad prioris adventum differetur. Obedienciarios non instituet nec aliquem ordinari faciet, novicios non recipiet, nec professionem acci- 15 piet, nisi de hiis preceptum prioris acceperit. Quociens vices prioris habuerit reverencia ei exhibenda est, sive in choro sive in capitulo sive in refectorio sive alibi sicut priori, excepto quod sibi non assurgitur, sed modice inclinatur. Nec tunc legit aut | ministrat in refectorio, sed si eb- 36v domada ipsius fuerit alium, qui vices eius suppleat, procurabit. A lo- 20 quentibus sibi 'patris' honoratur vocabulo, qui autem de absente loquuntur, supprioris ipsum appellant nomine. Si alius prior vel superioris nominis prelatus hospes cuiuscumque ordinis presens fuerit, supprior hospiti defert in dicendo *Fidelium* et in sedendo ad nolam. In reliquis officium suum facit. Verum presente priore nulle inclinaciones 25 sibi fiunt. In ceteris sicut alius frater se habebit. Quando prior domi est et presens in choro non fuerit, ipse in maioribus duplicibus festis et supra, thurificat et Collectam in medio chori dicit. Quamdiu prior infra ambitus monasterii reperiri potuerit, non est supprioris dare licenciam alicui quoquam egrediendi aut aliquid notabile faciendi. Si autem prior 30 facile inveniri non potuerit, tunc in modicis licenciam dare potest, utpote loquendi cum fratre | de re utili vel necessaria et similibus. Qui vero 37r a suppriore de quacumque re licenciam accipit, si priori occurrerit, debet ab ipso de eadem re licenciam postulare.

Ad suppriorem precipue pertinet priorem in hiis, in quibus repre- 35 hensibilis vel negligens fuerit, que vel ipse consideraverit vel ab aliis sibi intimata fuerint, ammonere et eum nichilominus in quantum potuerit coram aliis excusare. Alias vero nullus fratrum priori suo detrahere vel per se illum arguere presumat. Potest tamen suppriori vel procuratori

---

10 *LO* 8, 1: Absente ... gerere debet   10-14 *LO* 5, 28 et 35-39: Absente ... vice eius ... omnes obedienciarii ... differetur   14-16 *LO* 5, 44-46: Obedienciarios ... accipiet   16-19 *LO* 6, 1-6: Quociens ... inclinatur   25-26 *LO* 6, 10-12: Verum presente ... se habebit   32-34 *LO* 38, 18-19: Qui vero ... licenciam

---

II, 2, **11** in] *om. L*   **19** aut] nec *W*   **20** ipsius] eius *W*   **22-23** superioris] supprioris *W*   **31-32** utpote] utpute *W*   **36** que vel ipse] v. q. i. *L*

personne; il n'admettra pas de novices, ne recevra personne à la profession, à moins d'en avoir reçu l'ordre du prieur. Chaque fois qu'il remplace le prieur, on doit lui témoigner le même respect qu'à celui-ci, au chœur, au chapitre, au réfectoire ou ailleurs; pourtant on ne se lève pas pour lui, mais on s'incline légèrement. Pendant ce temps, il ne lit ni ne sert au réfectoire, et si c'était sa semaine, il veillera à ce qu'un autre prenne son tour. Ceux qui parlent au sous-prieur, lui donnent le nom de 'père', hors de sa présence, on parle du sous-prieur. Si un autre prieur ou prélat nommé Supérieur d'un autre Ordre est reçu comme hôte, le sous-prieur demande à l'hôte de dire *Fidelium* et de s'asseoir à la cloche. Pour le reste, il s'acquitte de sa charge. Mais quand le prieur est présent, on ne s'incline pas pour le sous-prieur. Pour tout le reste, il se comporte comme un autre frère. Quand le prieur est à la maison, mais n'est pas présent au chœur, aux fêtes double majeur et au-delà, c'est le sous-prieur qui encense et dit l'oraison au milieu du chœur. Tant que le prieur peut être trouvé dans l'enceinte du monastère, le sous-prieur ne donne aucune permission à quiconque de sortir, ou pour faire une chose importante. Si on ne peut aisément trouver le prieur, le sous-prieur peut alors donner la permission pour des choses ordinaires, comme de parler à un frère de choses utiles ou nécessaires, et cas semblables. Celui qui aura reçu du sous-prieur une permission pour quoi que ce soit, est tenu de demander la permission pour la même affaire au prieur s'il le rencontre.

Il revient au sous-prieur surtout d'avertir le prieur des points où il se sera montré répréhensible ou négligent, ceux que lui-même aura remarqués ou que d'autres lui auront signalés; néanmoins, en présence d'autrui il l'excusera autant qu'il le pourra. Autrement, aucun frère ne s'arrogera d'être détracteur de son prieur ou de le blâmer lui-même; il peut cependant signaler humblement au sous-prieur ou au procurateur, ou même au prieur lui-même en toute déférence et respect, quelque point répréhensible et blâmable qu'il aurait surpris en lui. Et si, plusieurs fois averti, il néglige de se corriger, il ne sera cependant pas accusé dans une assemblée commune de la communauté, mais la chose sera révélée lors de la venue des visiteurs, ou si nécessaire, dénoncée au Prieur Supérieur, et corrigée.

116 CONSTITUTIONES CANONICORUM WINDESHEMENSIUM, II

vel eciam ipsi priori cum timore et reverencia humiliter intimare, si quid 40
in eo reprehensibile et accusacione dignum deprehenderit. Quod, si sepius ammonitus emendare neglexerit, non tamen in communi audiencia conventus arguatur, sed visitatoribus cum advenerint reveletur vel,
si necesse fuerit, priori superiori denuncietur et emendetur.

Porro, supprior singulis annis post festum Pasche die competenti 45
absolucionem petere debet, poterit tamen|alio tempore absolvi, 37v
quando priori habito consilio fratrum visum fuerit. Si absente priore,
suppriorem extra monasterium quoquam proficisci necessitas postulaverit, de conventus consilio id faciat et tunc senior in ordine vicem eius
suppleat. Quo tamen tempore, ebdomadarius *Fidelium, Confiteor* et 50
Adiutorium dicit et benedictiones et cetera ad divinum officium spectancia facit.

CAPITULUM TERCIUM
DE PROCURATORE

Cunctis in externis obedienciis occupatis proficietur unus e fratribus procurator, quem prior eliget de consilio conventus vel maioris et
sanioris partis, qui instruitur ut diligenter scribat quid acceperit quidve 5
expenderit. Hic universorum externorum strenue curam gerens, si magnum aliquid aut preter consuetudinem agendum est, ad prioris semper
consilium recurrat, nec grande aliquid preter eius licenciam donare vel
agere presumat. Non dabit in pecuniis|pro elemosinis super valorem 38r
floreni Renensis, quo simul sive per partes dato, non debet sine licencia 10
prioris amplius dare infra annum. In ceteris rebus communem modum
elemosinarum sine licencia prioris notabiliter non excedat.

Non debet pecuniam mutuo dare vel accipere aut deposita custo-
dienda recipere, nisi sciente et concedente priore. Et si forte receperit,
quantocius potest debet hoc manifestare priori. Fideiubere pro nullius 15

II, 3, **3-9** *SA* II, 8 §1-2: preficietur ... agere presumat   **9-11** *SA* II, 8 §3: Non dabit ...
amplius dare   **13-15** *SA* II, 8 §5: Non debet ... priori   **15-16** *LO* 10, 57-58: Fideiubere ... debet

---

49 conventus consilio] *inv. L*

II, 3, **3** e] de *W* (*SA* II, 8, §1: e)   **6** strenue] strennue *GWL*   **12** elemosinarum ...
notabiliter] *in ras. scr. G*   **15** potest] *add. in marg. m. post. W, om. L*

De plus, chaque année après Pâques, au jour approprié, le sous-prieur doit demander d'être relevé de sa charge ; il peut l'être cependant à une autre date, si le prieur le juge opportun, après consultation des frères. Si en l'absence du prieur, une nécessité contraint le sous-prieur à se rendre en un lieu hors du monastère, il le fera avec l'avis de la communauté ; alors, l'aîné en rang le remplace. Pendant ce temps, c'est l'hebdomadier qui dit *Fidelium*, *Confiteor* et *Adiutorium*, donne les bénédictions et s'acquitte de tout ce qui concerne l'Office divin.

CHAPITRE III

LE PROCURATEUR

Sur tout ce qui concerne les obédiences extérieures, on placera un des frères comme procurateur, que le prieur choisira sur l'avis de la communauté ou de sa majeure et plus saine partie. Il lui est recommandé d'écrire avec soin tout ce qu'il reçoit ou dépense. En gérant avec grand soin toutes les affaires extérieures, celui-ci aura toujours recours au conseil du prieur pour traiter d'une affaire importante ou inhabituelle ; il ne présumera pas de faire un grand don ou traiter une affaire sérieuse sans sa permission. Il ne fera pas d'aumônes en argent dépassant la valeur d'un florin du Rhin. Que ce soit donné en une fois ou en parties, il ne doit pas dépasser cette somme pendant l'année, sans la permission du prieur. En toutes les autres choses, il ne dépassera pas non plus de façon notoire la mesure commune des aumônes, sans la permission du prieur.

Il n'empruntera ni ne recevra d'argent ou n'acceptera pas la garde de dépôts, sans que le prieur ne le sache et n'y consente ; s'il lui arrive d'en recevoir, il le fera savoir au prieur dès qu'il le peut. Ni lui, ni même la communauté, ne doivent donner caution pour la dette de personne, ni même de la communauté. Autant qu'il le peut, il ne gardera pas longtemps impayées les dettes du monastère.

Il appartient à sa charge de demander et de recevoir au temps fixé tous les cens et revenus du monastère d'où qu'ils proviennent et d'attribuer chaque chose comme elle doit l'être, distribuée et dépensée. Tous

118 CONSTITUTIONES CANONICORUM WINDESHEMENSIUM, II

debito debet nec eciam conventus. Debita eciam monasterii diu insoluta, inquantum potest, non dimittat.

Ad huius officium pertinet, ut omnes census et redditus monasterii undecumque provenientes tempore statuto et perquirat et recipiat et singula, prout distribuenda sunt et exponenda, tribuat. Omnes obedi- 20 enciarii in hiis quibus indigent ad eum recurrant. Quociens a priore requisitus fuerit, racionem de singulis sibi commissis reddat et de statu domus et familie sepius|secum conferre non negligat. In exterioribus 38v ministeriis constitutis, eciam mercennariis, quandoque capitulum teneat eosque reprehendere et corrigere debet, quibus eciam semel ad mi- 25 nus in ebdomada exhortacio post meridiem facienda est a priore vel quibus ipse commiserit. Alias, nullus prior vel frater publice predicare aut sermones facere debet, exceptis festis dedicacionis sive patroni in propria ecclesia, et hoc pocius per alium non nostre religionis fiat. Si quando foris aliquid inordinate fieri videt, ad ipsum pertinet, cum opor- 30 tunum fuerit, reprehendere, ad illum vero qui reprehenditur humiliter veniam postulare. Quod si quis eorum se non emendaverit, debet hoc indicare priori. Ipse quoque ex commissione prioris confessiones eorum audit et communionem sacram in festis amministrat, nisi prior alteri iniunxerit. 35

Procurator temporibus silencii sine licencia prioris cum fratribus loqui non debet. Ipse eciam animalia ad nu|trituram emere et eorum 39r fructum, id est peculium quod inde exierit, ad utilitatem monasterii convertere, quantum sine peccato potest, non prohibetur. Terras conducere vel elocare et similia, aut mercennarios ad longum tempus con- 40 ducere, sine prioris consilio non debet. Quando quoquam exire habet, prius priori causam itineris sui indicare debet, sive suppriori, si prior presens non fuerit.

18-19 *LO* 10, 2-5: Ad huius ... et recipiat   **19-20** *LO* 10, 10: et singula ... tribuat   **20-21** cf. *LO* 10, 31-32: Omnes obedienciarii ... recurrant   **24-25** *SA* II, 8 §38: mercenariis ... corrigere debet   **27** *SN* II, 10 §4: nullus prior ... predicare   **30-32** *SA* II, 8 §47: quando foris ... postulare   **33-34** cf. *SA* II, 8 §21: confessiones ... amministrat   **37-39** *LO* 10, 63-65: animalia ... non prohibetur   **39-41** cf. *LO* 10, 20-24: Terras ... non debet   **41-43** *LO* 10, 65-68: Quando ... presens non

---

21 hiis] *om. L*   **22** commissis] concessis *L*   **23** sepius] *iter. sed del. W*   **28** facere] presumet *add. sed del. L*

les responsables recourent à lui pour répondre à leurs besoins. Chaque fois que le prieur le demande, il rendra compte de tout ce qui lui est confié, et ne manquera pas de s'entretenir assez souvent avec lui de l'état de la maison et de la famille. Pour ceux qui sont engagés dans les services extérieurs, même salariés, il tient parfois chapitre et doit les reprendre et corriger; une fois par semaine au moins, le prieur devra leur faire une exhortation l'après-midi, ou ceux à qui il le confiera. Autrement, aucun prieur ni aucun frère ne doit prêcher publiquement ni donner de sermons, sauf à la fête de la Dédicace ou du patron de sa propre église, et encore, que ceci soit plutôt fait par quelqu'un d'un autre Ordre que le nôtre. S'il voit se passer au dehors un acte inconvenant, il lui revient d'en faire le reproche au moment opportun, et à celui qui est repris, de demander humblement pardon. Si l'un d'eux ne s'amende pas, il le signalera au prieur. Lui-même par mandat du prieur entend leurs confessions et leur donne la Sainte Communion pour les fêtes, à moins que le prieur n'en charge un autre.

En temps de silence, le procurateur ne doit pas parler aux frères sans la permission du prieur. Il ne lui est pas interdit de se procurer des bêtes pour l'élévage, et leur fruit, c'est-à-dire la progéniture qui en vient, il peut la convertir pour l'utilité du monastère, dans la mesure où cela peut se faire sans péché. Il ne doit ni louer ni affermer des terres et autres choses semblables, ou engager des salariés pour un long terme sans le conseil du prieur. Lorsqu'il doit sortir, il est tenu d'indiquer avant son départ le motif de son voyage au prieur, ou au sous-prieur si le prieur est absent.

Bien qu'à l'exemple de Marthe dont il reçut la charge, le procurateur doive nécessairement être occupé et troublé par de multiples soucis, il veillera cependant à ne pas sacrifier entièrement ou redouter le silence et la quiétude de sa cellule, mais plutôt autant que le lui permettent les affaires de la maison, à se retirer dans sa cellule comme dans un port très sûr et très tranquille; ainsi en lisant, priant, méditant, il pourra calmer les mouvements turbulents de son esprit, venant du souci et de l'organisation des choses extérieures et cacher dans les secrets de son cœur quelque pensée salutaire à exprimer avec douceur et sagesse à ceux qui lui sont confiés car moins ils seront instruits, et plus ils auront besoin d'admonitions fréquentes. Et si – ce qu'à Dieu ne plaise – il est trouvé négligent, prodigue ou obstiné, et que plusieurs fois averti, il ne veuille pas se corriger, il sera remplacé dans sa charge par un autre meilleur et contraint à garder la cellule, pour que celui qui ne peut œuvrer au salut d'autrui travaille au moins au sien.

120 CONSTITUTIONES CANONICORUM WINDESHEMENSIUM, II

Procurator, quamvis exemplo Marthe cuius suscepit officium, circa multa sollicitari et turbari necesse habeat, silencium tamen et quietem celle non penitus abicere vel abhorrere debet, sed pocius, quantum domus negocia paciuntur, ad cellam quasi ad tutissimum et quietissimum portus sinum recurrat, ut legendo, orando, meditando, turbulentos animi sui motus ex rerum exteriorum cura vel disposicione surgentes sedare et in archanis sui pectoris aliquid salubre, quod sibi commissis suaviter et sapienter eructet, possit recondere. Tanto enim frequencioribus ammonicionibus indigent, quanto minus litteras|norunt. Qui si, quod absit, negligens aut prodigus aut contumax inventus fuerit sepiusque correptus emendare noluerit, subrogato in loco eius meliore, ad celle protinus custodiam revocatur, ut qui nequit alienam suam saltem salutem operetur.

Procurator semel in anno de receptis et expositis et omnibus debitis, que debet vel que debentur ei, coram conventu racionem reddere et absolucionem ab officio suo petere debet. Reliqui officiales, excepto suppriore, non presumant in conventu querere misericordiam, nisi de consensu prioris. Et hos prior consilio aliquorum destituere et instituere potest, cum ei expedire videbitur.

CAPITULUM QUARTUM
DE CELLERARIO

Porro, ne procurator nimium gravetur, unus de conversis vel alius fidelis ei in solacium dari potest. Hic itaque in hiis, que ad cellarium, coquinam, braxatorium et pistrinum spectant, ei subservire debet, qui et providencia circumspectus|et rebus disponendis ac conservandis sollicitus sit ac studiosus. Qui tamen in nulla re contra procuratoris ordina-

---

44-62 Guigo, 16 §1 et *SA* II, 8 §33: Procurator ... operetur

II, 4, 3-7 *LO* 10, 72-76 (*mutato ordine*): unus de conversis ... studiosus   7-9 *LO* 10, 94-97: in nulla ... voluntati

---

47 negocia] permittant *add. sed del. L*   49 sui] *om. L*   50 sui] *iter. L*   51 et sapienter] *om. W* (*SA* II, 8, §33: et sapienter)   recondere] recundere *G* (*SA* II, 8, §33: recondere)   55 revocatur] revocetur *L*   61 prior] de *add. W*

II, 4, 6 conservandis] servandis *sed sup. lin. add. m. post.* con *W*   7 ac] et *sed sup. lin. corr. m. post. L*

Une fois l'an, le procurateur doit rendre compte devant la communauté des recettes et dépenses, de toutes les dettes qu'il a ou qu'on lui doit, et demander d'être relevé de sa charge. Les autres officiers, le sous-prieur excepté, ne se permettront pas de réclamer la miséricorde à la communauté, sauf avec le consentement du prieur. Et ceux-ci, le prieur peut avec le conseil de quelques-uns les révoquer ou nommer, selon ce qui lui semble convenir.

CHAPITRE IV

LE CELLÉRIER

De plus, pour que le procurateur ne soit pas accablé à l'excès, un des convers ou un autre fidèle peut lui être adjoint comme aide. Celui-ci doit donc le seconder en tout ce qui regarde le cellier, la cuisine, la brasserie et la boulangerie; il sera circonspect avec prévoyance, soigneux et empressé à ranger et conserver toutes choses. Qu'en aucune affaire cependant, il n'ait l'audace d'agir en quoi que ce soit contre l'organisation du procurateur, mais pour tout ce qui doit être fait, qu'il demande son conseil et obéisse à sa volonté. Il se tiendra souvent dans les environs de la cuisine et du cellier pour veiller à ce qui lui est confié, et distribuer à ceux qui le demandent, ce qui est conservé dans le cellier, selon la façon et la quantité qu'il convient. Avec un soin attentif, il veillera aussi à ce que ni les cuisiniers, ni les boulangers ne traitent ou ne préparent avec négligence ce qui leur est commandé et confié, au point d'entraîner quelque inconvénient pour les frères ou de causer quelque tort à la maison. Il doit aussi veiller que les champs soient nettoyés, rappeler au pro-

122 CONSTITUTIONES CANONICORUM WINDESHEMENSIUM, II

cionem quidquam agere presumat, sed in hiis que agenda sunt, eius requirat consilium et obtemperet voluntati. Frequenter circa coquinam et cellarium esse debet, ut sibi commissa custodiat et petentibus, quo- 10 modo et quantum oportet, de hiis, que in cellario servantur, distribuat. Diligenti quoque cura prospiciat, ne coci vel pistores sibi tradita et commissa negligenter procurent aut preparent, ne fratribus molestia aliqua generetur aut dampnum aliquod domui proveniat. Providere eciam debet, ut segetes mundentur et reducere procuratori ad memoriam, que 15 facienda sunt et providere quantum potest, ne per ipsius aut alterius negligenciam aliquid alicubi depereat. Et si aliquid deperierit, prostratus genibus reum se culpabilemque clamabit. Hunc eciam precipue benignum et compacientem esse oportet, ut non solum malis aliorum compa| ti sed et mala pati et fratribus sine murmure condescendere et servire 40v sciat.

Possunt tamen quedam de predictis alteri committi, si cellerarius curam singulorum gerere non potuerit. Excepto priore, procuratore, cellerario et infirmario, quando propter infirmos opus habet, nullus cellarium vel coquinam sine licencia intrat. 25

Cum officia aliqua laycis committuntur, diligenter instruendi sunt, ut secundum constituciones commissa sibi peragant aut eciam in materna lingua modus eis officii ex constitucionibus conscribatur.

CAPITULUM QUINTUM

DE REFECTORARIO

Officium refectorarii uni conversorum vel alteri fideli committitur, ad quem pertinet tempore statuto sive ad prandium sive ad cenam mensam preparare, panem et potum apponere, aquam eciam ad lavatorium 5 haurire. Mensalia, manutergia et amphoras pro refectorio ipse conser-

---

10-11 *LO* 10,100-102: ut ... distribuat   **12-14** *LO* 10, 105-108: cura ... proveniat   **14-17** *SA* III, 11 §27: Providere ... deperiat   **17-18** Guigo, 46 §3: si aliquid ... clamabit   **18-20** *LO* 11, 19-20: precipue ... mala pati   **23-25** cf. *LO* 11, 70-73: Excepto priore ... licencia intrat

II, 5, **4-6** *LO* 12, 2-4 et 6: ad quem pertinet ... haurire

---

12 prospiciat] proficiat *del. sed add. m. post.* prospiciat *L*   **16** providere] potest *add. sed del. W*   **18** se] et *add. sed del. L*

curateur les besognes à faire, et veiller autant qu'il le peut que rien ne se détériore nulle part à cause de sa négligence ou celle d'un autre. Si quelque perte survient, prosterné sur les genoux, il se reconnaîtra publiquement accusé et coupable. Il lui faut aussi être particulièrement bienveillant et compatissant, non seulement en compatissant aux maux d'autrui, mais aussi en pâtissant lui-même, et savoir s'abaisser et servir les frères sans murmure.

Certaines des choses précitées peuvent cependant être confiées à un autre, si le cellérier ne peut prendre soin de chacune. Personne n'entre sans permission dans le cellier ou la cuisine, sauf le prieur, le procurateur, le cellérier, et l'infirmier lorsqu'il le faut pour les malades.

Quand des charges sont confiées à des laïcs, on doit les instruire avec exactitude pour qu'ils s'acquittent de ce qui leur est confié selon les Constitutions, ou même que la façon de remplir leur devoir soit transcrite des Constitutions dans la langue maternelle.

CHAPITRE V

LE RÉFECTORIER

La charge de réfectorier est confiée à un convers ou à un autre fidèle, à qui il revient aux temps fixés, de préparer la table pour le dîner et le souper, d'apporter le pain et la boisson, de puiser aussi l'eau pour le lavement des mains. Il garde au réfectoire les serviettes, les torchons et les cruches. Il lave fréquemment les cruches ou les fait laver. Il doit aussi veiller qu'en temps utile, les serviettes et torchons soient changés tant au réfectoire qu'au lavabo. Si quelque chose est taché, il le nettoie ou le fait nettoyer. En hiver, il doit aussi prévoir pour le souper au réfectoire des chandeliers à placer devant les frères; il faudra les disposer de façon qu'un luminaire serve pour deux ou trois frères. Chacun des frères selon son rang, en commençant par les plus jeunes, aide le réfectorier une semaine durant à apporter et remporter les aliments, et en temps de jeûne, sert la boisson pendant la collation.

124 CONSTITUTIONES CANONICORUM WINDESHEMENSIUM, II

vat. Amphoras eciam sepius lavet vel lavari faciat. Providere quoque debet, ut mensalia et | manutergia, cum necessarium fuerit, tam in refec- 41r torio quam circa lavatorium mutentur. Si quid maculatum fuerit, abluit vel ablui facit. Candelabra eciam providere debet, que hyemali tempore 10 in refectorio fratribus in cena anteponuntur, que sic disponenda sunt, ut duobus vel tribus unum luminare subserviat. Quilibet frater secundum ordinem, a iunioribus inchoando, cum refectorario in apponendis et removendis cibis ebdomadam facit et tempore ieiunii potum ad collacionem amministrat. 15

Infra collacionem sedemus eodem ordine quo in choro stamus, excepto quod prior sedet in fronte mense et supprior cum duobus vel tribus senioribus de choro suo iuxta priorem. A dominica vero Quinquagesime usque ad Pascha fratres sibi cottidie succedunt legendo et ministrando in refectorio. Frater autem cuius est in refectorio ad mensam 20 ministrare, finitis Sextis vel Nonis pro tempore, vel Vesperis quando cenandum est, cum cibus paratus fuerit, primum signum pro refectione faciat, facto tamen modico intervallo, quod ante | cenam aliqualiter pro- 41v trahi potest, non tamen ultra spacium septem psalmorum.

Ammonemus quoque, ut nullus fratrum interroget a quocumque 25 quid coquatur, nec aliquis recusare debet cibum, qui generaliter omnibus est paratus, nisi infirmitate cogente. Non est enim consuetudinis nostre pro victualibus murmurare, maxime in conventu. Si autem aliquis ministrorum notabilem confusionem tempore refectionis fecerit, utpote scutellam sive amphoram frangendo vel fundendo aut aliquid si- 30 mile, ante mensam prioris veniens genua flectat, donec a priore signum surgendi accipiat. Si qui vero de considentibus offenderint, statim postquam fratres surrexerint, culpam recognoscentes veniam petere debent. Refectorarium eciam nosse oportet infirmitates fratrum, quibus aliqua specialiter de consilio prioris vel infirmarii impendere opus fuerit, ut 35

7-9 *LO* 12, 12-13: Providere ... mutentur   **9** *LO* 12, 24: maculatum ... abluit   **10-12** *LO* 12, 41-43: Candelabra ... subserviat   **27-28** *SA* II, 22 §1: Non est ... conventu   **32-33** *LO* 35, 119-120: Si qui ... veniam petere   **34-36** *LO* 12, 49-51: Refectorarium ... oporteat

---

II, 5, 7 lavet] lavat *W*   **10** hyemali] hyamali *W*   **11** anteponuntur] ponuntur *sed add. in marg. m. post.* ante *W*   **15** amministrat] administrat *L*   **17** vel] aut *expunc. et scr. sup. lin.* vel *L*   **18** priorem] sedet *add. sed ras. et del.* G   **19** cottidie] cotidie *GL*   **23** faciat] facit *L*   aliqualiter] aliquantulum *L*   **27** est enim] *inv.* W   **30** utpote] upote *W*

Durant la collation, on s'assied dans l'ordre dans lequel on est au chœur, sauf que le prieur s'assied à la table principale et à ses côtés, le sous-prieur et deux ou trois aînés de son chœur. Du dimanche de la Quinquagésime à Pâques, les frères se succèdent chaque jour pour lire et servir au réfectoire. Après Sexte ou None suivant l'époque, ou après Vêpres quand il y a un souper, le frère dont c'est le jour de service au réfectoire, lorsque tout est prêt, donne le premier signal pour le repas, laissant cependant un bref intervalle qui peut être un peu prolongé avant le souper, cependant pas au-delà de l'espace de sept psaumes.

Rappelons aussi qu'aucun frère ne posera de question à quiconque sur le menu, et que personne ne refuse la nourriture préparée pour tous en général, à moins que la maladie ne l'y contraigne. Ce n'est pas en effet la coutume chez nous de murmurer pour la nourriture, surtout en communauté. Si l'un des serviteurs provoque une confusion importante, pendant le repas, comme de briser ou de renverser un plat ou une cruche, ou autre chose semblable, il vient devant la table du prieur et s'agenouille, jusqu'à ce qu'il reçoive du prieur le signe de se relever. Si les commensaux commettent une faute à table, aussitôt après que les frères se soient levés, reconnaissant leur faute, ils doivent demander pardon. Il convient que le réfectorier connaisse les infirmités des frères pour lesquels quelque chose de spécial sera préparé sur le conseil du prieur ou de l'infirmier: il saura ainsi ce qu'il convient d'apporter à chacun. Il veillera encore à ce que les nourritures soient également réparties entre les frères, sans acception de personnes, sauf pour ceux dont le prieur estimera qu'il faut leur donner davantage à cause de leur infirmité ou faiblesse. Pendant le repas, il doit fréquemment promener son regard pour que, s'il arrive qu'un des frères ait besoin de quelque chose, il puisse y pourvoir. S'il voit qu'un frère ne touche qu'un peu ou pas à ce qui lui a été apporté, il l'indiquera au prieur. Si quelque chose de ce qui est proposé en commun manque à quelqu'un, un frère doit en avertir le réfectorier pour qu'il supplée au manque. Qu'il tourne souvent son regard vers le prieur, pour que s'il lui intime quelque chose il puisse s'en acquitter aussitôt. Se tenant au passe-plats, il évitera d'échanger beaucoup de paroles superflues, mais demandera à voix basse ce qui est nécessaire. Pendant le repas et la collation, le réfectorier veillera que, dans le réfectoire, on n'entende aucun bruit ou voix, sinon celle du seul lecteur. Au jour du rasage ou de la saignée, c'est lui aussi qui prépare les récipients et l'eau chaude et tout le nécessaire, et après rasure et saignée, il range le tout. En hiver, chaque fois que c'est nécessaire, il lui revient aussi de préparer du feu pour la communauté, à l'endroit désigné: ce sera après la

126 CONSTITUTIONES CANONICORUM WINDESHEMENSIUM, II

sciat quid unicuique tribuere oporteat. Providere eciam debet, ut que
fratribus apponuntur equaliter sine personarum accepcione dividantur,
nisi quibus|propter infirmitatem vel debilitatem prior amplius dan- 42r
dum iudicaverit. Inter comedendum frequencius circumspicere debet,
ne forte quid alicui desit, quod ipse supplere possit. Quod, si aliquem 40
fratrem de sibi appositis modicum vel nichil contingere viderit, debet
hoc priori indicare. Si quid de hiis, que in communi dantur, cuiquam
defuerit, debet hoc ab aliquo refectorario indicari, ut ipse suppleat. Ipse
quoque sepius ad priorem respicere debet ut, si quid ille faciendum in-
nuat, presto adesse possit. Ad fenestram stans sermones multos et super- 45
fluos serere non debet, sed silenter et submisse loquatur que necessitas
requirit. Tempore comestionis et collacionis provideat refectorarius, ne
in refectorio tumultus aliquis aut vox nisi solius legentis audiatur. Ad
eum eciam pertinet,|quando radendi vel minuendi sunt fratres, vasa et 42v
aquam calidam et cetera que requiruntur preparare et post rasuram vel 50
minucionem singula reponere. Ad ipsum quoque pertinet tempore
hyemali, quociens necesse fuerit, in loco deputato ignem conventui
preparare, videlicet post Missam, ante prandium vel ante cenam seu
collacionem vel eciam, cum validum frigus fuerit, statim post Primas vel
Tercias. Post Matutinas autem sacrista ignem procurare habet. 55

Ad refectorium non faciliter hospites admittantur, exceptis religiosis, qui si alterius religionis fuerint, in superiori mensa comedant et in
choro supra seniores locum accipiant.

36-37 *LO* 11, 53-55: Providere ... dividantur   39-40 *LO* 12, 51-53: Inter comedendum ... supplere   41-42 *LO* 12, 53-55: appositis ... possit   42 *LO* 12, 55: Si quid ...
que   44-45 *LO* 12, 75-77: sepius ... adesse possit   45-46 *LO* 12, 71-73: Ad fenestram ... serere non debet   47-48 *SA* II, 13 §6: provideat ... audiatur   48-51 *LO*
12, 96, 98 et 100: Ad eum ... reponere

39 comedendum] commedendum *W*   40 forte quid] *inv. W*   quid] *add. in marg.
m. post. W*   41 de sibi appositis modicum vel nichil] m. v. n. d. s. a. *L*   47 comes-
tionis] commestionis *GW*   57 superiori mensa] *inv. W*   comedant] commedant *W*   58 supra] super *W*   49 accipiant] habeant *L*

Messe, avant le dîner ou le souper ou la collation, ou même en cas de froid rigoureux, aussitôt après Prime ou Tierce. Mais après les Matines, c'est le sacristain qui prépare le feu.

Les hôtes ne seront pas facilement admis au réfectoire, excepté les religieux; s'ils sont d'un autre ordre, ils mangeront à la table la plus haute, et, au chœur, ils recevront une place avant les aînés.

128 CONSTITUTIONES CANONICORUM WINDESHEMENSIUM, II

CAPITULUM SEXTUM
DE INFIRMARIO

Infirmorum cura uni alicui de fratribus vel conversis debet iniungi, ut ipse a cellerario petat quod cuique opus esse perspexerit. Hunc precipue decet esse misericordem et compacientem. Qui eciam cottidie, quo- 5 ciens opus fuerit, infirmos visitare debet et ea, que ipsis preparanda sunt, secundum possibilitatem domus tempestive preparare. Qui tamen et ipsi, secundum beati Benedicti dicta, ne superflua vel impossibilia petendo vel forte murmurando servientes sibi contristent, | diligenter am- 43r monentur attendere, ut memores sint arrepti propositi et ut sanos a 10 sanis ita egrotos ab egrotis secularibus debere cogitent discrepare. Omnino tamen caveatur, ne infirmi a servitoribus vel ab aliis negligantur. Infirmarius quocumque tempore, cum utile vel necessarium fuerit pro necessitate infirmorum, cum eis vel cum aliis loqui et extra horas remanere potest, similiter et infirmi. Libros eciam pro horis dicendis et pro 15 sacra lectione providere debet et, cum necesse fuerit, coram eis per se vel per alium horas aut lectionem sacram legere.

Hic in solacium habere potest aliquem ex familiaribus, qui ei in ministerio infirmorum subserviat, quique sepius, maxime si infirmi penitus lecto decumbunt, in infirmaria adesse debet, nec facile, nisi ipso 20 infirmario presente et concedente, digrediatur vel, si ipse abest, cum licencia infirmi et egressus diu moram non faciet. Si autem foris eum diu morari necesse fuerit, infirmarius alium infirmo in solacium provideat.

II, 6, **3-4** *LO* 13, 2-4: Infirmorum cura ... perspexerit   **7-11** *SA* I, 44 §2: secundum possibilitatem ... discrepare   **11-12** *SA* I, 44 §3: Omnino tamen ... negligantur   **13-15** cf. *LO* 13, 62-66: infirmarius ... et infirmi   **15-17** cf. *LO* 13, 36-42: Libros eciam ... legere   **18** *LO* 13, 26-27: solacium habere ... familiaribus   **18-22** *LO* 13, 43-46: qui ei in ... non faciet   **22-23** *LO* 13, 46-48: Si autem ... provideat

---

II, 6, **4** cellerario] cellario *W*   **5** cottidie] cotidie *GL*   **6** opus] *add. in marg. m. post. W*   **7** preparare] procurare *GL* (*SA* I, 44, §2: necessaria preparentur)   **9** forte] *add. in marg. m. post. W*   **9-10** ammonentur] monentur *L*   **14** cum] *add. sup. lin. m. post. W*   **14-15** (lo)qui et extra horas remanere potest] *ras. sed in ras. scr.* (lo)qui potest *et seq. spatium vac. G*   **15** libros eciam] *scr. in ras. m. post. W*   **20** decumbunt] et *add. W*   in] *add. sup. lin. W*   **23** morari] remanere *scr. sed del. et seq.* morari *L*

CHAPITRE VI

L'INFIRMIER

Le soin des malades sera confié à l'un des frères ou des convers, qui demandera lui-même au cellérier ce qu'il remarquera être nécessaire. Il convient surtout à celui-ci d'être miséricordieux et compatissant. Chaque jour aussi, autant de fois qu'il le faut, il visitera les malades et leur préparera à temps ce qui doit l'être, selon la possibilité de la maison. Eux cependant, selon les paroles du bienheureux Benoît, seront sérieusement avertis de veiller à ne pas contrister ceux qui les servent en demandant des choses superflues ou impossibles, voire en murmurant; qu'ils soient saisis au souvenir de leur profession et se rappellent que les religieux malades doivent différer des séculiers malades autant que des religieux bien-portants doivent différer des séculiers bien-portants. Qu'on veille surtout à ce que les malades ne soient pas négligés par les serviteurs ou par les autres. En tout temps, lorsque c'est utile ou nécessaire aux besoins des malades, l'infirmier peut parler avec les malades de leur nécessité ou parler à d'autres et peut s'absenter des Heures; de même, les malades. Il doit aussi procurer les livres pour dire les Heures et pour la lecture sainte, et lorsque c'est nécessaire, veiller que les Heures ou la lecture sainte soient dites en leur présence, par lui-même ou par un autre.

Il peut avoir comme adjoint l'un des familiers qui l'aidera dans son service auprès des malades et qui doit être souvent présent dans l'infirmerie surtout si les malades sont toujours alités, il ne s'en éloignera pas aisément, sauf si l'infirmier est présent et y consent, ou si ce dernier est absent, il partira avec la permission du malade et ne tardera pas à revenir. Mais s'il lui faut prolonger son absence, l'infirmier prévoira qu'un autre s'occupe du malade.

Il revient aussi à l'infirmier, lorsque la maladie s'aggrave, de prévenir le prieur pour qu'une prière commune soit faite pour le malade. C'est son devoir encore de prévoir tout ce qui est nécessaire à la communion des malades, à l'onction et à la sépulture.

Si l'infirmier comprend, sur la décision du prieur, que les malades n'ont pas à parler fréquemment du fait de leur maladie, tant qu'ils seront à l'infirmerie, ils observeront cette règle, ils garderont le silence de Complies jusqu'après le chapitre du lendemain, et entre temps, pendant qu'on dit les Heures canoniales et pendant leurs repas, sauf lorsqu'il leur est nécessaire de s'adresser à l'infirmier et à ceux qui les servent. Mais

130   CONSTITUTIONES CANONICORUM WINDESHEMENSIUM, II

Ad curam eciam infirmarii|spectat, cum ingravescere ceperit lan- 43v
guor infirmantis, priori denunciare, ut communis pro infirmo fiat 25
oracio. Ipsius quoque est, que ad communionem infirmorum, iniunc-
tionem et sepulturam necessaria sunt, procurare.

Cum infirmarius de consilio prioris intellexerit infirmis non esse ne-
cessarium pro infirmitate frequencius loqui, quamdiu postea in infirmaria sunt, hanc legem habebunt: a Completorio usque ad crastinum post 30
capitulum et interim, dum regulares hore dicuntur et infra refectionem
suam, silencium tenere debent, nisi cum infirmario vel sibi servientibus
pro necessitate loquerentur. Sed et infirmarius caveat, ne dictis temporibus et maxime post Completorium, in loquendo et visitando talibus
se exhibeat, nisi necessitas aliud requirat. Si in capitulo alique oraciones 35
cunctis generaliter iniuncte fuerint vel si quid in ipsos clamatum fuerit,
hoc eis infirmarius pronunciare debet. Et si in aliquo offenderint, ad ipsum pertinet eos ammonere vel corripere et, si non emendaverint, priori indicare.

Postquam autem infirmarius|intellexerit non esse necesse eos diu- 44r
cius in infirmaria manere, indicabit priori ut ad conventum et ad communes observancias redeant. Si tamen adhuc ampliori humanitate vel
recreacione indiguerint, in prioris discrecione relinquitur, ut ipse eis
provideat aut infirmario providendum committat, sicut cuique opus
esse perspexerit. Quando autem infirmi non fuerint pro quibus eum oc- 45
cupari oporteat, ordinem suum sicut alius claustralis teneat.

Infirmarius eciam dum tempus minucionis advenerit priorem am-
monet, ut ipse fratribus diem quo minui debeant in capitulo denunciet,
procuratorem quoque ammonitum habet, ut fratribus aliquid cibi melioris provideat. 50

Ad infirmos et hospites nullus fratrum vel conversorum dum comedunt se ingerat, excepto procuratore et infirmario, ad infirmos et ministris eorum.

24-26 *LO* 13, 83-85: Ad curam ... fiat oracio   26-27 cf. *LO* 13, 86-93: ad communionem ... procurare   28-30 *LO* 40, 28-30: intellexerit ... infirmaria sunt   30-32
LO 40, 9-12: hanc legem ... tenere debent   35-36 *LO* 40, 88-91: Si in ... pronunciare debet   37-39 *LO* 13, 81-82: in aliquo ... indicare   47-48 *LO* 65, 8-10: dum
tempus ... in capitulo   51-52 cf. *LO* 40, 83-84: Ad infirmos ... infirmario

---

25 infirmantis] infirmitatis *L*   26-27 iniunctionem] inunxionem *W*   27 et] *add.*
sup. lin. W   31 et] *om. L*   41 manere] remanere *W*   43 relinquitur] relin- *scr. sed*
add. in marg. m. post. quitur *W*   ipse] *om. W*   45-46 eum occupari] *inv. GL*   49
ammonitum] amonitum *W*   51-52 comedunt] commedunt *W*

LES CONSTITUTIONS DE WINDESHEIM, II 131

l'infirmier veillera à ce qu'aux temps fixés, et surtout après les Complies, en parlant ou en visitant les malades, il ne s'expose à ces transgressions, à moins que la nécessité ne l'exige. Si au chapitre, certaines prières sont enjointes à tous en général, ou si quelque chose est proclamée contre eux, c'est à l'infirmier de les prévenir. Et si l'un des malades avait commis quelque faute, l'infirmier l'avertira ou l'en blâmera et s'il ne se corrige pas, le prieur sera averti.

Dès que l'infirmier comprendra qu'il ne leur est pas nécessaire de rester plus longtemps à l'infirmerie, il l'indiquera au prieur pour qu'ils retrouvent la communauté et les observances communes. Cependant s'ils ont encore besoin de ménagements ou de convalescence, la décision est laissée à la discrétion du prieur, qui prévoira pour eux ou confiera à l'infirmier de pourvoir selon ce qu'il aura vu être le bien de chacun. Quand il n'a pas de malades à soigner, il garde son rang comme les autres cloîtriers.

Lorsqu'approche la date de la saignée, l'infirmier prévient le prieur pour que lui-même annonce aux frères en chapitre le jour où ils devront être saignés; il avertit aussi le procurateur de prévoir pour les frères quelque chose de meilleur dans la nourriture.

Aucun frère ou convers ne se rendra auprès des malades ou des hôtes pendant leur repas, sauf le procurateur et l'infirmier auprès des malades ainsi que ceux qui les assistent.

132 CONSTITUTIONES CANONICORUM WINDESHEMENSIUM, II

CAPITULUM SEPTIMUM
DE VESTIARIO

Ad officium vestiarii pertinent omnia vestimenta fratrum lanea et linea, sive pellicia, calciamenta quoque et panni pro ves|timentis. Que omnia ipse custodire debet et excutere, ne a tinea ledantur. Rupta eciam seu attrita reparari et resartiri faciat. Hic igitur secundum facultates domus studeat pie singulis ministrare, que opus sunt eis. Ipsi autem, quibus ministratur, caveant ne superflua requirant et, que eis conceduntur, diligenter a corruptela custodiant. Sane et hoc singulos ammonere volumus nullo modo decere religiosum vestimentum aliquod pro vilitate respuere, nisi manifesta incommoditas aliud petere cogat, quia quod pro vilitate abicitur dampnanda est superbia, quod pro incommoditate mutatur infirmitas tolleranda. Nec debent inter se fratres vestes commutare sine vestiario, sed ipse singulis secundum congruenciam temporis alias tribuit et alias recipit receptasque custodit. Tempora, quando vestes laventur, observat et curat, ne vel munda superflue laventur aut immunda diucius negligantur. Tunice inferiores per hyemem ad duos menses|et per estatem ad unum mensem vel circa de consuetudine lavantur. Subtilia vero circa mensem et superpellicia circa sex ebdomadas lavari solent.

Indumentis lineis nullo modo ad carnem utimur, exceptis lintheis quibus tempore dormicionis capita tegimus. In dormitorio lecti de plumis vel lintheamina nullatenus concedantur, sed nec infirmi quidem lintheaminibus utantur, nisi propter sudores vel propter aliam notabilem causam prior eis aliquando concesserit. Potest eciam prior infirmis concedere lectos de plumis, sed sanis nequaquam. Extra domum iacere possumus sicut fuerit nobis stratum ne hospites molestentur. Nullus unquam sine tunica iacere presumat, nisi cui post balneum prior forte concesserit vel nisi infirmo in sudoribus hoc indulserit. Femoralia hiis

---

II, 7, **3-4** *LO* 18, 8-11: Ad officium ... vestimentis   **5** *LO* 18, 101-104: custodire ... ledantur   **6** cf. *LO* 18, 141-142: reparari ... faciat   **7** cf. *LO* 18, 104-106: singulis ministrare ... eis   **9-13** *LO* 18, 121-126: Sane ... tolleranda   **17-19** cf. *LO* 18, 152-154: Tunice ... lavantur   **21-23** *CAOP*, Dist. I, 19 (p. 329), 7-8: lineis ... nec infirmi   **26-27** *CAOP*, Dist. I, 10 (p. 320), 6-7: Extra domum ... molestentur

---

II, 7, **4** pellicia] pellicea *L*   **10** vestimentum] quod *add. sed del. L*   **11** incommoditas] in *add. sup. lin. m. post. W*   **13** tolleranda] toleranda *GL*   **19** subtilia] suptilia *L*   **21** lintheis] lineis *L*   **25** aliquando] vero *add. sed ras. W*

CHAPITRE VII

LE VESTIAIRE

De lui dépendent tous les vêtements des frères, en laine et en lin, ou les fourrures, les chaussures et les étoffes pour les vêtements. Il doit conserver tous ces vêtements et les secouer pour qu'ils ne soient pas mangés des mites. Il fera aussi remplacer ou raccommoder ce qui sera déchiré ou usé. Il veillera donc avec dévouement à servir chacun en ses nécessités selon les possibilités de la maison, et ceux qu'il sert ainsi veilleront à ne rien demander de superflu et à garder soigneusement de tout dommage ce qu'ils auront reçu. Nous voulons clairement avertir chacun de ceci, qu'il ne convient en aucune façon à un religieux de refuser quelque vêtement comme trop vil, à moins que l'incommodité manifeste n'oblige à en demander un autre, car refuser un vêtement à cause de sa basse qualité c'est un orgueil blâmable et changer à cause d'une incommodité, c'est une faiblesse à tolérer. Les frères ne s'échangeront pas leurs vêtements sans le responsable du vestiaire, mais lui, selon la saison, en donnera d'autres à chacun et reprendra les autres sous sa garde. Il veille aux dates de la lessive commune, à ce que des vêtements nets ne soient pas lavés inutilement, ni les souillés, négligés trop longtemps. Les tuniques de dessous sont lavées tous les deux mois en hiver et environ une fois par mois en été, suivant la coutume. D'habitude les rochets sont lavés une fois par mois et les surplis, environ toutes les six semaines.

Nous ne portons aucun vêtement de lin directement sur la peau, sauf le linge dont nous nous couvrons la tête pour dormir. Au dortoir, on ne concédera en aucune façon matelas de plumes ou draps de toile, les malades n'emploieront pas non plus de draps de toile, sauf s'il arrive que le prieur le leur concède à cause des fièvres ou pour un autre motif valable. Le prieur peut même concéder un lit de plumes aux malades, mais jamais aux bien portants. Hors de la maison, nous pouvons dormir sur la couche qui nous est préparée pour ne pas importuner nos hôtes. Jamais personne ne se permettra de se coucher sans tunique, sauf celui à qui le prieur le concède après un bain, ou un malade à qui on l'accorde à cause des fièvres. Les caleçons ne seront pas refusés à ceux qui les demandent, surtout aux voyageurs. Les surplis que nous portons à la place de la cape, de Pâques jusqu'aux Matines de l'Exaltation de la sainte Croix, seront faits d'étoffe ordinaire, pas trop fine. Les rochets qu'on porte en tout temps sur les tuniques ou les fourrures seront faits de tissu plus ordinaire que les surplis, mais pas beaucoup plus longs que ceux-là.

134 CONSTITUTIONES CANONICORUM WINDESHEMENSIUM, II

qui postulant non denegantur, maxime itinerantibus. Superpellicia 30
quibus a Pascha usque ad Matutinas in Exaltacione sancte Crucis loco
capparum utimur, non sint de multum subtili panno sed mediocri.|
Subtilia vero, que omni tempore super tunicas vel pellicia gestamus, sint 45v
aliquantulum grossiora superpelliciis, sed non notabiliter longiora.
Fratres redditi portant manicas in subtilibus ultra cubitum non porrec- 35
tas, propter distinctionem habitus. Manice superpelliciorum circa duas
vel tres palmas ultra digitos promineant.

Accipimus autem ad lectisternium culcitram de noppis, pulvinar et
cervicalia de plumis et pro lintheaminibus pannos laneos et coopertorium unum vel plura, prout cuique opus fuerit, ad vestimenta autem tu- 40
nicas duas superiores et duas inferiores vel tres, et tunicam nodatam sine
curiositate tamen, mantellum, duo pellicia, unum maius, aliud minus,
caligas et soccos prout necesse fuerit. Quidquid vero ad lectum vesti-
tumve pertinet, cuius grossitudinis sit non curabit subditus vel prelatus,
sed tantum ut frigus arceatur et nuditas tegatur. Nam ad omnes religio- 45
sos humilitatem attricionemque pannorum et universo|rum, quibus 46r
utuntur, vilitatem, paupertatem et abiectionem certum est pertinere.

Cappe igitur nostre, mantella et capucia de nigro sint panno et
grosso et nullo alio colore admixto, tunice vero et calige de albo, cuius
precium sic estimetur, ut tres extense ulne de nigro seu quatuor de albo 50
valorem scudati de Francia non excedant, nisi forte panni latitudo duas
ulnas notabiliter excedens augmentum precii requireret. Cappe eciam
nostre non sint ampliores quam semirotunde et superius sine rugis, et
sint in anteriori parte fisse usque ad medium pectoris. Itinerantes vero
utuntur cappis fere usque ad genua consutis, quas semper induere de- 55
bent dum vadunt per civitates. Equitantes autem cappas non exuant.
Forma de capuciis capparum a capitulo tradita in singulis domibus con-
servetur et secundum eam formentur. Mantella breviora fiant tunicis

---

36-37 *LO* 18, 63-64: manice ... promineant   **38-40** cf. *LO* 18, 49-51: Accipimus ...
coopertorium unum   **43** *CAOP*, Dist. I, 19 (p. 330), 24-26: caligas ... fuerit   **43-45** Guigo, 28 §1 et 57 §3: Quidquid ... non curabit / sed tantum ... tegatur   **45-47** *SA* II, 16 §5: Nam ad ... pertinere   **47** *LO* 18, 25: Cappe ... sint
panno   **49** *LO* 18, 31: tunice ... de albo

---

43 quidquid] quitquid *G*, quicquid *L*   **44** pertinet] pertinetur *sed corr. L*   **55**
utuntur ... consutis] *ras. sed in ras. scr. m. post.* seu equitantes utuntur cappis et non
togis *G*   ad] *add. sup. lin. W*   **56** equitantes ... exuant] *ras. sed in ras. scr. m. post.*
vel dum equitaverint *G*   **57-58** conservetur] observetur *L*

LES CONSTITUTIONS DE WINDESHEIM, II 135

Les convers portent des rochets à manches qui ne dépassent pas le coude, pour se différencier par l'habit. Les manches des surplis dépassent les doigts d'une longueur de deux ou trois paumes.

Nous recevons comme literie un matelas à nœuds, un coussin et un oreiller de plumes, et comme draps, des tissus de laine et une ou plusieurs couvertures, selon le besoin de chacun; comme vêtements, deux tuniques de dessus et deux ou trois de dessous, une tunique à lacets, simple mais sans superfluité, un manteau, deux fourrures, une grande et une petite, des chausses et des sabots, selon la nécessité. En tout ce qui concerne la literie et le vêtement, que l'on soit prélat ou sujet, on se souciera non de leur rusticité mais seulement d'écarter le froid et de couvrir la nudité. Car à tous les religieux conviennent certainement l'humilité et la rudesse des étoffes et pour tout ce qu'ils emploient, la bassesse, la pauvreté et le détachement.

Nos capes, manteaux et capuces seront de tissu grossier, noir, sans mélange d'aucune autre couleur; les tuniques et les chausses seront taillés en tissu blanc. Le prix s'en calcule ainsi: on estime que trois aunes de noir, ou quatre de blanc ne doivent pas dépasser la valeur d'un écu de Francie, à moins que la largeur du tissu dépassant largement deux aunes, n'impose un prix plus élevé. Nos capes ne dépasseront pas en largeur le demi-cercle, et seront sans plis en haut; elles seront fendues devant jusqu'au milieu de la poitrine. En voyage, on se sert de capes cousues presque jusqu'aux genoux, qu'on doit toujours garder en traversant les villes. Ceux qui sont à cheval ne quittent pas la cape. Les capuces des capes sont taillés d'après le modèle transmis par le Chapitre et conservé dans toutes les maisons. Les manteaux seront d'environ une palme moins larges que les tuniques, faits de tissus blanc ou de peaux de moutons; ils auront en haut deux ou trois lacets simples. Nos capuces seront suffisamment grands pour couvrir les deux épaules. Nos tuniques et petites fourrures seront à lacets jusqu'à la taille, les manches, sans, et à peine fendues devant. La tunique de dessus descend à moins d'une palme de la terre. Les surplis et rochets sont d'au moins une bonne palme plus courts que la tunique, de façon égale sur toute leur largeur. Les tuniques de dessous descendent à peu près à mi-mollet. Les fourrures seront de peaux de moutons ou d'agneaux. Les aumusses que nous portons de Pâques à l'Exaltation de la sainte Croix, seront taillés dans des peaux de moutons noirs; les peaux sauvages de n'importe quel genre ne sont en aucune façon admises dans notre habit. Les tuniques et fourrures seront bien amples sous les bras pour qu'on puisse les ôter facilement.

136 CONSTITUTIONES CANONICORUM WINDESHEMENSIUM, II

circa latitudinem palme, subducta panno albo vel pellibus ovinis, et habeant superius duos vel tres nodos rudes. Capucia nostra tam | magna 46v sint ut utramque scapulam contegant. Tunice nostre et pellicia minora nodos habeant usque ad umbilicum, et manice sint sine nodis nec multum ante fisse. Tunica superior inferius pene una palma distet a terra. Superpellicia et subtilia breviora sint quam superior tunica ad minus una plena palma, equaliter inferius rotunda. Tunice inferiores aliquan- 65 tulum ultra medium tibiarum protenduntur. Pellicia sint de pellibus ovinis vel agninis. Almucia, quorum usum habemus a Pascha usque ad Exaltacionem sancte Crucis, de nigris ovinis pellibus fiant, ita ut pellis silvatica cuiuscumque generis in nullo nostro habitu admittatur. Tunice et pellicia bene ampla sint sub acellis, ut faciliter exui valeant. 70

Calcii nostri de nigro sint corio et anterius non acuti nec pedes propter artitudinem constringentes, et estivales corrigiis superius alligantur. Sotulares tamen | nocturnales non de nigro sive colorato sint co- 47r rio, quibus de consuetudine non utimur post Primam, vel Terciam pro tempore, usque ad Completorium, sed conceduntur nobis alii calcii fil- 75 trati circa medium tibiarum protensi, quibus per diem uti possumus. Vestiarius eos, qui sotulares diurnos sive nocturnos vel quelibet alia vestimenta negligenter custodiunt, reprehendere vel in capitulo proclamare debet.

Cingula nostra de simplici et communi sint corio non colorato nec 80 habeant in latitudine ultra mensuram lati pollicis. Et in ipsis cingulis vel cultellis et in omni usu nostro communi vel privato nichil de serico vel argento, seu quocumque precioso vel aliud quid appareat curiosum, excepto ministerio altaris. Qui contra fecerit re illa privetur et arbitrio superioris acriter puniatur. Si alicui nostrum vestis aut cultellus aut aliud 85 huiusmodi missum fuerit, ex bona consuetudine non ei sed alii pocius datur. In arbitrio tamen prioris relinquitur utrum ei cui missum | est an 47v alteri tribuatur.

---

66 *LO* 18, 34: Pellicia ... agninis 68-69 *LO* 18, 35-36: ita ut ... admittatur **85-88** *SA* II, 22 §25: Si alicui ... alteri tribuatur

---

60 et pellicia minora] *ras. sed in ras. scr. m. post.* inferiores *G* 61 pellicia] nostra *add. L* 62 umbilicum] umbelicum *L* 65 inferiores] inferioris *L* 66 tibiarum] tybiarum *W* 67 usque] ad matutinas *add. in marg. m. post. G* ad] *del. G* 68 exaltacionem] *corr. in* exaltacionis *G* 71 corio] coreo *W* 72 estivales] *del. G* 73-74 corio] coreo *W* 80 corio] coreo *W*

LES CONSTITUTIONS DE WINDESHEIM, II   137

Nos chaussures seront de cuir noir, sans pointe sur le devant, ne serrant pas trop les pieds; celles d'été seront fixées par des lanières. Les chausses de nuit ne seront pas en cuir ni noir, ni coloré; selon l'habitude, nous ne les portons pas après Prime ou Tierce, suivant le temps, jusqu'à Complies, mais d'autres chaussures de feutre nous sont permises, montant jusqu'à mi-jambe, que nous pouvons porter pendant la journée. Ceux qui traitent avec négligence les chaussures de jour ou de nuit, ou tout autre vêtement seront blâmés ou proclamés en chapitre par le vestiaire.

Nos ceintures seront de cuir non coloré simple et ordinaire, d'environ un pouce de large. En fait de ceintures, de couteaux et de tout objet d'usage commun ou personnel, nous n'aurons rien en soie, en argent ou en quelque autre métal précieux ou d'aspect recherché, sauf pour le service de l'autel. Qui agira autrement sera privé de ces objets et sévèrement puni d'après le jugement du prieur. Si à l'un des nôtres est envoyé un vêtement, un rasoir ou un autre objet de ce genre, suivant une bonne coutume il ne lui est pas donné, mais plutôt à un autre. Cependant, l'accorder à celui qui l'a reçu ou à un autre, est laissé au jugement du prieur.

138 CONSTITUTIONES CANONICORUM WINDESHEMENSIUM, II

CAPITULUM OCTAVUM

DE SACRISTA

Sacrista de manu prioris claves recipit et cum clavibus custodiam omnium que sunt in ecclesia. Albas et casulas, libros quoque ad divinum officium pertinentes et cetera recipere debet ad numerum et brevi an- 5 notare. Que autem sub custodia eius servantur, prior eciam brevi annotata habere debet, ut sciat pro quibus racionem exigere debeat, cum opus fuerit. Ipse quoque sacrista omnia, que sub sua custodia tenentur, cum magna diligencia servare debet et frequenter inspicere, ne quid forte vel desit vel aliquam corrupcionem contraxerit. Si qua eciam in 10 vestimentis aut in ceteris, que ad ministerium ecclesie pertinent, scissa vel contrita aut quolibet alio modo reparanda fuerint, debet ut cicius reparentur curare, omnia quoque munda custodire et immunda queque ut cicius abluantur procurare et, ne umquam sacra vestimenta, postquam inveteraverint, ad alios usus extra sacrum mini|sterium trans- 48r ferantur, diligenter cavere. Debet et cineres cum aliquid horum combusserit in loco sacro reponere.

Corporalia autem de purissimo et mundissimo lino preparari oportet et vel in capsulis vel in sacculis mundis diligenter complicata reponere. Quocienscumque autem abluenda sunt corporalia et lintheola, 20 quibus calices et digiti sacerdotis post communionem terguntur, in vase ad hoc deputato separatim ipse sacrista per se vel per alium abluit, primam eorum lavaturam in piscinam proiciens, ceteras lavaturas in locum mundum effundit.

Ad huius eciam officium pertinet oleum et ceram ad luminaria ec- 25 clesie a procuratore, cum non habuerit, requirere et preparata servare, cereos et candelas, quociens opus est, per se vel per alios facere et factas convenienti loco custodire et exinde, quibus et quando opus est, ministrare. Ipse quoque cavere debet, ne in ecclesia cereorum numerum aut

---

II, 8, 3-5 *SA* I, 41 §1: Sacrista ... ad numerum   6-10 *LO* 20, 9-16: Que autem sub ... contraxerit   10-16 *LO* 20, 139-144: Si qua ... cavere   18-23 *LO* 20, 39-46: Corporalia ... in piscinam proiciens   23-24 *SA* I, 41 §34: in locum mundum effundit   25-29 *LO* 20, 66-69: Ad huius ... ministrare   29-30 *LO* 20, 72-74: Ipse quoque ... amplificet

---

II, 8, 2 tit.] *om. L*   6 sub custodia] *inv. L*   12 fuerint] *iter. sed corr. L*   13 curare] *add. in marg. m. post. W*   immunda] ut *add. sed del. L*   18 autem] *iter. L*   22 per²] *add. in marg. m. post. W*

CHAPITRE VIII

LE SACRISTAIN

Le sacristain reçoit les clefs de la main du prieur, et avec les clefs, la garde de tout ce qui se trouve dans l'église. Il doit faire un bref relevé du nombre des aubes, des chasubles ainsi que des livres utilisés pour l'Office divin et toutes les autres choses. De ce qui est conservé sous sa garde, le prieur possédera aussi un relevé pour savoir sur quoi il doit lui demander de rendre compte, si nécessaire. Le sacristain doit aussi conserver avec grand soin tout ce qui est confié à sa garde et en faire une revue fréquente afin que rien ne manque ou ne se détériore. S'il arrivait que l'un des vêtements ou autres objets qui font partie du service de l'église venait à être abîmé ou usé, ou devrait être réparé, il veillerait à ce que cela soit fait au plus tôt; il veillera à garder propres toutes choses, à faire laver rapidement ce qui est sali, et évitera toujours que les vêtements sacrés, une fois hors d'usage soient employés à des fins étrangères au saint ministère. Il les brûle et dépose leurs cendres dans un lieu digne.

Les corporaux seront confectionnés d'un lin très pur et très fin et rangés pliés avec soin dans des coffrets ou dans des sacs propres. Chaque fois qu'on doit laver corporaux et purificatoires avec lesquels on essuie les calices et les doigts du prêtre après la communion, le sacristain les lave lui-même ou par un autre à part dans un bassin réservé à cet effet; il jette la première eau dans la piscine de la sacristie, les autres eaux dans un endroit propre.

Il appartient également à sa charge de demander au procurateur l'huile et la cire pour les luminaires de l'église, lorsqu'il n'en a plus, et de conserver ce qui est préparé, de confectionner lui-même ou de faire confectionner cierges et chandelles chaque fois qu'il le faut, de conserver ceux qui sont faits dans un endroit convenable, et d'en sortir le nombre suffisant quand il le faut. Lui-même veillera que dans l'église le nombre de cierges ou leur importance ne dépasse pas l'usage ou la nécessité, mais qu'il s'efforce d'observer la mesure prescrite ci-dessous. Aux fêtes solennelles quatre cierges sont placés sur l'autel pour les Vêpres, Matines et la Grand-Messe, aux fêtes double majeur et doubles, deux cierges pour les Vêpres, Matines et la Grand-Messe, et généralement pour toutes les Messes conventuelles. On ne met qu'un cierge au centre de l'autel aux fêtes de neuf leçons, et pendant l'octave de Pâques et de Pentecôte, aux mémoires de la Bienheureuse Marie, pour les Vêpres et Matines. Pour les Messes privées, un cierge est placé au côté droit de

140 CONSTITUTIONES CANONICORUM WINDESHEMENSIUM, II

magnitudinem supra consuetudinem aut necessitatem amplificet, sed 30
modum subscriptum studeat observare. In solempnibus festis ad Vespe-
ras, ad Matutinas et ad|Missam maiorem quatuor cerei, in maioribus 48v
vero duplicibus et in duplicibus ad Vesperas, ad Matutinas et ad Missam
maiorem et generaliter in omnibus Missis conventualibus duo cerei in
altari collocantur. In festis novem lectionum et infra octavas Pasche et 35
Penthecostes et in commemoracione beate Marie ad Vesperas et Matutinas unus tantum cereus in altaris medio ponitur. Ad privatas autem
Missas unus cereus in dextero cornu altaris ponitur. Singuli cerei pondus unius libre non excedunt, excepto cereo paschali qui pondus quinque librarum non excedat. In Dedicacione ecclesie ad Vesperas et 40
Matutinas et ad Missam maiorem duodecim cerei in parietibus accen-
duntur. In Dedicacione vero altaris et in principaliori festo patroni
eiusdem ad Vesperas et ad Matutinas unus cereus in ipso altari ponitur,
ad Missas vero eiusdem altaris duo. Prunas quoque ad incensum in
Missa et in Vesperis et in hyeme ad calefaciendas ma|nus ministrorum 49r
altaris et celebrancium, et cetera pro ministerio altaris requisita sacrista
procurat. Purgat lampadem et campanam iniungit. Ecclesiam et claustrum mundat de consuetudine, dato sibi adiutorio. Mundat autem
predicta ad minus bis in anno. Chorum autem crebrius mundare potest,
cum opus fuerit. 50
  Ad ipsum eciam pertinet die ac nocte tempora debita ad divinum
officium celebrandum custodire, signa pulsare et a Pascha usque ad
Exaltacionem sancte Crucis inclusive, finitis graciis vel Nonis pro tempore, unius hore spacio elapso, fratres excitare.
  Igitur ad Matutinas, ad Primas, ad horam que Missam precedit, ad 55
Vesperas et ad Completorium bis pulsatur, sed in maioribus duplicibus
et supra, ad utrasque Vesperas et ad Matutinas ter pulsandum est. In
brevioribus Matutinis circa duodecimam horam secundum signum fiat,
in longioribus vero aliquantu|lum prius. Tempus vero inter primum et 49v
ultimum signum pro Matutinis sic temperetur, ut ad minus circa spa- 60

31-35 cf. *LO* 20, 75-79 *(passim)*: In solempnibus ... in altari   **44-46** *LO* 20, 128-
129: Prunas ... ministrorum altaris   **48-49** *SA* I, 41 §37: Ecclesiam ... autem predicta
51-54 *LO* 21, 3-6: Ad ipsum ... fratres excitare

37-38 Ad ... ponitur] *om. (homoeotel.) L*   **38** dextero] dextro *W*   **40** et] ad *W*,
om. L   **45** hyeme] hieme *GL*   **47** et¹] *add. sup. lin. G*   **52** officium] spectancia
add. W (LO 21, 4: spectancia *om.)*   **57** matutinas] matu *scr. sed in marg. add. m.*
post. tinas *W*

l'autel. Chaque cierge ne dépassera pas le poids d'une livre, sauf le cierge pascal qui ne dépassera pas cinq livres. À la Dédicace de l'église, pour les Vêpres, les Matines et la Grand-Messe, les douze cierges sur les murs seront allumés. À la Dédicace de l'autel et à la fête du patron principal de celui-ci, un cierge est posé sur l'autel même pour les Vêpres et Matines et deux cierges pour les Messes sur ce même autel. Le sacristain prépare aussi les charbons pour l'encens pendant la Messe et les Vêpres, et en hiver pour réchauffer les mains des ministres de l'autel et des célébrants, et toutes les autres choses requises pour le service de l'autel. Il nettoie la lampe et sonne la cloche. Il entretient l'église et le cloître selon la coutume, avec l'aide d'un adjoint. Il nettoie au moins deux fois l'an tout ce dont il a été question. Mais le chœur, il peut le nettoyer plus souvent, lorsque c'est nécessaire.

Il lui revient aussi de garder, de jour et de nuit, les temps fixés concernant la célébration de l'Office divin, de donner les signaux, et de Pâques à l'Exaltation de la sainte Croix inclusivement, de réveiller les frères une heure après les grâces ou après None, suivant le temps.

Donc pour les Matines, Prime, pour l'heure qui précède la Messe, pour les Vêpres et Complies, on sonne deux fois, mais aux double majeur et au-delà, pour les deux Vêpres et Matines, on sonnera trois fois. Pour des Matines assez courtes, qu'il donne le deuxième signal vers la douzième heure, pour des plus longues, un peu avant. Le premier et le dernier signal pour Matines sera mesuré de façon que l'intervalle soit d'au moins un quart d'heure. En été cependant, cet intervalle peut être un peu raccourci, en hiver, un peu allongé. De Pâques à l'Exaltation de la sainte Croix, le premier signal pour Prime se donnera à la cinquième heure. Le reste du temps de l'année et aux fêtes de neuf leçons, en été comme en hiver, le deuxième signal se fera au milieu de la sixième heure. Les jours de deux repas, de Pâques à l'Exaltation de la sainte Croix, le premier signal pour Tierce se donnera un peu après la septième heure, en hiver, un peu plus tard. Les jours d'un seul repas, en été comme en hiver, excepté pendant le Carême, les signaux seront mesurés de façon que tout soit terminé à l'église vers la onzième heure, en Carême, vers la douzième heure. L'heure de sonner pendant les trois jours saints est indiquée dans l'*Ordinarius*. Le premier signal pour Vêpres se donne à la troisième heure, quand on dîne; il est retardé d'une demi-heure quand on jeûne. Le signal pour Vêpres est anticipé d'une heure, lorsque les Vigiles comptent neuf leçons et d'environ une demi-heure, lorsque les Matines comptent trois leçons. Entre les deux signaux pour Tierce – ou Sexte, suivant le temps –, et pour les Vêpres, l'intervalle ne sera pas in-

142 CONSTITUTIONES CANONICORUM WINDESHEMENSIUM, II

cium quartalis hore proteletur. In estate tamen hoc spacium parumper
breviari et in hyeme prolongari potest. A Pascha usque ad Exaltacionem
sancte Crucis primum signum ad Primas fiat quinta hora. Reliquo tempore anni, et in festis novem lectionum, estate et hyeme, ad medium
sexte secundum signum fiat. Diebus bine refectionis a Pascha usque ad 65
Exaltacionem sancte Crucis primum signum ad Terciam aliquantulum
post septimam horam pulsetur, in hyeme vero paulo tardius. In diebus
unice refectionis estate et hyeme, excepta Quadragesima, sic moderentur signa, ut circa undecimam horam cuncta in ecclesia terminentur, in
Quadragesima vero circa duodecimam. Hora vero pulsandi tribus die- 70
bus ante Pascha in Ordinario expressa est. Primum signum ad Vesperas,
quando cenatur, fit tercia hora, quando ieiunatur, per mediam horam
protelatur. Quando vigilie novem lectio|num dicende sunt, circa ho- 50r
ram, quando vero trium lectionum, circa mediam horam signa ad Vesperas anticipantur. Inter duo signa ad Terciam vel Sextam pro tempore 75
et ad Vesperas, fit spacium non minus media hora, in quo sacre lectioni
operam damus. Ad Completorium circa medium quinte et sexte secundum signum pulsatur.

Ostium extremum ecclesie inferioris, per quod ingrediuntur qui deforis veniunt, a festo Omnium Sanctorum usque ad Purificacionem be- 80
ate Virginis sacrista ante Completorium claudit et post Primas aperit.
Ceteris temporibus ante Primas aperit et post Completorium claudit.
Nec umquam illud nocte aperit, nisi in noctibus Natalis Domini et Pasche. Ostium autem quod familie et hospitibus pervium est, semper
ante Matutinas et ante Primas aperit, et post Matutinas et Completo- 85
rium claudit. Si negligit culpam suam clamet. Quando ostia claudenda
sunt, ecclesiam lustrare et circuire debet et sic demum ipsam firmare.

Si quando|forte ad Matutinas multum tardius solito pulsaverit, 50v
cantori indicat, ut pro brevitate temporis officium acceleret. Ipse autem
culpam suam inde clamet. Semel eciam ad minus in anno circa Pascha 90

86-87 *LO* 21, 50-52: Quando ostia ... ipsam firmare   **88-89** *LO* 21, 9-12: Si
quando ... ipse autem

---

61 tamen hoc] *inv. sed corr.* *W*   **62** hyeme] hieme *GL*   **62** Pascha] Pasca *G*   **64**
hyeme] hieme *GL*   **67** horam] *om.* *L*   **67** hyeme] hieme *GL*   **68** hyeme)
hieme *GL*   **72** per] *scr. m. post.* *W*   **77** quinte et] *del.* *G*   **77-78** secundum] *scr. in
ras. m. post.* *G*   **82** claudit] *scr. in ras. m. post.* *G*   **83** nocte] nisi *add. sed
del.* *W*   **85** et³] post *add.* *W*   **86** suam] inde *add. sed del.* *L*

LES CONSTITUTIONS DE WINDESHEIM, II 143

férieur à une demi-heure, pendant laquelle nous nous livrons à la lecture sainte. Pour Complies, on donne le second signal à peu près au milieu, entre la cinquième et la sixième heure.

Depuis la Fête de la Toussaint jusqu'à la Purification de la bienheureuse Vierge, le sacristain ferme la porte du fond de l'église inférieure, qu'empruntent ceux qui viennent de l'extérieur, avant Complies et l'ouvre après Prime. Aux autres temps, il l'ouvre avant Prime et la ferme après Complies. Il ne l'ouvre jamais pendant la nuit, sauf les nuits de la Nativité du Seigneur et de Pâques. La porte par où passent les familiers et les hôtes, il l'ouvre toujours avant Matines et avant Prime, et la ferme après Matines et Complies. S'il est négligent, il proclame sa faute. Au moment où les portes doivent être fermées, il éclairera l'église, en fera le tour et ne la verrouillera qu'après.

Si d'aventure il donne le signal pour Matines beaucoup plus tard que de coutume, il avertit le chantre pour qu'il accélère la récitation de l'Office, à cause du peu de temps qu'il y a. Et lui-même proclamera sa faute pour cela. Au moins une fois l'an, aux environs de Pâques, il purifie l'intérieur et l'extérieur des calices à l'eau chaude, et jette les eaux dans la piscine. Et s'il n'a pas reçu les ordres, avec la permission du prieur, en prie un autre. À cette même époque, il n'omet pas de pourvoir à l'huile sainte.

144 CONSTITUTIONES CANONICORUM WINDESHEMENSIUM, II

calices intus et foris aqua calida lavat et lavaturas in piscinam mittit. Si autem in sacris non fuerit de licencia prioris alium rogat. Eodem quoque tempore sacrum oleum procurare non negligat.

CAPITULUM NONUM
DE CANTORE

Ad officium cantoris pertinet omni tempore, que in tabula notanda sunt tempestive signare. Observare autem debet in cantandis sive legendis, ne illum qui minoris est ordinis supra illum qui maioris est ordinis 5 ponat, id est nec diaconum supra sacerdotem vel supra diaconum subdiaconum. Ad queque vero a duobus pariter decantanda, quantum convenienter potest, equalis gradus fratres studeat ordinare. Si quos in tabula postquam visa est mutaverit, hoc ipsis quos mutavit tempestive indicet. | Si vero aliquis ad quod signatus est explere nequiverit, cantori 51r significet, ut alium subordinet.

Quicumque aliquid cantare vel legere in ecclesia debuerint, prius hoc providere debent si indigent, alioquin corrigantur. Si quis forte ex hiis qui in tabula positi sunt defuerit, ad cantorem pertinet sive in cantando sive in legendo vicem eius supplere vel alii supplendum iniun- 15 gere. Ipsius quoque est processiones ordinare et facienda disponere, et eos qui non bene incedunt dirigere. In cantu ecclesie, si quid erratum vel dubitatum fuerit, et in elevacione seu deposicione cantus nemo illi preiudicet et, quod ille prior inceperit nullus aliud aut aliter incipiendo, excepto priore, perturbet. Si qua eciam subito cantanda vel legenda 20 evenerint, que nulli prius specialiter iniuncta fuerint, ipsius est cui voluerit agenda innuere. Ad ipsum eciam pertinet legentibus ad mensam,

---

II, 9, 3-4 *LO* 19, 96-97: Ad officium ... signare   4-7 *LO* 19, 99-101: Observare autem ... subdiaconum   8-10 *LO* 19, 114-116: Si quos ... indicet   13-16 *LO* 19, 117-119: Si quis ... iniungere   16-17 *LO* 19, 138-139: processiones ... dirigere   17-20 *LO* 19, 131-135: In cantu ... perturbet   20-22 *LO* 19, 140-142: Si qua ... innuere   22-23 *LO* 19, 144-145: legentibus ... ostendere

---

91 mittit] mittat *sed corr. G*   **93** sacrum oleum] *inv. L*

II, 9, **4** debet] sive *add. L*   sive] in *add. L*   **5** ordinis] *om. W*   **6** diaconum] dyaconum *W*   **6-7** subdiaconum] subdyaconum *W*   **7** decantanda] cantanda *L*   **16** facienda] faciende *L*   **17** vel] seu *L*   **18** deposicione] disposicione *L*   **22** innuere] iniungere *L*

LES CONSTITUTIONS DE WINDESHEIM, II

CHAPITRE IX

LE CHANTRE

À toute époque, il revient au chantre d'afficher à temps au tableau ce qui doit être signalé. En désignant ceux qui doivent chanter ou lire, il veillera à ne pas placer un frère d'un rang inférieur au-dessus d'un frère d'un rang supérieur, par exemple, un diacre au-dessus d'un prêtre, ou un sous-diacre au-dessus d'un diacre. Pour programmer ce qui est à chanter par deux frères, il s'efforcera dans la mesure du possible de placer des frères de rangs égaux. S'il a changé des personnes sur le tableau après l'avoir affiché, il doit prévenir à temps ceux qui sont concernés. Si quelqu'un ne peut accomplir ce pour quoi il est désigné, il l'indique au chantre qui lui substituera un autre.

Ceux qui ont à chanter ou à lire quelque chose à l'église, doivent le revoir auparavant s'ils en ont besoin, sinon ils seront corrigés. Si parmi ceux qui sont désignés, quelqu'un se trouve absent, il revient au chantre de prendre sa place en chantant ou en lisant ou de demander à un autre d'y suppléer. C'est à lui aussi qu'incombe d'organiser des processions, de régler ce qui est à faire et de diriger ceux qui ne marchent pas bien. Dans le chant à l'église, s'il y a une erreur ou une hésitation, si les voix montent ou baissent, personne n'interviendra à sa place et quand il entonne, nul, le prieur excepté, ne jettera le trouble en entonnant autre chose ou autrement. S'il faut tout à coup chanter ou lire quelque chose pour quoi on n'a prévu personne en particulier, c'est à lui que revient de choisir celui qui le fera. Il lui revient encore de montrer aux lecteurs de table le sujet et le moment de la lecture. On fera lecture des homélies des saints pères aux fêtes et les jours qui ont une homélie propre avant tout autre chose. Mais le samedi, on lira toujours la Règle, sauf si on la fait précéder d'autre chose à cause d'une fête ou pour toute autre raison valable. Après l'homélie, on lit les autres livres propres aux fêtes et aux temps. Les sermons et homélies qui reviennent plus souvent qu'une fois dans l'année sont lues intégralement au réfectoire selon la répartition du chantre. Lorsque le dimanche, faute de temps, on ne chante pas ce qui est propre à une fête, ou s'il n'y a rien de propre, on lit au réfectoire l'homélie du dimanche.

Au réfectoire, on commencera à lire les livres de la Bible quand on en commence la lecture à l'église. Les quatre Évangiles jusqu'à la Passion sont lus à la collation en Carême, puisque les homélies et sermons de ce temps font défaut. On peut cependant commencer ces livres d'abord au

146 CONSTITUTIONES CANONICORUM WINDESHEMENSIUM, II

quid et quando legere debeant, ostendere. Omelie sanctorum patrum in
festis et hiis diebus, qui proprias habent, | primo omnium leguntur. Sab- 51v
bato tamen regula semper legitur, nisi propter festum aliquod seu aliam 25
convenientem causam preveniatur. Lecta omelia, cetera de festis et temporibus specialia leguntur. Sermones et omelie, que sepius reversantur,
semel in anno ad refectorium integraliter leguntur secundum disposicionem cantoris. Cum de festo aliquo in dominica non vacante cantatur,
finitis que de festo sunt vel si propria non sunt, legitur omelia domini- 30
calis in refectorio.

Libri Biblie incipiendi sunt in refectorio quando incipiuntur in ecclesia. Quatuor Evangelia usque ad passiones in Quadragesima ad collacionem leguntur, cum sermones et omelie illius temporis defuerint.
Possunt tamen propter brevitatem temporis huiusmodi libri in refec- 35
torio prius incipi. Ad cantorem eciam spectat quocienscumque in
psalmodia vel in cantu vel in alio quolibet divino officio propter super-
venientem quamlibet causam, plus solito vel tardandum vel festinan-
dum fuerit, hoc ipsum fratribus significare. Si quando plus iusto vel
festi|natur vel protrahitur officium, ipse ad certam mensuram tempe- 52r
rare debet. Quod, si quid in officio suo negligenter fecerit, non temere a
quoquam corripiatur, sed in capitulo proclametur.

Cantores solliciti sint, ut semper mediocritas servetur in cantu nostro, ut et gravitatem redoleat et devocionem excitet. Cantoris est ammonere eos, qui nimis lente vel nimis festinanter dicunt cantum vel 45
psalmodiam. Cantores caput nudant, cum aliquid ex officio suo incipi-
unt, exceptis responsoriis in Matutinis et vigiliis defunctorum et anti-
phonis post psalmos et cantica, et ad memorias et suffragia.

32-33 cf. *LO* 48, 48-49: in refectorio ... in ecclesia   36-42 *LO* 19, 154-161: quocienscumque ... proclametur   44-46 *SA* I, 38 §16: Cantoris est ... psalmodiam   46-47 *SA* I, 38 §12: Cantores caput ... exceptis

---

25 aliquod] *om. W*   33-34 collacionem] collacione *L*   38 quamlibet causam]
inv. W (*LO* 19, 156: quamlibet causam)

LES CONSTITUTIONS DE WINDESHEIM, II 147

réfectoire, à cause du peu de temps. Il revient aussi au chantre de ralentir ou d'accélérer plus que de coutume le mouvement de la psalmodie ou du chant ou de quelqu'autre partie de l'Office divin chaque fois qu'il le faut pour un motif imprévu, et il l'indiquera aux frères. Si l'Office est, soit plus rapide, soit plus lent que de raison, c'est lui qui doit faire retrouver le mouvement normal. S'il se montre négligent en quelque point de sa charge, il ne sera pas témérairement repris par quiconque, mais sera proclamé en chapitre.

Les chantres seront soucieux de toujours garder le juste milieu dans notre chant pour qu'il rayonne le calme et éveille la dévotion. C'est le devoir du chantre d'avertir ceux qui dans le chant ou la psalmodie sont trop lents ou trop rapides. Les chantres lorsqu'ils entonnent sont nu-tête, sauf pour les répons aux Matines et Vigiles des défunts, pour les antiennes après les psaumes et les cantiques, et pour les mémoires et suffrages.

148 CONSTITUTIONES CANONICORUM WINDESHEMENSIUM, II

CAPITULUM DECIMUM
DE EBDOMADARIIS

Ordo sacerdotum ebdomadariorum a senioribus incipit et per singulas ebdomadas de uno choro mutatur in alium. Cum vero numerus sacerdotum impar est, officium sacerdocii ab ultimo regreditur ad prio- 5 rem, eciam si sit in eodem choro. Qui sacerdos ebdomadarius est Misse conventualis, in ebdomada sequenti primam | Missam procurare habet. 52v Si vero una die plures Misse occurrerint, in disposicione cantoris relinquitur quibus assignare voluerit. Cum autem due Misse cantande sunt, sacerdos prime Misse cantat Missam minorem et ebdomadarius con- 10 ventus maiorem. In festis vero in quibus maior Missa spectat ad priorem, minor pertinet ad ebdomadarium Misse conventualis. Quando sacerdos ebdomadarius Misse conventualis vel private celebrare non potest, vel causa reverencie quandoque supersedere vult, alium rogat, et ille, si potest, pie annuere debet, sin autem humiliter se excuset. 15

Si sacerdos ebdomadarius aliquando absens fuerit, iunior sacerdos sibi proximus vices eius supplet. Cum autem infirmatur vel in via dirigitur, si de tota septimana aut nichil prorsus aut parum facere potest, qui sequitur eum vices eius supplet, cuius ipse vicissim, si tam cito reconvaluerit vel de via | reversus fuerit, vices agat. Hoc autem, quod de 53r ebdomadario sacerdote diximus, de ceteris eciam ebdomadariis observandum est.

Cum unus solus adest diaconus ministrat ad omnes Missas conventuales, in quibus solus diaconus ministrat, et cum paratus non est, alium procurat. In Missis vero, que cum duobus ministris celebrantur, excep- 25 tis maioribus duplicibus festis et supra, subdiaconus, si adest, ministrat in officio suo cum diacono. Si autem subdiaconus non adest, diaconus ministrat in officio subdiaconi et ebdomadarius prime Misse in officio

---

II, 10, **12-15** *LO* 45, 7-10: Quando sacerdos ... se excuset   **17-20** *LO* 45, 22-27: Cum autem ... vices agat   **20-22** *LO* 45, 27-30: Hoc autem ... observandum est   **23-24** *SA* I, 43 §60: Cum unus ... non est

---

II, 10, **8** una die plures Misse] p. m. u. d. *W*   **10** cantat missam] can- *sed add. m. post.* tat missam *W*   **14** supersedere vult] *inv. W*   **19** vicissim] *om. L*   **20** via] venerit *add. sed del. L*   **23** diaconus] dyaconus *WL*   **24** diaconus] dyaconus *W*   **27** diacono] dyacono *W*   diaconus] dyaconus *W*

LES HEBDOMADIERS

CHAPITRE X

La succession des prêtres hebdomadiers commence par les plus âgés et alterne chaque semaine d'un chœur à l'autre. Lorsque le nombre des prêtres est impair, la tâche des prêtres remonte du dernier au prieur, même s'il est du même chœur. L'hebdomadier qui est le prêtre de la Messe conventuelle, assurera la première Messe pendant la semaine suivante. S'il y a plusieurs Messes le même jour, la répartition de chacune est laissée au choix du chantre. Lorsqu'il faut chanter deux Messes, le prêtre de la première Messe chante la Messe mineure, et l'hebdomadier, la Grand-Messe de la communauté. Aux fêtes où la Grand-Messe revient au prieur, la mineure revient à l'hebdomadier de la Messe conventuelle. Lorsque le prêtre hebdomadier ne peut célébrer la Messe conventuelle ou privée, par motif de révérence ou quand il veut s'en abstenir, il en priera un autre qui, s'il le peut, acceptera avec bonté; si non, il s'excuse humblement.

Si le prêtre hebdomadier est un temps absent, le prêtre plus jeune que lui le supplée. Lorsqu'il est malade ou est envoyé au dehors, s'il ne peut rien faire de toute sa semaine ou peu, celui qui le suit le supplée, et lui-même à son tour, dès qu'il va mieux ou est revenu de voyage, le remplace. Ce que nous avons dit du prêtre hebdomadier sera également observé pour tous les autres hebdomadiers.

150 CONSTITUTIONES CANONICORUM WINDESHEMENSIUM, II

diaconi. Quando plures sunt diaconi vel subdiaconi, quilibet eorum facit ebdomadam suam ministrandi ad Missam et uno non parato, alter 30
supplet vicem illius. Cum vero nullus fratrum est diaconus, ebdomadarius prime Misse ministrat in officio diaconi et sequens eum in ordine
in officio subdiaconi. Ultimus vero sacerdos semper in ministrando vi|
cem prioris supplet. Quando autem duo equalis gradus ad Missam mi- 53v
nistrant, ille legit Evangelium cuius est ebdomada, eciam si iunior in 35
ordine fuerit, nisi cum suppriore ministraverit. Si cuncti fratres fuerint
sacerdotes, duo iuniores faciunt officium versicularii, sed non ebdomadarius.

CAPITULUM UNDECIMUM

DE ARMARIO

Armarius omnes monasterii libros ad divinum officium non spec-
tantes in custodia sua habet, quos eciam nominibus propriis singillatim
annotatos habere debet et per singulos annos bis vel ter exponere et re- 5
censere et, ne in eis aliquid vel tinea vel alia qualibet corruptela infectum
vel exesum sit, diligenter considerare. Prior quoque omnes libros, qui
sub eius custodia servantur, brevi annotatos habere debet, ut sciat unde
racionem exigere debeat, cum opus fuerit. Armarius signat libros. Cum
extra domum ignotis accommodantur, pignus vel cyrographum|recipit 54r
et custodit, nisi priori aliter visum fuerit.

29-31 *SA* I, 43 §60: Quando plures ... vices illius

II, 11, 3-7 *LO* 19, 2-6: Armarius ... considerare   9-11 cf. *LO* 19, 13-18: Armarius
signat ... et custodit

---

29 diaconi[1]] dyaconi *W*   diaconi[2]] dyaconi *WL*   **31** diaconus] dyaconus *W*   **32**
diaconi] dyaconi *W*   **35** Evangelium] Ewangelium *W*

II, 11, **6** infectum] fuerit *add. sed del. L*   **10** cyrographum] cirographum *G*

LES CONSTITUTIONS DE WINDESHEIM, II

151

S'il n'y a qu'un seul diacre, il sert à toutes les Messes conventuelles dans lesquelles un seul diacre est prévu; s'il n'est pas prêt, il en trouve un autre. Aux Messes célébrées avec deux ministres, sauf les fêtes double majeur et au-delà, s'il y a un sous-diacre, il sert dans son office avec un diacre. Mais s'il n'y a pas de sous-diacre, le diacre remplit l'office de sous-diacre et l'hebdomadier de la première Messe, celui de diacre. Quand il y a plusieurs diacres ou sous-diacres, chacun d'eux fait sa semaine de service à la Messe, et si l'un n'est pas prêt, un autre prend sa place. Quand aucun des frères n'est diacre, l'hebdomadier de la première Messe remplit l'office de diacre, et celui qui le suit en rang, l'office de sous-diacre. Le dernier prêtre supplée toujours le prieur comme ministre. Lorsque deux de même degré servent à la Messe, celui dont c'est la semaine lit l'Évangile, même s'il est plus jeune en rang, sauf s'il sert avec le sous-prieur. Si tous les frères sont prêtres, les deux plus jeunes remplissent l'office de versiculaires, mais pas l'hebdomadier.

CHAPITRE XI

LE BIBLIOTHÉCAIRE

Le bibliothécaire a sous sa garde tous les livres du monastère qui ne concernent pas l'Office divin. Il les conservera chacun annoté avec son nom propre et deux ou trois fois par an, les rangera, les recensera et les examinera avec soin pour leur éviter d'être souillés ou rongés par les mites ou par toute autre dégradation. Le prieur aura aussi une liste de tous les livres conservés sous la garde du bibliothécaire pour savoir ce dont il doit demander compte s'il en est besoin. Le bibliothécaire prend note des livres prêtés à des inconnus en dehors de la maison, il reçoit un gage ou un reçu et le garde, à moins que le prieur n'en décide autrement.

On demande les livres au bibliothécaire après Prime, lorsque les frères sortent de la salle de chapitre, chacun disant avec une légère inclination: « un livre ». Lorsque le bibliothécaire est absent, on le demande à l'aîné dans le même chœur. Celui à qui ils sont demandés, les demande au président ou à un aîné; le prieur cependant ne demande pas. Un des frères, désigné par le prieur, demande les livres pour les absents.

152   CONSTITUTIONES CANONICORUM WINDESHEMENSIUM, II

Post Primas codices ab armario petuntur, cum fratres egrediuntur de domo capituli, singulis cum modica inclinacione dicentibus: «Codicem». Cum armarius presens non est, petuntur a seniore in eodem choro. Ille autem a quo petuntur, petit a presidente vel seniore, prior tamen non petit. Unus e fratribus, a priore deputatus, petit codices pro absentibus.   15

Libris autem, quos ab armario accipimus ad legendum, omnem diligenciam curamque prebere monemur, ne pulvere vel alia qualibet sorde maculentur. Libros Veteris ac Noui Testamenti vel eos cum quibus divina celebrantur officia, sine capituli generalis consilio nullus emendare presumat sine exemplaribus domorum nostrarum emendatis, nisi iudicio prioris vel fratrum discretorum error aliquis manifestus appareret. Sic nec communem usum domorum nostrarum in accentibus et in orthographia a quocumque volumus immutari. Porro,|si qua in libris ecclesiasticorum doctorum mendosa vel emendacione digna videantur, priores provideant quantum potuerint, ut ad libros, qui correcti sunt in domibus nostris, si haberi possunt, corrigantur.   20   54v

CAPITULUM DUODECIMUM

DE PORTARIO

Portarius de conversis vel de aliis familiaribus talis constituatur, qui quantum fieri potest, benignus, affabilis et probatus sit moribus. Hic mansionem iuxta portam habere debet, in qua iugiter commoretur, nec moram longam facturus inde discedat, nisi alium vice sua relinquat. Huic magnopere observandum est, ne advenientes deforis aliquo modo   5

18-20 *SA* II, 16 §9: Libris autem ... maculentur   20-24 *SA* I, 1 §4: Libros Veteris ... appareret   25-28 *SA* I, 1 §6: Porro ... corrigantur

II, 12, 3-4 *LO* 15, 2-3: Portarius ... moribus   4-8 *LO* 15, 5-9: Hic mansionem ... contristet

---

18 Libris] libros *W*   18-19 diligenciam] adhibemus *add. sed del. L*   20 maculentur] maculemur *L*   21 consilio] *add. in marg. m. post. W*   23 prioris] priorum *GL* (*SA* I, 1, §4: prioris)   24 nec] *add. in marg. m. post. W*   25 orthographia] ortographia *W*

II, 12, 4 benignus] et *add. W*   5 commoretur] commemoretur *sed corr. G*

Il nous est recommandé de traiter avec soin et prudence les livres que nous recevons du bibliothécaire pour la lecture, afin d'éviter que la poussière ou quelqu'autre souillure ne les tache. Nul ne se permettra de corriger les livres de l'Ancien et du Nouveau Testament ou ceux avec lesquels est célébré l'Office divin, sans l'avis du Chapitre Général ni sans les exemplaires corrigés de nos maisons, sauf si l'erreur était manifeste au jugement du prieur ou des frères de bon conseil. Nous ne voulons pas non plus que ne soit changé par quiconque l'usage commun de nos maisons dans les accents et l'orthographe. De plus, si dans les livres des docteurs de l'Église, des choses apparaissent corrompues ou nécessitant correction, les prieurs veilleront autant qu'ils le peuvent à ce qu'ils soient corrigés d'après les livres corrects de nos maisons, s'ils peuvent s'en procurer.

CHAPITRE XII

LE PORTIER

Le portier sera choisi parmi les convers ou parmi les autres familiers, autant que faire se peut, bon, affable et de bonne conduite. Il doit avoir un lieu de séjour à côté de la porte où il se tiendra continuellement ou ne s'en éloignera pas pour longtemps, sauf s'il laisse un autre à sa place. Qu'il veille surtout à ne contrister d'aucune façon ceux qui viennent du dehors. Cependant, il n'ouvrira pas facilement à ceux qui arrivent le soir à la porte munie d'un verrou spécial que l'on n'ouvre qu'au matin sans avoir su de qui il s'agissait ou le motif de leur venue. Il respectera l'heure de fermer la porte, à savoir le moment où tombe l'obscurité; aux jours les plus longs cependant, c'est la neuvième heure. L'heure d'ouvrir la porte le matin est fixée suivant l'heure de Prime ou, en hiver, lorsque le jour se lève. Entre temps, il n'ouvre pas facilement même à l'un de ceux qui sont à l'intérieur, sans qu'on fasse état d'un motif précis et évident. Car à ce moment-là, il verrouillera la porte par une barre spéciale dont personne n'aura la clé sans un motif particulier et évident au su de toute la communauté. Il ne permettra pas aux femmes d'entrer, à aucun moment, sous aucun prétexte.

154 CONSTITUTIONES CANONICORUM WINDESHEMENSIUM, II

contristet. Eis tamen qui sero ex quo porta speciali clausura clauditur usque mane quando aperitur veniunt, non facile aperire debet, nisi prius personam vel causam cognoverit. Hora claudendi portam servatur, 10 quando tenebre diem obscuraverint, in longioribus tamen diebus circa nonam horam. Hora autem mane aperiendi intelligitur hora Primarum, vel tempore hyemali | quousque clarum mane elucescat. Interim eciam, 55r nec alicui de hiis qui intus sunt, facile aperiat, nisi certam et manifestam causam ostendat. Hoc namque tempore speciali clausura portam ob- 15 serabit, ad quam eciam nemo sine speciali et evidenti causa, cum tocius conventus noticia clavem habeat. Feminas autem quocumque tempore vel quacumque de causa ingredi non permittat.

Pro quo diligenter attendendum, quod omnibus personis domorum nostrarum firmiter inhibetur, ne infra domorum nostrarum 20 septa, fossatis vel signis quibuscumque designata, mulieres ingredi permittant, sed pocius, quantum poterunt, se opponant et defendant, quantum in eis est, ne intrent. Qui vero contra hec mulieres ingredi permiserint, si priores fuerint, sint extra sedes suas per dies quadraginta et tres abstinencias faciant in pane et aqua. Alii vero de ordine per dies 25 quadraginta sint novicii, et obediencias si habent amittant et tres faciant abstinencias in pane et aqua, capitulo predictas disciplinas nichilominus aucturo. Prior tamen potest tales postea in eisdem officiis vel aliis revocare, si utilitati domus viderit expedire et aliud non obsistat. In novis vero domibus, ubi convenienter ex toto excludi | non possunt, nulla- 55v tenus ad officinas claustri admittantur et visitatores committant, ut secundum facultates domorum quantocius ex toto excludantur. Fundatrix tamen integre domus vel domina patrie cum sua comitiva intromitti potest, ad dormitorium tamen et cellas fratrum, si fieri potest, non admittatur. Possunt tamen femine per segregatum introitum in retro 35 ecclesiam extra cancellos intrare, et inibi cum viris secularibus divina audire. Quando eciam ecclesie nostre primo dedicantur, licet feminis ecclesias nostras ingredi intra cancellos et claustrum, sed non dormito-

---

8-10 *LO* 15, 11-13: Eis tamen ... cognoverit   **17-18** *LO* 15, 57-58: Feminas ... permittat   **19-29** *SN* II, 6 §22: omnibus personis ... non obsistat   **37-38** *SA* II, 26 §5: Quando eciam ... ingredi

---

13 hyemali] hiemali *G*   elucescat] illucescat *GL*   **22** quantum] *iter. sed del. L*   **27** predictas] abstinencias *add. sed del. L*   **33** integre] *iter. sed del. L*   **34** et] ad *add. L*   **35** admittatur] admittantur *L*   **37** feminis] feminas *W*   **38** ecclesias nostras] *inv. sed corr. W*

LES CONSTITUTIONS DE WINDESHEIM, II

Ce point doit être connu avec exactitude qu'il est fermement prohibé à toutes les personnes de nos maisons de permettre à des femmes d'entrer dans les enceintes de nos maisons, délimitées par des fossés ou par tout autre signe, mais plutôt de s'y opposer autant qu'ils le peuvent et, de toutes leurs ressources, de les empêcher d'entrer. Ceux qui, contre cette loi, auront permis à des femmes d'entrer, s'ils sont prieurs, seront hors de leur charge pendant quarante jours et feront trois jours d'abstinence au pain et à l'eau. Les autres membres de l'Ordre seront novices quarante jours durant, perdront leur charge s'ils en avaient une et feront trois jours d'abstinence au pain et à l'eau. Bien que le Chapitre puisse augmenter ces mesures précitées, le prieur a cependant la possibilité de rappeler de tels frères à leur charge ou de les nommer à d'autres, s'il le trouve utile à la maison et que rien ne s'y oppose. Dans les maisons nouvelles, d'où l'on ne peut aisément exclure les femmes tout à fait, on ne les admet en aucune façon dans les ateliers du cloître pour accompagner les visiteurs, de façon que, suivant les possibilités des maisons, elles soient dès que possible tout à fait exclues. Cependant, la fondatrice d'une maison achevée ou la souveraine du pays peut être introduite avec sa suite. Elle ne sera pourtant pas admise au dortoir et aux cellules des frères, si cela se peut. Les femmes peuvent entrer à l'église par l'entrée séparée du fond, de l'autre côté de la grille du chœur derrière les bancs et suivre de là les célébrations avec les hommes séculiers. Lors de la première dédicace de notre église, l'accès du chœur et du cloître est permis aux femmes, mais pas celui du dortoir. Dans les maisons nouvelles, qu'elles ne soient pas non plus admises, alors ou à tout autre moment, à prendre un repas ou à loger dans l'enceinte ou à y rester un long moment. Qu'elles entrent et qu'elles sortent en plein jour.

156 CONSTITUTIONES CANONICORUM WINDESHEMENSIUM, II

rium. Nec sinantur tunc vel quocumque tempore, in domibus novis ullatenus infra septa comedere vel dormire, seu longam moram facere. Et 40
clara die ingrediantur et egrediantur.

Ad officium quoque portarii pertinet mendicantibus elemosinas
erogare. Ad quas erogandas reliquias aliquas, tam de panibus quam de
aliis cibariis, afferre debet et eas iuxta se reponere. Mendicos seculi et
vagos non facile intromittat, nec ad hospitandum sine evidenti necessi- 45
tate introducat.

CAPITULUM DECIMUM TERCIUM

DE HOSPITARIO

Hospitarius eligatur unus de conversis sive alius | fidelis moribus et 56r
disciplina, quantum fieri potest, eruditus, qui supervenientes hospites
devote suscipiens et omnibus honorem congruum impendens, maxime 5
religiosis et devotis, sciat singulis prout religio exigit, morem gerere et
deferre obsequium. Ipse eciam exhortatur hospites advenientes, ut eant
ad oracionem. Si priorem aut aliquem ex fratribus petant, non ducit eos
ad dormitorium vel claustrum fratrum vel alibi, ubi conventus simul est,
sed nunciat de eis priori, ut ipse vel alius quem petunt de licencia eius, 10
ad eos egrediatur.

Caveantur autem colloquia vel interrogaciones cum hospitibus de
rumoribus vel negociis seculi, sed magis exhortentur ad emendacionem
vite et contemptum mundi. Debet eciam hospitarius hospitum pedes
lavare vel facere lavari, cum opus est et de quibus sibi videtur, vel tantum 15
aquam calidam eis apponere, ut ipsi se lavent si se lavari non permittunt.

43-44 *LO* 14, 28-29: reliquias ... cibariis

II, 13, 3-7 *LO* 17, 2-5: Hostiarius ... deferre obsequium   7-8 *LO* 17, 17: ut eant ad
oracionem

---

40 comedere] commedere *W*   44 Mendicos] medicos *L*

II, 13, 4 disciplina] in *add. W*   6 religio] postulat *add. sed del. L*   16 eis] *om. W*

LES CONSTITUTIONS DE WINDESHEIM, II   157

Il revient aussi à la charge du portier de distribuer les aumônes aux mendiants. Il doit pour cela recueillir les restes de pain et d'autres aliments, et les garder auprès de lui. Il ne recevra pas facilement les mendiants laïcs et les vagabonds, et ne les introduira pas à l'hôtellerie, sans une évidente nécessité.

CHAPITRE XIII

L'HÔTELIER

On choisira comme hôtelier l'un des convers ou quelqu'autre fidèle formé autant qu'il se peut à la bonne conduite et à la discipline. Recevant avec empressement les hôtes qui arrivent, il leur témoigne à tous le respect qui convient, surtout aux religieux et aux dévots. À l'égard de chacun d'eux, il saura, comme le demande l'état religieux, bien se comporter et leur rendre honneur. À leur arrivée, il invite les hôtes à aller à l'oratoire. S'ils demandent le prieur ou un autre frère, il ne les conduit pas au dortoir ou au cloître des frères ou ailleurs, là où la communauté se trouve assemblée, mais annonce au prieur qu'ils le demandent lui ou un autre, et qu'il permette que celui-là sorte pour les rencontrer.

Avec les hôtes, qu'ils se gardent de conversations ou de questions à propos des rumeurs et des affaires du monde, mais qu'ils les invitent plutôt à la réforme de leur vie et au mépris du monde. C'est aussi de son devoir de laver ou de faire laver les pieds des hôtes si c'est nécessaire et si cela leur plaît, ou seulement leur apporter de l'eau chaude pour qu'ils se lavent eux-mêmes, s'ils ne lui permettent pas de le faire.

158 CONSTITUTIONES CANONICORUM WINDESHEMENSIUM, II

Pro dormicione hospitum generaliter culcitre habeantur, possunt tamen propter aliquos lecti pauci haberi.

Feminis, que ad hospitandum suscipiende sunt, sive de seculo sive de religione fuerint, prior in villa hospicium providere debet, et ibi quod 20 opus est ministrare. Quibus tamen extra fores monasterii cibus|et po- 56v tus dari potest, cum morature non sunt. Prior de facili non concedat alicui fratrum licenciam loquendi cum mulieribus absque teste, excepto procuratore. Caveat eciam quicumque prior vel frater loqui cum femina, nisi in loco aperto ubi ab aliis possit videri, excepta matre vel 25 sorore, nec aliquis mulieri alicui manum nudam porrigat.

Explicit pars secunda constitucionum.

19-21 *LO* 17, 210-213: Feminis ... ministrari   **22-23** cf. *LO* 17, 216: Prior ... absque teste

---

17 generaliter culcitre] *ras. sed in ras. scr. m. post.* culcitre et lecti *G*   **17-18** possunt ... haberi] *ras. sed in ras. scr. m. post.* secundum disposicionem priorum et exigenciam personarum *G*   **23** fratrum] fratri *W* (*LO* 17, 216: nullus fratrum)

Pour le sommeil des hôtes, on aura en général des matelas; on peut cependant avoir quelques lits pour certains.

Pour les femmes qu'il faut recevoir à loger, qu'elles soient laïques ou religieuses, le prieur prévoira un logement dans une maison, et fournira là tout ce qui est nécessaire. On peut cependant leur offrir nourriture et boisson en dehors du monastère, lorsqu'elles ne restent pas longtemps. Le prieur n'accordera pas aisément la permission à un frère de s'entretenir avec les femmes sans témoin, sauf au procurateur. Que chacun, prieur ou frère, veille à ne parler à une femme que dans un endroit public où il puisse être vu par d'autres, sauf quand il s'agit d'une mère ou d'une sœur, et personne ne tendra une main nue à une femme.

Ici s'achève la deuxième partie des Constitutions.

⟨TERCIA PARS⟩

INCIPIUNT
CAPITULA TERCIE PARTIS

De suscepcione et institucione noviciorum   capitulum .i.
De professione et ordine professorum   capitulum .ii.
Qualiter se fratres habeant in horis regularibus   capitulum .iii.
Qualiter se habeant in Missa conventuali et de Missis privatis
                          capitulum .iv.
De capitulo culparum   capitulum .v.
De silencio et labore   capitulum .vi.
De refectorio   capitulum .vii.
De ieiuniis   capitulum .viii.
De collacione   capitulum .ix.
De dormitorio   capitulum .x.
De communione   capitulum .xi.
De itinerantibus   capitulum .xii.
De tonsura   capitulum .xiii.
De minucione   capitulum .xiv.

III, Cap., **1** Tercia pars de communibus observanciis clericorum *W*

⟨TROISIÈME PARTIE⟩

CHAPITRES DE LA TROISIÈME PARTIE

I. La réception et la formation des novices
II. La profession et l'ordre des profès
III. La manière dont les frères se comportent durant les Heures canoniales
IV. Comment les frères se comportent pendant la Messe conventuelle et les Messes privées
V. Le chapitre des coulpes
VI. Le silence et le travail
VII. Le réfectoire
VIII. Les jeûnes
IX. La collation
X. Le dortoir
XI. La communion
XII. Les voyages
XIII. La tonsure
XIV. La saignée

162 CONSTITUTIONES CANONICORUM WINDESHEMENSIUM, III

CAPITULUM PRIMUM
DE SUSCEPCIONE
ET INSTITUCIONE NOVICIORUM

|In suscipiendis ac instituendis noviciis cautelam et diligenciam 57r
maximam adhibendam esse decernimus pro eo quod sepe mali qui cor- 5
repcionem non paciuntur suscepti bonisque admixti graves molestias
religioni inferre soleant, et boni post suscepcionem sine erudicione de-
relicti grave detrimentum in negligencia religionis sustinere. Pro suscepcione igitur quorumlibet adveniencium et habitum religionis concedi
sibi postulancium, hanc primum discrecionem ac sollicitudinem tenen- 10
dam esse censemus, ut neque pro dignitate generis neque pro multitu-
dine diviciarum, sive qualibet alia re ad pompam vel avariciam huius
seculi pertinente, aliqui suscipiantur quorum consorcium vel pro pravitate morum suorum, vel aliorum qui ad eorum societatem aut cognaci-
onem pertinuerint, vexacione et importunitate ceteris in religione 15
constitutis nocivum ac pestilenciosum, aut eciam ignominiosum, fore
sciatur. In hiis vero qui suscipien|di fuerint, primum bonos mores, 57v
precipue ut mansueti ac tractabiles sint correctionisque sue non impa-
cientes, considerandos esse monemus. Ignotos autem probabile testimonium non afferentes ante probacionem dimidii anni non recipimus, 20
nisi conventus unanimiter vel saltem tres partes conventus magis
accelerandum iudicaverint. In quo tempore probandi sunt, utrum proposito sint constantes ac pompis seculi perfecte renuncient per abiectionem vestium secularium, per exercicia laboris et humiliacionis, per
promptam obedienciam ad queque iniuncta et aspera, per mortificaci- 25
onem voluntatis et sensus proprii, per observanciam silencii et quietis,
per sedulitatem in lectionibus sacris et oracionibus, per gratam suscepcionem increpacionum et correctionum, per alacritatem in vigiliis et abstinenciis, per promptitudinem ad confessionem peccatorum et
revelacionem temptacionum et per quelibet alia similia, in quibus pro- 30

III, 1, **4-19** *LO* 22, 2-19: In suscipiendis ... considerandos

---

III, 1, **4** ac] et *GL* **9** igitur] ergo *L* **10** primum] primam *W* (*LO* 22, 9: primum) **13** pertinente] pertinentem *W* (*LO* 22, 12: pertinente) **16** ac] et *W*,
aut *L* **22** accelerandum] iudicent *add. sed del. L* iudicaverint] iudicaverit *G* **23**
renuncient] renuncicient *W* **25** aspera] et *add. W* **26** proprii] et *add. W*

LES CONSTITUTIONS DE WINDESHEIM, III

CHAPITRE PREMIER
LA RÉCEPTION
ET LA FORMATION DES NOVICES

Pour la réception et la formation des novices, nous décidons qu'il faut déployer la plus grande prudence et diligence parce que souvent, les mauvais sujets qui ne supportent pas la correction, une fois reçus et mêlés aux bons causent habituellement de graves dommages à la vie religieuse, et parce que les bons, reçus mais laissés sans formation, subissent un grave préjudice de la négligence de la vie religieuse. Et donc pour la réception de tous ceux qui se présentent et demandent de recevoir l'habit religieux, nous pensons que le premier discernement et soin qu'il faut pratiquer est le suivant: ni la dignité de la famille, ni l'abondance des richesses ou quoi que ce soit qui tienne aux pompes ou à la cupidité de ce siècle n'en fassent accepter quelques-uns dont on sache que leur fréquentation, leurs mœurs dévoyées ou celle d'autres de leur compagnie ou de leur parenté, fera d'eux de par leur turbulence fâcheuse pour tous les autres déjà établis dans la vie religieuse, une nuisance et une peste et même un déshonneur. En ceux qui doivent être reçus, nous engageons à examiner en premier lieu s'ils sont de bonne conduite, et particulièrement doux, faciles et patients sous la correction. Nous ne recevons pas avant une probation de six mois les inconnus qui n'apportent pas une recommandation convaincante, à moins que la communauté, unanimement ou aux trois-quarts des voix, demande qu'on aille plus vite. Pendant ce temps, ils devront faire la preuve de constance dans leur décision et de leur parfait renoncement aux fastes du monde, en renonçant aux habits mondains, en pratiquant travail et humiliation, par une prompte obéissance à ce qui leur est enjoint, même rude, par la mortification de la volonté et du jugement propres, par l'observance du silence et du calme, par l'assiduité aux lectures saintes et aux oraisons, par l'accueil reconnaissant des reproches et des corrections, empressés aux Vigiles et abstinences, prompts à confesser leurs péchés, à s'ouvrir de leurs tentations et toutes choses semblables par lesquelles on peut vérifier s'ils veulent vraiment mourir au monde et à eux-mêmes, vivre pour Dieu en marchant saintement dans la vie religieuse.

Nous ne recevons pas les enfants ou les adolescents qui n'ont pas dix-huit ans accomplis. Qu'une maison ne se permette pas non plus, sans la permission du Chapitre Général, d'admettre à la probation ou à la profession un frère clerc ou convers d'une autre maison de notre

164 CONSTITUTIONES CANONICORUM WINDESHEMENSIUM, III

bari possit, an veraciter mundo et sibi ipsis|mori et Deo in profectu 58r
sancte religionis vivere velint.

Pueros sive adolescentulos qui decimum octavum annum nondum
attigerint non recipimus, nec eciam aliquem fratrem clericum vel conversum, de aliqua domo ordinis nostri vel alterius, ad probacionem seu 35
professionem aliqua domus admittere presumat sine licencia capituli
generalis. Duo eciam fratres germani non recipiantur ad ordinem in una
domo neque pater cum filio, nisi de licencia eque capituli generalis, cum
tres partes conventus recipientis id desideraverint. Et si tales recepti
fuerint, posterior vocem non habebit in capitulo, nisi de licencia capi- 40
tuli generalis sibi concedatur. Idem in domibus monialium observandum est. A novicio nec vestis nec aliquid aliud exigatur, ne exigens, quod
absit, illius Extravagantis domini Urbani quinti que incipit *Ne in vinea*
penam incurrat. Prioratum quoque prior et procuracionem procurator
amittat, si eis|scientibus exactio iam venit ad effectum. 58v

Cum igitur de aliquo nobis placuerit ut ad suscepcionem habitus
nostri recipiatur, observancia regule et constitucionum nostrarum sibi
proponenda est, ut sciat qualibus institutis et preceptis se subdere queat.
Qui, si a proposito suo nullo timore austeritatis averti potuerit, examinandus est, si legere et cantare noverit et possit, propter quod ad chori 50
frequentacionem die noctuque admittendus est. Deinde, cum priori visum fuerit, per aliquem de fratribus ad instandum pro suscepcione
habitus ammoneatur. Qui die statuto in capitulum veniens ad pedes
prioris se prosternet, priore autem interrogante: «Que est peticio
tua?», ita iacens respondeat: «Peto Dei misericordiam et vestram con- 55
fraternitatem». Deinde, ad iussionem prioris stans in genibus, queratur
ab eo coram omnibus, si de ordine aliquo exierit, si liber sit, si alicui mu-
lieri spoponderit fidem,|si voto aliquo obligatus, si absque occulto et 59r
incurabili sit morbo, si de querelis vel debitis satisfecerit, si legittimus
sit, si possit ad sacros ordines promoveri. Quo ad singula respondente, 60

---

33 *SA* II, 23 §1: Pueros ... recipimus   42 *SA* II, 23 §2a: A novicio ... exigatur   **44-45**
SA II, 23 §2d: Prioratum ... ad effectum   **49-50** *SA* II, 23 §4: examinandus ... nove-
rit et possit   **53-56** *LO* 22, 101-105: in capitulum ... confraternitatem   **60** *SA*
II, 23 §4: si possit ... promoveri

---

31 possit] possint *W*   **32** religionis] velint *add. sed del. L*   **34** clericum]
om. W   **43** vinea] Domini *add. W*   **48** queat] querat *G*   **59** vel] et *W*   satisfece-
rit] satisfecit *W* (*SA* II, 23, §3: satisfecerit)   legittimus] legitimus *G*

LES CONSTITUTIONS DE WINDESHEIM, III 165

Ordre ou d'un autre. Que deux frères germains ne soient pas reçus dans une même maison de l'Ordre, ni le père et son fils sans demander aussi la permission du Chapitre Général, avec un vote positif des trois-quarts de la communauté d'accueil. S'ils sont reçus, le deuxième n'aura pas de voix au chapitre, sauf si le Chapitre Général le lui concède. Ceci est également de règle dans les maisons de moniales. Qu'on n'exige rien d'un novice en fait de vêtement ou d'autres choses, de peur qu'en l'exigeant, ce qu'à Dieu ne plaise, on n'encoure la peine prévue par la Bulle *Ne in vinea* du Pape Urbain V. Le prieur perdrait le priorat et le procurateur, sa charge, si l'exaction était déjà effective au su de ces derniers.

Lorsqu'il nous semblera bon d'admettre quelqu'un à recevoir notre habit, les observances de la règle et de nos Constitutions doivent lui être présentées pour qu'il sache à quelle règle de conduite et à quels préceptes il s'apprête à se soumettre. Si nulle peur de l'austérité ne peut l'écarter de sa décision, on doit examiner s'il sait et peut lire et chanter, à cause de quoi il sera admis à fréquenter le chœur de jour et de nuit. Ensuite, lorsqu'il semblera opportun au prieur, qu'il lui fasse donner des avis par un des frères pour se préparer à recevoir bientôt l'habit. Au jour fixé, venant au chapitre, qu'il se prosterne aux pieds du prieur qui l'interrogera: « Que demandes-tu? » Ainsi allongé, qu'il réponde: « Je demande la miséricorde de Dieu et le partage de votre confraternité ». Se relevant ensuite sur l'ordre du prieur, et restant à genoux, qu'il lui soit demandé devant tous s'il est sorti d'un autre ordre, s'il est libre, s'il a promis mariage à une femme, s'il est lié par un vœu, s'il n'est pas atteint d'une maladie cachée et incurable, s'il a fait réparation pour des plaintes ou des dettes, s'il est enfant légitime, s'il peut être admis aux ordres sacrés. Après ses réponses sur chaque point, que le prieur s'efforce de montrer avant tout la rigueur de l'Ordre, et quelles difficultés et tentations il devra nécessairement éprouver dans la vie régulière, en s'interdisant ses volontés propres et en s'attachant à l'obéissance. Il lui expliquera aussi quelle exactitude est demandée dans toute l'observance de la règle à ceux qui en ont fait profession, et combien sévèrement sont jugés les négligents et les rebelles et il lui exposera toutes les autres choses parmi les plus rudes et pénibles de l'Ordre. Qu'il lui demande s'il est prêt à tout cela pour son salut, afin qu'il déclare sa volonté devant tous. Alors, s'il demeure inébranlable, il répondra qu'il se confie à la seule bonté de Dieu et aux prière des frères pour exécuter tout cela selon que la clémence divine le lui accordera. Que le prieur dise encore: « Que le Seigneur te donne d'accomplir tout cela pour que tu puisses parvenir à la vie éternelle ». Ensuite, s'agenouillant aux pieds du prieur, ou du sous-prieur si

166 CONSTITUTIONES CANONICORUM WINDESHEMENSIUM, III

primo omnium prior difficultatem ordinis et quas molestias ac tempta-
ciones in conversacione regulari, in prohibendis propriis voluntatibus et
obediencia sectanda sustinere necesse sit studeat demonstrare, predi-
cens eciam quanta districtione omnis observancia regule ab eis exigatur,
qui eam professi fuerint, et quam severe negligentes et rebelles iudicen- 65
tur, et cetera, que in ordine duriora et asperiora fuerint, exponens. Interroget si ad hec omnia pro salute sua paratus sit, ut coram omnibus
voluntatem suam aperiat. Tunc, si imperterritus manens responderit se
de sola Dei pietate fratrumque oracionibus confisum ea, prout divina
clemencia concesserit, impleturum, iterum prior dicat: «Dominus det 70
tibi hec omnia ad|implere, ut ad vitam eternam possis pervenire». 59v
Deinde, ad prioris pedes vel supprioris, si prior absens fuerit et huiusmodi recepcionem ei commiserit, genua flectens, iunctas manus inferat
intra manus prioris et prior ei dicat: «Ex parte Dei et nostra recipimus
te et concedimus tibi fraternitatem nostram». Et proponat eidem quod 75
ante professionem potest liber exire. Et sicut est in opcione eius exire,
ita est in nostra eum expellere, si nobis, quod absit, conversacio eius non
placuerit, ac deinde diem ei, quo investiendus sit, prior constituet.
Quod, si statim non sit paratus indui, certus ei terminus ad quem venire
debeat prefigatur, ad quem si non venerit, nos ei non tenebimur. Inte- 80
rim vero de debitis et aliis negociis, que expediri oportet et decet, quantum potest, se expediat.

   Appropinquante igitur die, per aliquem de fratribus ammonetur ut
priori de vita sua preterita confessionem, si non fecit, faciat et ad inve-
sticionem et sacram communionem|se disponat. In ipso vero die, finita 60r
hora que precedit Missam maiorem, fratres ad sacristiam conveniunt,
ibique vestibus suis exuitur et habitum sancte religionis induitur.
Deinde, postquam prior cum ministris ad altare accesserit, adducitur et
ad gradum altaris prosternitur. Cantatoque ymno *Veni Creator* cum

---

61-63 *LO* 22, 89-92: primo omnium ... demonstrare   63-68 *LO* 22, 109-114: pre-
dicens ... aperiat   68-70 *SA* II, 23 §6: si imperterritus ... impleturum   70-71 *LO*
22, 115-117: iterum ... pervenire   72-78 *SA* II, 23 §8: Deinde ad ... non placuerit   79-80 *SA* II, 23 §7: Quod si statum ... non tenebimur

---

66 cetera que in ordini duriora] d. c. q. i. o. *W*   73 manus] *add. in marg. m.
post. W*   76 potest liber exire] l. p. e. *L*   77 est] et *add. W*   83 appropinquante]
apropinquante *W*, aproppinquante *G*   84 preterita] si non *add. sed del. L*   84-85
investicionem] investionem *sed in marg. add.* ci *W*   88 prior] *scr. in ras. W*   89
cantatoque] cantato *W*

LES CONSTITUTIONS DE WINDESHEIM, III

le prieur est absent et lui a confié cette réception, qu'il place ses mains jointes entre celles du prieur qui lui dira: « De la part de Dieu et de la nôtre, nous te recevons et t'accordons notre fraternité ». Qu'il l'informe qu'avant sa profession, il est libre de s'en aller. Et tout comme il a le choix de s'en aller, nous l'avons de le refuser si, ce qu'à Dieu ne plaise, sa conduite ne nous plaît pas. Que le prieur fixe ensuite le jour où il devra recevoir l'habit. S'il n'est pas prêt aussitôt à le recevoir, qu'on lui fixe une date à laquelle il doit se présenter; s'il n'y vient pas, nous ne serons pas liés à son égard. Entre-temps, qu'il se libère autant qu'il le peut des dettes et autres affaires qu'il faut et convient de régler.

À l'approche du jour, qu'un des frères le prévienne de faire au prieur la confession de sa vie passée, s'il ne l'a pas déjà faite, et qu'il se prépare à la vêture et à la Sainte Communion. Le jour même, après la récitation de l'Heure qui précède la Grand-Messe, les frères se rassemblent à la sacristie où on le dévêt de ses vêtements et on le revêt de l'habit religieux. Puis après que le prieur se soit approché de l'autel avec les ministres, on le conduit et il se prosterne sur les marches de l'autel. Après qu'on ait chanté l'hymne *Veni Creator* avec le verset *Emitte* et les Collectes *Deus qui corda* et *Da nobis quesumus Domine*, il est reçu par le prieur et chacun des frères avec le baiser de paix.

Le novice est revêtu d'un rochet sans manches pendant tout le temps de son noviciat, pour le distinguer par l'habit, des profès; il occupe la dernière place, il ne porte pas l'aumusse pendant l'été, mais un capuce ouvert – même s'il a déjà reçu les ordres – qu'il doit déposer pourtant, lorsqu'il sert à l'autel ou qu'il porte les cierges comme cérofraire. La tâche de chanter les versets dans son chœur lui revient à lui seul, et s'ils sont plusieurs novices, ils alternent les tours, sauf si le prieur juge bon de faire autrement.

Que le novice, une fois revêtu de l'habit, remette tous ses biens au prieur, et que ce soit le prieur ou celui à qui il l'ordonnera, et non lui-même, qui les gardera. Avant sa profession, que le novice dispose de ces choses selon le moment et la manière conseillés par le prieur. Que le novice soit confié à un des frères de bon témoignage pour qu'il l'instruise avec soin comment faire les inclinations, marcher, se tenir debout et tout geste; comment il doit garder les yeux baissés et surveiller son regard, comment parler à voix basse et sans hâte, comment montrer en toute sa conduite un signe d'humilité. Qu'il lui enseigne à lire et à chanter à voix haute ou basse, selon que le temps le requiert, et ce qu'il fera en public, il s'y essayera et s'y habituera d'abord devant son maître en

168 CONSTITUTIONES CANONICORUM WINDESHEMENSIUM, III

versiculo *Emitte* et Collecta *Deus qui corda* et *Da nobis quesumus Do-* 90
mine, a priore et a singulis fratribus in osculo pacis suscipitur.

Induitur autem novicius subtili sine manicis per omne tempus sui noviciatus, propter distinctionem ab habitu professorum, et novissimum locum tenet, nec utitur almucio per estatem sed aperto capucio, eciam si in sacris fuerit constitutus, quod tamen deponere debet cum ad 95 altare ministrat vel cereos in officio ceroferarii gestat. Officium cantandi versiculos in suo choro solus exequitur et, si plures fuerint, vices suas alternant, nisi forte priori de aliquo aliter visum fuerit.

Novicius, postquam | vestitus fuerit, tradat res suas priori ex integro, 60v et non ipse sed prior vel cui iniunxerit eas custodiat, de quibus quando- 100 cumque et quomodocumque novicius ante professionem ordinare voluerit, iuxta disposicionem ipsius fiat. Commendetur autem uni e fratribus boni testimonii, qui diligenter instruat eum de inclinacionibus, de incessu, statu et omni gestu suo, quomodo debeat oculos demissos et custoditos habere, submisse et non festinanter loqui et in omnibus 105 moribus signum humilitatis ostendere. Doceat quoque eum legere et cantare alta et demissa voce, prout tempora deposcunt, et ea que in publico acturus fuerit coram magistro suo prius in secreto, si indiget, pretemptet et assuescat. Doceat eciam eum quomodo ad priorem et ad ceteros fratres loqui et reverenciam, maxime priori, exhibere debeat. 110

Precipue autem ammonebit eum frequenter, ut mores et consuetudines seculares studeat mutare in melius atque mala que gessit con|fi- 61r tendo et lacrimis puniendo vicia eciam et carnales concupiscencias reprimendo, propriam quoque voluntatem et consilium propter bonum obediencie mortificando et humilia queque et viliora et quoscum- 115 que labores libenter amplectendo, exuat «veterem hominem cum actibus suis» et deinde virtutes sectando efficiatur novus homo in Christo.

---

91 *SA* II, 23 §9: a priore ... suscipitur   **99-102** *SA* II, 23 §17: Novicius ... ipsius fiat   **103-105** *LO* 22, 229-233: diligenter instruat ... festinanter loqui   **106-109** *LO* 22, 246-248: legere et cantare ... assuescat   **109-110** *LO* 22, 234-235: quomodo ... debeat   **116-117** Col 3,9: veterem hominem cum actibus suis

---

90 quesumus] *add. in marg. m. post. W*   **91** osculo] osculum *L*   **92** sui] *om. L*   suo choro] *inv. GL*   **102** disposicionem] eius fiat *add. sed del. L*   **104-105** demissos] dimissos *W* (*LO* 22, 232: demissos)   **107** demissa] dimissa *W* (*LO* 22, 246: demissa)   **110** et] *om. W*   **115** et^2] *om. L*

privé, s'il en est besoin. Qu'il lui apprenne encore comment parler au prieur et aux autres frères et témoigner du respect, surtout au prieur.

Avant tout, il l'invitera fréquemment à s'efforcer d'améliorer sa conduite et ses habitudes séculières, et, en confessant le mal qu'il a commis et en se repentant avec larmes, en réprimant aussi ses vices et ses convoitises charnelles, en mortifiant également sa volonté et son jugement propres, à cause du bien de l'obéissance et en embrassant volontiers tout ce qui est humble et vil et toutes sortes d'efforts, il l'invitera à se dévêtir du « vieil homme et de ses façons d'agir » et devienne ensuite un homme nouveau dans le Christ en suivant les vertus.

Pour qu'il puisse y parvenir plus parfaitement en étant comme mort au monde et à lui-même, qu'il ne s'ingère en rien de lui-même aux démarches extérieures ni aux affaires de la maison, de façon privée ou publique. Cherchant à vivre pour Dieu seul, qu'il garde avec soin sa cellule et le calme; qu'il fuie la torpeur dans le loisir en donnant toute son attention aux lectures sacrées, aux oraisons, à la componction du cœur et aux méditations; ou encore au travail des mains en cellule ou dehors, comme cela lui sera enjoint, selon la norme de notre commune façon de vivre; ou encore en apprenant ce qui concerne notre commune conduite et l'authentique vie religieuse, qu'il habitue et dispose son esprit au progrès spirituel, suivant les conseils et l'enseignement de son maître. Et pour qu'il puisse de façon plus saine veiller à lui-même, il doit souvent faire connaître à son maître toutes ses tentations et les pensées secrètes de son cœur et toute sa conduite, sans vouloir rien tenir caché envers lui ou envers le prieur de la maison. Il ne doit pas se mêler de lui-même aux conversations ou travaux des autres, mais témoigner à tous du respect; qu'il ose à peine dire quelque chose en présence des autres, et apprenne à répondre avec réserve et respect humblement et en peu de mots à ce qu'on lui demande. Qu'il s'habitue surtout à arriver à toutes les actions de la communauté où il faut qu'il soit présent, surtout à l'Office divin de jour et de nuit, l'esprit dévot en grande alacrité et ferveur, avec dévotion et ponctualité. Son maître doit souvent considérer son attitude quotidienne et si ses actions ont enfreint en trop ou trop peu ce qu'il fallait, qu'il le reprenne en privé et l'instruise comme il convient.

Quand il se rend coupable de quelque faute pour laquelle le novice doit être proclamé en chapitre, que son maître le corrige, et comme c'est la coutume en chapitre, qu'il lui fasse demander pardon en sa présence à genoux ou prosterné. Parfois aussi, en présence de chacun des frères et surtout des aînés, il lui fera demander pardon et le suffrage de la prière, pour obtenir l'amendement de sa vie et la stabilité. S'ils sont plusieurs,

170 CONSTITUTIONES CANONICORUM WINDESHEMENSIUM, III

Quod, ut perfectius consequi valeat, tamquam mortuus mundo et sibi ipsi, de nullis forensibus rebus seu negociis domus privatim aut publice se aliquo modo intromittat. Soli Deo vivere querens, celle et quietis sue studiosus observator, ocio torpere refugiat, lectionibus sacris et oracionibus et compunctioni cordis et meditacionibus vel eciam labori manuum in cella seu foris, prout sibi iniunctum fuerit, secundum communis institucionis normam insistendo, seu in discendo ea, que ad nostram communem institucionem et ad veram religionem pertinent, animum suum ad spiritualem profectum cum magistri sui consilio et erudi|cione assuefaciat et componat. Et, ut sibi salubrius consulere valeat, temptaciones quasque et secreta cordis sui et omnem conversacionem suam sepius magistro suo manifestare debet, nec quidquam habeat quod sibi vel priori domus occultum esse velit. Nec debet colloquiis aliorum aut operibus se ultro ingerere, sed omnibus honorem deferendo vix audeat aliquid coram aliis proferre et ad interrogata cum verecundia et timore humiliter et paucis discat verbis respondere. Ad communes vero conventus, ubi ipsum oportet presentem existere, maxime in divino officio, die noctuque tota alacritate et fervore spiritus assuescat devotus et tempestivus occurrere. Debet eciam magister suus cottidianam conversacionem eius et, si quid minus vel amplius quam oportet egerit, frequenter considerare, ut eum secrete corripiat et instruat ut oportet.

Quando autem in aliquo offenderit, pro quo in capitulo clamandus|esset, corripiat eum magister suus et, sicut in capitulo moris est, coram se veniam flexis genibus vel prostrato corpore petere faciat. Aliquando eciam coram singulis fratribus et maxime coram senioribus veniam et suffragium oracionis pro sua emendacione et stabilitate petere faciat. Sed et si plures fuerint, quandoque capitulum eis teneat instruens illos ut de offensis suis invicem se clament et clamati veniam petant, ut et ordinem tenere et negligencias assuescant precavere. Quod, si novicius sacerdos vel diaconus vel subdiaconus fuerit, nequaquam ad

---

120-121 *SA* II, 23 §23: negociis domus ... intromittat   **140-142** *LO* 22, 249-251: Quando autem ... petere faciat   **145-147** *LO* 22, 251-253: Sed et ... precavere   **147-150** *LO* 22, 324-327: Quod si ... instructus fuerit

---

119 quod] n *add. sed del. G*   **129** omnem] communem *L*   **130** quidquam] quicquam *L*   **132** se ultro] *inv. L*   **133** vix] aliquid *add. sed del. G*   **134** communes] omnes *W*   **137** occurrere] accurrere *G*   cottidianam] cotidianam *GL*   **147** et²] *om. L*   **148** diaconus] dyaconus *WL*   subdiaconus] subdyaconus *WL*, nequaquam] nequa *et add. in marg.* quam *W*

qu'il leur tienne souvent chapitre, en les instruisant à s'avouer leurs fautes les uns aux autres, en sorte qu'ils se proclament les uns les autres pour leurs offenses et, une fois proclamés, s'en demandent pardon pour qu'ils s'habituent à garder l'ordre et à éviter les négligences à l'avance. Si un novice est prêtre, diacre ou sous-diacre, il n'est point admis au ministère de l'autel avant que le prieur ne le commande, et qu'il n'ait d'abord été soigneusement instruit de notre façon et de notre coutume. On ne recevra la profession d'aucun novice avant le terme d'une année sans la permission du Chapitre Général ou du Prieur Supérieur. En attendant, aucune charge ne lui est confiée, et il ne sera pas envoyé en dehors du monastère sans un motif important et évident. Que le prieur ne lui accorde pas facilement de parler avec des gens de l'extérieur, sinon en sa présence ou celle d'un frère éprouvé, surtout là où l'on craint un risque d'incertitude.

172 CONSTITUTIONES CANONICORUM WINDESHEMENSIUM, III

ministerium altaris admittitur donec prior iusserit et nisi prius iuxta
modum et consuetudinem nostram diligenter instructus fuerit. Nullius 150
eciam novicii professio ante explecionem unius anni recipienda est sine
licencia capituli generalis vel prioris superioris. Interim vero nulla ei
obediencia committitur, nec sine magna et eviden|ti causa extra mona- 62v
sterium mittatur. Nec prior de facili concedat ut cum extraneis loquatur, nisi seipso presente vel alio fratre probato, maxime ubi timetur 155
periculum retractionis.

CAPITULUM SECUNDUM

DE PROFESSIONE ET ORDINE PROFESSORUM

Cum tempus quo novicius benedici debeat institerit, si receptibilis
apparuerit et in petendo misericordiam sedulus fuerit, die congruenti,
cum priori visum fuerit, ad capitulum vocetur, in quo, cum prostratus 5
misericordiam humiliter postulaverit, facultas ei seu recedendi, si voluerit, seu sua omnia, quomodo vel quibus placuerit distribuendi, libera
tribuatur. Quod si perseveraverit pulsans, optatus ei tribuatur assensus
dicaturque ei quod ad sacram communionem se disponat et quod professionem suam propria manu scribat. In ipsa autem Missa, qua susci- 10
piendus est, post offertorium ad gradum altaris adductus prosternitur,
ves|tesque iuxta eum posite benedicuntur cum oracionibus *Deus qui* 63r
tegmen, Deus eternorum, Domine Deus. Quibus benedictis et aspersis,
habitu noviciatus exuitur et eisdem rursus induitur. Deinde, post oracionem *Deus indulgencie Pater*, surgens novicius dicat ter alta voce *Suscipe* 15
me, Domine, secundum eloquium tuum et vivam et non confundas me ab
expectacione mea. Et imponente priore antiphona *Suscepimus Deus mi-*

III, 2, 3-8 Guigo, 22 §5 et *SA* II, 24 §1 (*melius*): Cum tempus ... assensus **10-11**
Guigo, 23 §2 et *SA* II, 24 §5a: In ipsa autem ... prosternitur **15-17** *LO* 24, 40-42;
Guigo, 23 §2 et *SA* II, 24 §5b: Suscipe me ... expectacione mea

151 unius anni] *inv. L* **156** retractionis] Novicii ante professionem suam non debent ad ordines aliquos nec ad minores quidem promoveri. Quod si ante professionem decesserint acceptabiliter idipsum eis defunctis conceditur quod professis,
quamvis tamen kalendario sine speciali causa non inscribantur. Receptis quoque
eciam ante vesticionem decedentibus hocipsum exhibetur, sed Psalterium ex debito
non legitur *add. GL*

CHAPITRE II

LA PROFESSION ET L'ORDRE DES PROFÈS

Lorsqu'approche le temps où le novice doit être béni, s'il apparaît qu'on peut le recevoir et s'il a été constant dans sa demande de miséricorde, au jour qui convient, lorsque le prieur le juge bon, qu'il soit appelé au chapitre. Et là, lorsque prosterné, il aura humblement demandé la miséricorde, que possibilité lui soit offerte de se retirer s'il le veut, ou que liberté lui soit accordée de distribuer tous ses biens comment et à qui il l'entend. S'il persévère à frapper à la porte, qu'il soit consenti à sa demande selon son souhait et qu'on lui dise de se préparer à la Sainte Communion et d'écrire sa profession de sa propre main. À la Messe au cours de laquelle il sera reçu, il est conduit après l'Offertoire à la marche de l'autel pour s'y prosterner, et les vêtements posés près de lui sont bénis avec les prières *Deus qui tegmen, Deus eternorum, Domine Deus*. Après qu'on les a bénis et aspergés, il se dévêt de ses habits de novice et se revêt de ces vêtements. Puis, après la prière *Deus indulgencie Pater*, que le novice se lève et dise trois fois à haute voix *Suscipe me, Domine, secundum eloquium tuum et vivam et non confundas me ab expectacione mea*. Le prieur entonne alors l'antienne *Suscepimus Deus misericordiam tuam* et sont récités les psaumes *Magnus Dominus, Miserere mei Deus, Ecce quam bonum*, chacun avec *Gloria*. L'antienne *Suscepimus Deus misericordiam tuam in medio templi tui*, ⟨est reprise, suivie de⟩ *Kyrieleison, Christeleison, Kyrieleison, Pater noster, Et ne nos, Salvum fac servum tuum, Mitte ei Domine, Nichil proficiat, Esto ei Domine, Domine exaudi, Dominus vobiscum, Oremus, Deus qui non mortem*.

Ensuite, que le novice se lève, s'approche du coin droit de l'autel et lise à haute voix sa profession sous cette forme: «Ego, frater N., promitto Deo auxiliante perpetuam continenciam, carenciam proprii et obedienciam tibi, pater prior, et successoribus tuis canonice instituendis secundum regulam beati Augustini et secundum constituciones capituli nostri generalis †». Après avoir lu sa profession, qu'il la dépose des deux mains sur l'autel, qu'il baise ce dernier et retourne sur la marche de l'autel où il se prosterne. Qu'ensuite le prieur dise trois fois *Confirma hoc Deus quod operatus es in nobis*, et que la communauté réponde *A templo sancto tuo* etc. *Oremus, Deus qui nos a seculi vanitate conversos, Deus qui renunciantibus seculo*.

Puis, se levant à nouveau, il est reçu d'un baiser de paix par le prieur et chacun présent au chœur et revient ainsi à la communauté. Qu'à par-

174 CONSTITUTIONES CANONICORUM WINDESHEMENSIUM, III

sericordiam tuam, dicuntur psalmi *Magnus Dominus, Miserere mei
Deus, Ecce quam bonum* singuli cum *Gloria*. Antiphona *Suscepimus
Deus misericordiam tuam in medio templi tui, Kyrieleison, Christeleison,* 20
*Kyrieleison, Pater noster, Et ne nos, Salvum fac servum tuum, Mitte ei
Domine, Nichil proficiat, Esto ei Domine, Domine exaudi, Dominus
vobiscum, Oremus, Deus qui non mortem*.

Post hec, surgens novicius accedat ad dexterum cornu altaris et le-
gat alta voce professionem suam in hunc | modum: «Ego, frater N., pro- 63v
mitto Deo auxiliante perpetuam continenciam, carenciam proprii et
obedienciam tibi, pater prior, et successoribus tuis canonice instituendis secundum regulam beati Augustini et secundum constituciones capituli nostri generalis †». Qua lecta, offerat eam ambabus manibus
super altare, eoque deosculato, ad gradum altaris revertitur et proster- 30
nitur. Deinde dicat prior tribus vicibus *Confirma hoc Deus quod operatus es in nobis*, conventu respondente *A templo sancto tuo* et cetera
*Oremus, Deus qui nos a seculi vanitate conversos, Deus qui renuncianti-
bus seculo*.

Post hec iterum surgens, a priore et a singulis in choro existentibus, 35
in osculo pacis suscipitur et sic ad conventum revertitur. Ex hoc tempore qui susceptus est, ita se ab omnibus que mundi sunt intelligat alie-
num, ut nullius prorsus rei, nec sui quidem ipsius, sine prioris licencia
habeat potestatem.

Ordinem autem illum ubique in conven|tu cuncti tenemus, quem 64r
suus singulis dedit adventus, nisi forte prior aliquem ad tempus ex causa
supposuerit, vel nisi quis in ordine antiquiorem propter sacros ordines
precesserit.

Quando duo novicii suscipiuntur, qui posterior venit, si prius professionem fecerit, primus deinceps remaneat. Hii vero, qui non possunt 45

17-23 *LO* 24, 46-52: Et imponente ... Dominus vobiscum   **21-23** Guigo, 23 §2 et
SA II, 24 §5c: Kyrie ... Dominus vobiscum   **24-25** cf. *LO* 24, 37-40, Guigo, 24 §1 et
SA II, 24 §5: accedat ... hunc modum   **36-39** Guigo, 25 §2 et *SA* II, 24 §6: Ex hoc ...
potestatem   **40-42** *SA* II, 24 §9: Ordinem autem ... supposuerit   **44-45** *SA* II, 24
§10: Quando ... remaneat

III, 2, **19** Deus] secundum magnam *add*. W   **24** dexterum] dextrum *GW*   **29** ge-
neralis] Ex forma inclusionis nostri monasterii Viridisvallis addat profitens quod sequitur: Promitto eciam inclusionem secundum formam huius domus a sancta Sede
apostolica approbatam perpetuo observandam *add. marg. inf. m. post*. G

tir de ce moment, celui qui est reçu se considère étranger à toutes les choses du monde, de sorte qu'il n'ait plus aucun pouvoir sur rien, même pas sur lui-même, sans la permission du prieur.

Partout dans la communauté, nous gardons tous le rang que son arrivée a donné à chacun, à moins que pour quelque motif, le prieur ne place quelqu'un pour un temps à un rang inférieur, ou qu'en raison des ordres sacrés, quelqu'un ne précède un plus ancien.

Lorsque deux novices sont reçus, que celui qui est arrivé en dernier mais a fait profession le premier, garde ce rang par après. Ceux qui ne peuvent être promus aux ordres sacrés sont les derniers en rang après les autres; qu'on n'en admette cependant pas plus de deux sans la permission du Chapitre Général.

176 CONSTITUTIONES CANONICORUM WINDESHEMENSIUM, III

ad sacros ordines promoveri, novissimi post alios ordinem suum habeant, quorum tamen plures quam duo sine licencia capituli generalis non admittantur.

CAPITULUM TERTIUM
QUALITER SE FRATRES HABEANT IN HORIS REGULARIBUS

Regularibus horis omnes pariter fratres clerici interesse debent, exceptis qui propter infirmitatem aliquam vel debilitatem interesse non 5
possunt. Qui vero operibus presunt vel qui officiis deputati sunt, sicut alii ad horas veniant nec nisi accepta licencia remanere presumant. Quod, si aliqua ex causa seu necessitate licenciam petere non possunt, hoc|ipsum in capitulo veniam petentes indicare debent. Procurator ta- 64v
men, quia plus ceteris occupatur, pro necessitate sua sine licencia rema- 10
nere potest. Quando pulsatur signum quo ad ecclesiam est eundum, ad eam fratres ubicumque fuerint debent pretermissis aliis properare. Ab eo autem tempore, quo regularis hora inchoatur, usquequo totum quod post horam dicendum est finiatur, nullus de choro nisi prius accepta licencia exeat et expedito propter quod exiit statim redeat. Infra cantica 15
evangelica et *Te Deum* et in officio Misse infra Collectas, Epistulam, Evangelium, *Sanctus* et *Agnus Dei*, nisi necessitate cogente, precipue chorum exire vitamus.

Nocte igitur, cum signum datur, singuli fratres alacriter surgentes se vestiunt et in cellis suis quiete commanentes, nisi necessitas exire coege- 20
rit, devotis oracionibus seu sanctis meditacionibus animum suum sacris vigiliis preparantes, cordis|intencionem convertunt ad Dominum, 65r
donec ultimo signo dato ad oratorium devote procedant. Intrantes ecclesiam capita denudamus et ad gradum sanctuarii profunde inclinantes, usque ad sedes nostras nudatis capitibus incedimus. Ingressi autem 25
stamus in sedibus nostris versa facie ad altare, donec signo demisso ad

---

III, 3, **4-11** *LO* 26, 3-5 et 7-12: Regularibus ... non possunt ... qui operibus ... remanere potest   **11-12** *SA* III, 28 §33: Quando pulsatur ... properare   **12-15** *LO* 26, 24-28: Ab eo ... statim redeat   **23-28** *SA* I, 37 §1-2: Intrantes ... oracionem inclinemur

---

III, 3, **2** tit.] se fratres] *inv. W*   **20** suis] *add. in marg. m. post. W*

CHAPITRE III

LA MANIÈRE
DONT LES FRÈRES SE COMPORTENT
DURANT LES HEURES CANONIALES

Les frères clercs doivent tous également assister aux Heures canoniales, sauf ceux qui ne le peuvent à cause de quelque maladie ou infirmité. Que ceux qui dirigent des travaux ou sont mandatés à des charges viennent aux Heures comme les autres et ne s'autorisent pas à manquer sans en avoir reçu permission. Et si, pour une cause ou nécessité, ils ne peuvent demander la permission, ils devront l'indiquer en demandant pardon au chapitre. Le procurateur cependant, étant plus occupé que tous les autres, peut manquer l'office sans permission en cas de nécessité. Quand le signal est donné de se rendre à l'église, où qu'ils soient, les frères doivent se hâter d'y aller en laissant tout le reste. Depuis le début de l'Heure canoniale jusqu'à ce que soit achevé tout ce qui après l'Heure doit être dit, personne ne quittera le chœur sans en avoir d'abord reçu la permission, et reviendra dès qu'il aura accompli ce pour quoi il était sorti. Nous évitons de sortir du chœur principalement pendant le cantique évangélique et le *Te Deum* et, au cours de la Messe, pendant les Collectes, l'Épître, l'Évangile, le *Sanctus* et l'*Agnus Dei*, sauf en cas de nécessité contraignante.

La nuit, lorsque le signal est donné, chacun des frères se lève avec alacrité, s'habille et, demeurant calmement dans sa cellule, sauf si la nécessité les oblige à sortir, il prépare son esprit aux Vigiles sacrées par de pieuses prières et de saintes méditations, et dirige l'intention de son cœur vers le Seigneur, jusqu'à ce qu'au dernier signal, il s'avance avec dévotion vers l'oratoire. En entrant dans l'église, nous nous découvrons la tête, et nous inclinant profondément vers la marche du sanctuaire, nous gagnons nos places, la tête découverte. Une fois entrés, nous restons debout dans nos stalles, face à l'autel, jusqu'à ce qu'au signal donné, à genoux ou sur les prie-Dieu, nous nous inclinions ou nous prosternions, selon les temps, pour l'oraison. Tant que nous demeurons inclinés – jusqu'aux genoux – ou sur nos prie-Dieu, nous nous abstenons de tout bruit autant que faire se peut, comme pendant le canon de la Messe, et nous évitons de traverser le chœur; s'il nous arrive d'entrer ou de sortir de l'église au moment où se dit le *Gloria Patri* ou le *Gloria*, les hymnes ou les Collectes, nous nous inclinons aussitôt, où que nous soyons.

178 CONSTITUTIONES CANONICORUM WINDESHEMENSIUM, III

genua vel supra formas, prout tempus postulat, ad oracionem inclinemur vel prosternamur. Quamdiu autem ad genua vel supra formas in-
clinamur, ab omni strepitu sicut in canone Misse, quantum possumus,
abstinemus et per chorum transire cavemus, et si forte intrando vel   30
exeundo ecclesiam contigerit dici *Gloria Patri* vel *Gloriam*, ymni vel
Collectas, ubicumque sumus, statim inclinamus.

Qui tardius ad horas veniens, si ad Matutinas postquam invitato-
rium inchoatum fuerit, vel infra Primam beate Marie seu eciam ad mi-
nores horas infra|ymnum intraverit, ad sedem suam pergens curvatis   65v
parumper genibus supra formam veniam accipit. Si vero incepto ymno
ad nocturnum vel eciam ad omnes alias horas, primo psalmo inchoato,
venerit, sine licencia non ingreditur et nichilominus super formam veniam accipit.

Et quamvis insuper secundum regulam tales mores ubique servare   40
debemus, ut nichil fiat in omnibus motibus nostris, quod cuiusquam
offendat aspectum, hoc tamen in templo Dei, ubi divina celebrantur officia, studiosius observandum est. Itaque oculos nostros ita tenere et
custodire nos convenit, maxime in ecclesia et in refectorio, ne nobis di-
stractionis materiam afferant vel murmuris.   45

Manus nostras, ubicumque sine cappa sumus, insimul habere con-
gruit, nisi cum tenendum nobis aliquid est vel agendum. Cum cappis
induti inclinamus vel sedemus, oras hinc|inde ante genua nostra com- 66r
plicamus, nisi teneamus aliquid vel agamus. Tibias nimis extendere, di-
varicare vel cancellare cavendum est. Sed et cetera membra decet nos ab 50
inquietudine et superfluis occupacionibus refrenare, ne vel nos vel alios
ab intencione psalmorum et aliorum que in divino officio recitantur,
distrahant vel avertant. Insuper et folia vertere vel alia sine necessitate
providere cavendum est, maxime cum oracionem dominicam silenter
dicimus vel quando lectio vel Collecta vel aliud aliquid recitatur quod 55
ab uno vel duobus singulariter cantatur. Propter quod eciam cantores et
ebdomadarii ante divinum officium, quantum commode possunt, de
candidis aut legendis provisi esse debent, ne tunc necesse habeant circa
provisionem talium occupari, cum seipsos et alios per inquietudinem

---

28-32 *SA* I, 37 §4 : Quamdiu ... inclinamus   **43-45** *SA* I, 37 §11: Itaque oculos ...
afferant   **46-47** *SA* I, 37 §12: Manus ... vel agendum   **47-49** *SA* I, 37 §13: Cum
cappis ... vel agamus   **49-50** *SA* I, 37 §14: Tibias ... cancellare

---

47 nobis aliquid] *inv. W*   aliquid] nobis *add. sed del. G*   **53** folia] follia *W*   **54**
providere] pervidere *G*   est] *add. sup. lin. m. post. W*

LES CONSTITUTIONS DE WINDESHEIM, III

Qui arrive en retard aux Heures, si c'est à Matines, après que l'invitatoire est commencé, ou pendant Prime de la bienheureuse Marie, ou même s'il entre pendant l'hymne aux petites Heures, gagnant sa place, reçoit le pardon, ployant légèrement le genou sur son prie-Dieu. Mais s'il arrive pour le nocturne alors que l'hymne est commencée, ou même, pour les autres Heures, si le premier psaume est entonné, il n'entre pas sans permission, et reçoit néanmoins le pardon sur son prie-Dieu.

Bien qu'en outre selon la Règle, nous devions partout adopter une conduite telle que rien ne se fasse en nos mouvements qui puisse offenser le regard de quiconque, ceci cependant doit être observé plus soigneusement encore dans le temple de Dieu où se célèbrent les offices divins. C'est pourquoi, il convient que nous tenions les yeux et gardions notre regard, surtout à l'église et au réfectoire, de façon à ne nous amener aucun sujet de distraction ou de murmures.

Il convient que nous gardions les mains jointes partout où nous sommes sans cape, sauf s'il nous faut tenir ou faire quelque chose. Lorsque, revêtus de la cape, nous nous inclinons ou nous nous asseyons, nous en replions de chaque côté les bords devant nos genoux, sauf si nous tenons ou faisons quelque chose. Il faut veiller à ne pas trop étendre les jambes, ni les écarter ou les croiser. De même avec les autres membres, il convient aussi de nous garder de toute agitation et mouvements superflus, de peur de distraire ou détourner nous-même et autrui du sens visé par les psaumes et les autres textes récités pendant l'Office divin. De plus, on veillera à ne pas tourner de pages ou autre chose sans nécessité, surtout pendant la récitation silencieuse de l'oraison dominicale, ou pendant qu'on récite une lecture, une Collecte ou toute autre partie et chantée par un ou deux, séparément. À cause de quoi, même les chantres et les hebdomadiers reverront avant l'Office divin, quand ils le pourront commodément, ce qu'ils ont à chanter ou à lire, pour éviter de s'occuper alors à cette préparation puisqu'ils pourraient par leur agitation et leur bruit, distraire ainsi du recueillement intérieur autrui et soi-même. Lorsque nous faisons seuls une faute en communauté, nous recevons le pardon en touchant le pavement de la main. Lorsque nous faisons faire des fautes aux autres, nous reconnaissons notre faute dans la communauté.

Lorsqu'un livre, un siège ou un autre objet tombe près de nous avec fracas ou que nous le faisons tomber, nous recevons le pardon sur notre prie-Dieu. Quand nous omettons de nous incliner quand il faut s'incliner, sauf si nous sommes avertis par notre voisin, ou que nous omettons de faire quelque autre chose, nous recevons le pardon en touchant le pa-

180 CONSTITUTIONES CANONICORUM WINDESHEMENSIUM, III

vel confusionem ab interiori intencione abstrahere possint.|Quando 66v
soli fallimus in conventu, manu ad pavimentum veniam accipimus.
Quando alios fallere facimus, culpam nostram in conventu recognoscimus.

Cum liber vel sedes aut aliud nobis cum strepitu cadit vel cadere facimus, super formam veniam accipimus. Quando inclinandum est, si 65
non inclinamus, nisi ab astante commoniti, aut aliud quod facere debemus non facimus, manu ad pavimentum veniam accipimus. Qui aliquid
singulariter cantant vel legunt et erraverint non statim sed, cum totum
quod cantant finierint, manu ad pavimentum veniam accipiant.

Igitur ad Matutinas, finita oracione, cum prior signum dederit, uni- 70
versi erecti ad altare convertimur, dictoque a sacerdote *Domine labia*,
cum inceperit *Deus in adiutorium*, signamus nos signo crucis. Deinde ad
Gloria Patri inclinantes convertimur ad chorum. Et sicut ante|Matuti- 67r
nas, sic eciam ante alias horas, oracionem facimus et post datum a priore signum, ad altare conversi, ad *Deus in adiutorium* nos signamus, et 75
ad *Gloria Patri* ad chorum versi usque ad *Sicut erat* inclinamus. Ferialibus diebus et in festis novem lectionum, in choro ebdomadarii unus
tantum cantat *Venite*, versiculos, versus et responsoria ad horas, in duplicibus vero et supra, semper duo.

Et notandum quod in omnibus horis regularibus infra psalmos 80
chori alternatim sedent. Cum autem ad *Gloria Patri* ventum fuerit, surgunt qui sederant et inclinant cum ceteris, postea cum incepcione
psalmi sequentis sedent qui prius steterant. Ad *Laudate Dominum de
celis*, ad *Quicumque vult salvus*, ad *Laudate Dominum omnes gentes* et
ad *Ecce nunc benedicite*, communiter omnes stamus. Psalmi autem di- 85
stincte et tractim cantentur, ita ut in medio cuiuslibet versus plena et
perfecta fiat pausa, non protrahen|do vocem in pausa, neque in fine ver- 67v
sus, sed breviter et succincte terminetur. In psalmis vero qui leguntur,
in medio versus modica pausa fiat.

60-63 *SA* I, 37 §15: Quando soli ... recognoscimus   64-65 *SA* I, 37 §16: Cum
liber ... veniam accipimus   65-66 *SA* I, 37 §17: Quando inclinandum ... veniam accipimus   70-73 *LO* 54, 49-53: Cum prior signum ... convertimur ad chorum   73-76 *LO* 54, 54-57: sicut ante Matutinas ... inclinamus   80-83 *LO* 52, 2 et
5-8: in omnibus horis ... prius steterant   86-88 *CAOP*, Dist. I, 4 (p. 316), 7-9: in
medio ... terminetur

---

74 ante] ad *W*   76 erat] *om. W*

vement de la main. Lorsque se trompent ceux qui chantent ou lisent quelque chose seuls, ils recevront le pardon en touchant le pavement de la main, pas aussitôt, mais lorsqu'ils auront achevé tout ce qu'ils chantent.

Aux Matines, après l'oraison, lorsque le prieur a donné le signal, tous debout, nous nous tournons vers l'autel et le prêtre dit *Domine labia*; lorsqu'il entonne *Deus in adiutorium*, nous faisons sur nous le signe de la croix. Ensuite au *Gloria Patri*, nous nous tournons vers l'autre chœur en nous inclinant. Avant les autres Heures, nous faisons oraison comme avant Matines, et après le signal donné par le prieur, nous nous tournons vers l'autel; au *Deus in adiutorium*, nous nous signons et au *Gloria Patri*, tournés vers l'autre chœur, nous nous inclinons jusqu'à *Sicut erat*. Aux féries et aux fêtes de neuf leçons, sur le chœur de l'hebdomadier, un seul chante le *Venite*, les versets, les couplets et les répons aux Heures; et toujours deux pour les fêtes doubles et au-delà.

Il faut remarquer que pendant toutes les Heures canoniales, les chœurs s'asseyent alternativement pendant les psaumes. Lorsqu'on arrive au *Gloria Patri*, ceux qui étaient assis se lèvent et s'inclinent avec les autres; ensuite, au début du psaume suivant, ceux qui étaient debout précédemment, s'asseyent. Pour le *Laudate Dominum de coelis*, le symbole *Quicumque vult salvus*, les psaumes *Laudate Dominum omnes gentes* et *Ecce nunc benedicite*, nous sommes tous ensemble debout. Les psaumes doivent être chantés de façon distincte et sans interruption, de façon à faire au milieu du verset, une pause pleine et parfaite, sans prolonger la voix à la pause ni à la fin du verset, mais on termine brièvement et nettement. Dans les psaumes lus, une courte pause est gardée au milieu du verset.

Les frères qui ont à lire les leçons à Matines ou ont à chanter quelque chose au milieu du chœur, s'inclinent avant et après, à la marche du sanctuaire s'ils viennent des places inférieures, au milieu du chœur s'ils viennent des places supérieures. Ceux qui ont à chanter quelque chose ensemble s'inclinent ensemble à la marche du sanctuaire. Lorsqu'on en vient aux leçons, le versiculaire allume la lampe pour les leçons au premier, deuxième et troisième nocturnes. Les plus jeunes lisent les leçons suivant un ordre ascendant, en observant que le diacre ou le prêtre lise l'homélie. L'hebdomadier ne fait cependant pas de lecture, sauf si le petit nombre de frères l'exige. Aux plus grandes fêtes et aux fêtes double majeur, les aînés prennent les leçons de façon que la dernière revienne au prieur. Les lecteurs des première, quatrième et septième leçons vont au lutrin avant l'oraison dominicale et ayant reçu la bénédiction, ne

182 CONSTITUTIONES CANONICORUM WINDESHEMENSIUM, III

Fratres qui in Matutinis lectiones legere vel in medio chori aliquid 90
cantare habent, si de inferioribus fuerint ante et post ad gradum sanctuarii, si de superioribus in medio chori inclinant. Qui autem simul aliquid cantare habent, simul ad gradum sanctuarii inclinant. Cum ad
lectiones ventum fuerit, versicularius in primo, secundo et tertio noc-
turnis ad lectiones lucernam illuminat. Iuniores lectiones legunt secun- 95
dum ordinem ascendendo, observato quod diaconus vel presbiter
omeliam legat. Ebdomadarius tamen lectionem non legit, nisi paucitas
fratrum requirat. In summis festis et maioribus duplicibus seniores lectiones legunt, ita ut ultima pertingat ad priorem. Prime, quarte et sep-
time lectionis lectores ante oracionem dominicam ad lectorium vadunt, 100
nec post datam benedictionem|lectionem incipiunt donec tumultus 68r
residencium conquiescat. Petens benedictionem lucernam in manibus
non tenet nec folia revolvit, sed reverenter ad benedictionem inclinat.
Ebdomadarius vero ad dandam benedictionem secunde, tercie, quinte,
sexte, octave et none lectionum non assurgit, nisi Evangelium pronun- 105
ciandum fuerit vel nisi prior benedictionem pecierit. Qui lectiones legunt, viva voce, aperte et distincte legant ad intelligendum, et attente et
sine strepitu audiantur. Ferialibus diebus, quando de feria cantatur, lec-
tore benedictionem petente, omnes cum ebdomadario surgimus, sed in
Matutinis trium dierum ante Pascha ad signum prioris ad lectiones et 110
responsoria omnes sedemus. In festis novem lectionum et supra pulsus
fit ad *Te Deum* usque *Patrem immense maiestatis*, vel temporibus quibus *Te Deum* non dicitur, cum nonum responsorium repetitur, ad quod
eciam stare solemus. Infra *Te Deum, Benedictus, Magnificat* et *Nunc di-*
mittis,|in horis canonicis nudo capite et sine reclinacione stamus. Ad 68v
Virginis uterum et ad *precioso sanguine*, ad gloriosa quoque nomina Ihe-
sus et Maria, ubicumque in conventu pronunciantur, capite reverenter
inclinamus. Et si in cantu plures notas habuerint, tunc in coniunctione
ultimarum sillabarum tantum inclinamus. Ad versiculum ante Laudes
vertimur ad altare usque ad *Gloria Patri*. Ad penultimum versum de 120
cantico *Benedicite* et ad ultimos versus ymnorum et ad *Gloria Patri*, ubicumque pronunciatur, usque ad genua inclinamus. Ad Collectas eciam

---

90-92 *LO* 54, 79-82: Fratres qui ... inclinant   **93-95** *LO* 54, 92-93: Cum ad lectiones ... illuminat   **99-102** *LO* 54, 84-86: Prime, quarte ... conquiescat   **106-108** *SA*
I, 35 §16: Qui lectiones ... audiantur

---

103 folia] folium *W*   **110** et] ad *add. sup. lin. m. post. G*   in choro] *om. W*

commencent pas les leçons avant que ne soit calmé le bruit de ceux qui s'asseyent. Celui qui demande la bénédiction ne tient pas la lampe en main ni ne tourne les pages, mais s'incline avec révérence pour la recevoir. L'hebdomadier pour donner la bénédiction des deuxième, troisième, cinquième, sixième, huitième et neuvième leçons ne se lève pas, sauf pour la proclamation de l'Évangile, ou si c'est le prieur qui demande la bénédiction. Que les lecteurs lisent d'une voix vive, claire et distincte pour être compris, et soient écoutés attentivement et sans bruit. Les jours de férie, quand on chante de la férie, au moment où le lecteur demande la bénédiction, nous nous levons tous avec l'hebdomadier, mais aux Matines des trois jours avant Pâques, au signal du prieur, nous sommes tous assis pour les lectures et les répons. Aux fêtes de neuf leçons et au delà, on sonne au *Te Deum* jusqu'aux mots *Patrem immense maiestatis*, ou au temps où l'on omet le *Te Deum*, lorsqu'on reprend le neuvième répons, pour lequel nous sommes aussi habituellement debout. Pendant le *Te Deum*, le *Benedictus*, le *Magnificat* et le *Nunc dimittis*, pendant les Heures canoniales, nous nous tenons debout, sans appui, la tête découverte. Quand nous disons *Virginis uterum* et *pretioso sanguine*, et pour les noms glorieux de *Jésus* et de *Marie*, où qu'ils soient prononcés en communauté, nous inclinons respectueusement la tête. Et s'ils sont chantés sur plusieurs notes, on ne s'incline que pour le chant sur les dernières syllabes. Pour le verset avant les Laudes, nous nous tournons vers l'autel jusqu'au *Gloria Patri*. Pour l'avant-dernier verset du cantique *Benedicite*, pour les dernières strophes des hymnes et pour le *Gloria Patri*, où qu'il soit prononcé, on s'incline jusqu'aux genoux. Pour les Collectes à toutes les Heures, hors du temps de la prostration, on s'incline pareillement. Si c'est l'époque de la prostration, dès le *Kyrieleison*, on fléchit les genoux jusqu'au *Per omnia secula* après la première Collecte. Mais l'hebdomadier, avant de dire *Dominus vobiscum*, se lève et dit la Collecte debout. Si d'autres Collectes suivent, nous nous inclinons seulement jusqu'aux genoux.

Nous disons toujours le Petit office de la Vierge Marie au chœur, sauf le jour des fêtes doubles et au-delà, pendant les octaves des solennités, la semaine des Rameaux et lorsque les Vigiles doivent être chantées. Lorsque les Heures canoniales de la bienheureuse Vierge sont célébrées, on ne dit absolument rien du Petit office, mais uniquement les quinze degrés avec ses prières et oraisons. Pour les psaumes des Matines et des Vêpres du Petit office de la bienheureuse Marie et pour les Vigiles des défunts, nous sommes tous assis. Si le Petit office de la bienheureuse Marie est gardé au chœur, nous le disons toujours après les Heures cano-

184 CONSTITUTIONES CANONICORUM WINDESHEMENSIUM, III

in omnibus horis, quando tempus prostracionis non est, similiter inclinamus. Si vero tempus prostracionis fuerit, statim ad *Kyrieleison* genua flectimus usque *Per omnia secula* post primam Collectam. Ebdomada- 125 rius vero ante *Dominus vobiscum* surgens, Collectam stans dicit. Ad alias autem Collectas, si que sequuntur, usque ad genua tantum inclinamus.

Cursum beate Marie in choro semper dicimus, exceptis festis|du- 69r plicibus et supra et octavis solempnibus et ebdomada Palmarum et quando vigilie cantande sunt. Quando vero hore canonice de beata Vir- 130 gine servantur, tunc cursum eius omnino non dicimus, sed tantum quindecim gradus cum precibus et oracionibus suis. Ad psalmos in Matutinis et in Vesperis de cursu beate Marie et in vigiliis defunctorum universi sedemus. Cursum autem beate Marie, si ad chorum servatur, post horas canonicas semper dicimus, exceptis Primis et hora illa que 135 immediate Missam conventualem sequitur. Exeuntes de Matutinis non reversuri, paucis verbis licenciam petant.

Finitis Matutinis, statim post signum cuncti dormitorium secundum ordinem, iunioribus precedentibus, intramus.

Ad oracionem dominicam, ad *Credo in Deum* et ad *Confiteor* in Pri- 140 mis et Completorio, quando tempus prostracionis non est, ubicumque in conventu dicuntur, usque ad genua inclinamus. *Confiteor* autem in Primis et ante Completorium semper nudo capite dicimus.|Finita 69v prima Collecta de Primis factoque signo, procedimus ad domum capituli ibique, sedente conventu, pronunciatur luna et lectio martirologii. 145 Deinde, ebdomadarius prosequitur *Preciosa* cum ceteris. Post Collectam vero *Dirigere* legitur lectio ex commento regule, ad quam conventus sedet, sed in festis novem lectionum particula legitur ex Evangelio, stante conventu. Deinde recitantur anniversaria vel obitus, si qui denunciandi fuerint, et fit commemoracio defunctorum cum psalmo *De* 150 *profundis* et versiculo et Collecta. Dictoque a presidente *Benedicite* et responso *Dominus*, si quid pro emendacione vel communi utilitate dicendum fuerit, breviter dicere potest. Deinde servato capitulo, si talis dies fuerit, sequitur psalmus *Laudate Dominum omnes gentes* et subiungit ebdomadarius versiculum et Collectam. In fine dicit prior *Adiuto-* 155 *rium nostrum in nomine Domini*, et sic solvitur capitulum. Deinde, si ieiunium fuerit, sine medio cantatur Tercia, ac deinceps ante Mis|sam 70r conventualem Sexta, et post Missam Nona. Si vero ieiunium non fuerit,

---

129-130 et quando ... sunt] *om.* (homoeoceph.) *G*   **138-139** secundum ... precedentibus] *scr. in ras. G*

niales, sauf Prime et l'Heure qui suit immédiatement la Messe conventuelle. Ceux qui quittent les Matines sans devoir revenir, en demandent la permission en quelques mots.

À la fin des Matines, aussitôt après le signal, nous entrons tous au dortoir par rang, les jeunes en tête.

Pour l'oraison dominicale, le *Credo in Deum* et le *Confiteor*, à Prime et à Complies, hors du temps de la prostration, où qu'ils soient dits dans la communauté, nous nous inclinons jusqu'aux genoux. À Prime et avant Complies, nous disons toujours le *Confiteor* la tête découverte. À la fin de la première Collecte à Prime, au signal donné, nous allons en procession vers la salle du chapitre, où la communauté s'assied et où l'on déclare la lunaison et où l'on lit le martyrologe. Ensuite, l'hebdomadier continue *Pretiosa* et la suite. Après la Collecte *Dirigere*, lecture est faite d'un commentaire de la Règle pour laquelle la communauté est assise, mais aux fêtes de neuf leçons, on lit un court passage de l'Évangile pendant lequel la communauté est debout. Ensuite, sont lus les anniversaires ou les annonces de décès s'il s'en trouve à faire, puis la commémoraison des défunts avec le psaume *De profundis*, le verset et la Collecte. Le président dit *Benedicite* et l'on répond *Dominus*, et s'il y a quelque annonce à faire pour la correction ou l'utilité commune, il la fera brièvement. Ensuite a lieu le chapitre si c'est le jour, puis on enchaîne avec le psaume *Laudate Dominum omnes gentes*, et l'hebdomadier ajoute le verset et la Collecte. En finale, le prieur dit *Adiutorium nostrum in nomine Domini*, et ainsi s'achève le chapitre. Ensuite si c'est jour de jeûne, on chante immédiatement Tierce, et à la suite, avant la Messe conventuelle, Sexte, et après la Messe, None. Si ce n'est pas jour de jeûne, Tierce est alors chantée avant la Messe, et Sexte après; ensuite, après le repas, None.

Aux Vêpres, pour tout ce qui concerne les psaumes, les Collectes et toutes les autres choses, on fera comme il a été indiqué plus haut pour Matines. Aux fêtes double majeur et au delà, on chante à deux le verset au milieu du chœur et il y a encensement. Pour les fêtes doubles, deux chantent le verset dans le chœur de l'hebdomadier, et un seul pour les jours simples et en deçà.

À Complies, les jours où nous soupons, la lecture *Fratres sobrii estote* précède. Après quoi, le prieur dit *Adiutorium*, et ensuite, inclinés ou prosternés suivant l'époque, nous prions, et ensuite, disons le *Confiteor*. Après quoi, l'hebdomadier commence les Complies. Mais les jours où nous ne soupons pas, aussitôt le signal donné et l'oraison dominicale récitée, le *Confiteor* suit comme plus haut. Après les Complies, la bénédic-

186 CONSTITUTIONES CANONICORUM WINDESHEMENSIUM, III

tunc ante Missam cantatur Tercia, et post Missam Sexta, ac deinde post
refectionem Nona. 160
Ad Vesperas in psalmis, in Collectis et in aliis omnimodis faciendum est, ut in Matutinis supradictum est. In maioribus duplicibus festis et supra, duo cantant versum in medio chori et fit thurificacio. In
duplicibus vero in choro ebdomadarii duo cantant versum, in simplici-
bus autem et infra, tantum unus. 165
Ad Completorium, quando cenamus, premittitur lectio *Fratres sobrii estote*. Qua finita, prior dicit *Adiutorium* ac deinde, inclinantes vel
prostrati secundum tempus, oracionem facimus, deinde *Confiteor*. Quo
finito, ebdomadarius Completorium incipit. Quando vero non cenamus, statim pulsu intermisso et oracione dominica dicta, sequitur *Con-* 170
fiteor ut supra. Completorio finito, datur benedictio, ad quam semper
genua flectimus, paschali tamen tempore inclinamus. Deinde, benedic-
tione data, statim antiphona de beata Virgine|cantatur, qua terminata, 70v
cum versiculo et Collecta, ad laudem et gloriam eiusdem Virginis trina
pulsacio parva fiat et a singulis ter *Ave Maria* dicitur. Deinde, facto 175
signo post oracionem dominicam, cuncti dormitorium, precedentibus
iunioribus, intramus.

CAPITULUM QUARTUM

QUALITER SE FRATRES HABEANT
IN MISSA CONVENTUALI
ET DE MISSIS PRIVATIS

Missam conventualem cantaturus cum ministris satis tempestive se 5
preparet, ne chorum expectare contingat. In festis novem lectionum et
infra octavas Pasche et Penthecostes et in commemoracione beate Marie, ubi plenus conventus fuerit, duo cum dalmaticis ministrant, et in
tribus principalibus officiis defunctorum et in presencia funeris duo
sine dalmaticis. Aliis vero diebus unus tantum sine dalmatica ministrat, 10

174-175 *SN* I, 5 §6: ad laudem ... trina pulsacio ... dicitur

III, 4, **20** convertimur] *om. W* **20** vigiliis] de *add. sed del. W* **26** Graduale] et
add. W **31** Evangelium] Ewangelium *W*

---

148 Evangelio] Ewangelio *W*

tion est donnée, pour laquelle on se met toujours à genoux, sauf pendant le Temps pascal où on s'incline pour la recevoir. Aussitôt après la bénédiction, on chante l'antienne en l'honneur de la bienheureuse Vierge. Celle-là achevée, avec le verset et la Collecte, trois petits coups de cloche seront donnés à la louange et à la gloire de cette même Vierge, et chacun dit trois fois l'*Ave Maria*. Ensuite, au signal donné, après l'oraison dominicale, nous entrons tous au dortoir, les jeunes en tête.

CHAPITRE IV

COMMENT LES FRÈRES SE COMPORTENT PENDANT LA MESSE CONVENTUELLE ET LES MESSES PRIVÉES

Que celui qui va chanter la Messe conventuelle se prépare bien à temps avec les ministres pour ne pas faire attendre le chœur. Aux fêtes à neuf leçons et pendant l'octave de Pâques et de Pentecôte, et pour une commémoraison de la bienheureuse Marie, là où la communauté est au complet, deux frères officient en dalmatique, et aux trois principaux offices des défunts et en présence du corps, deux frères sans dalmatique. Les autres jours, un seul frère officie sans dalmatique, mais si le *Te Deum* est récité, avec dalmatique également. Aux fêtes double majeur et au-delà, deux acolytes servent aussi avec les ministres.

Pendant le chant de l'Introït, nous nous tenons debout, un chœur tourné face à l'autre, mais pour l'Introït *Salve sancta parens*, nous nous agenouillons, jusqu'au mot *enixa*. Quand le *Gloria* est chanté par le prêtre, nous nous tournons vers l'autel et dès que le chantre a entonné

188 CONSTITUTIONES CANONICORUM WINDESHEMENSIUM, III

sed si *Te Deum* dicitur, eciam cum dalmatica. In maioribus duplicibus festis et supra, eciam duo acoliti cum ministris serviunt.

Itaque dum Introitus cantatur, stamus versi adinvicem,|chorus 71r contra chorum, sed ad *Salve sancta parens* genua flectimus usque *enixa.* Cum vero *Gloria in excelsis* a sacerdote canitur, ad altare convertimur et 15 cantore incipiente *Et in terra,* iterum vertimur ad chorum. Ad *Adoramus Te* et ad *Suscipe deprecacionem nostram* usque ad genua inclinamus. Ad *Dominus vobiscum* semper vertimur ad altare. Ad primam Collectam usque ad genua inclinamus vel prosternimur secundum tempus. Ad alias vero que sequuntur, convertimur ad altare. In Missis de vigiliis, ex- 20 ceptis vigiliis Nativitatis Domini, Epyphanie, Pasche, Ascensionis et Penthecostes et nisi Missa de vigilia in dominica cantetur, semper ad primam Collectam genua flectimus, eciam si de feria non cantatur. In Missis quoque Quatuor Temporum ad omnes Collectas de tempore genua flectimus, preterquam infra octavas Penthecostes et ad Collectam 25 *Deus qui tribus pueris,* infra Epistulam, Graduale, Alleluia et infra Tractum sedemus. Ad Sequenciam vero stamus. In maioribus duplicibus festis et supra,|duo in medio chori cantant Alleluia, et totus chorus 71v repetit Alleluia cum iubilo, ac deinde ipsi duo versum prosequuntur. Si vero in dictis festis duo Alleluia cantanda fuerint, ultimum in medio 30 chori canitur. In duplicibus autem festis et supra fit thurificacio ad Evangelium, infra quod versi ad diaconum nudo capite stamus et ad *Sequencia sancti Evangelii* signantes nos unico signo crucis, cum dicitur *Gloria tibi Domine* ad altare profunde inclinamus. Finito Evangelio et dicto *Dominus vobiscum,* dum incipitur Offertorium, vel si *Credo* cani- 35 tur, dum incipitur *Patrem omnipotentem* convertimur ad chorum. Infra *Credo* sine reclinacione stamus. Et dum cantatur *Et incarnatus est* genua flectimus usque *Et resurrexit.* Finito Offertorio, ad altare convertimur usque ad finem Prefacionis. Dum *Sanctus* canitur conversi ad chorum sine reclinacione stamus. Post *Sanctus* prosternimur usque ad 40 *Agnus Dei.* Quo eciam tempore|ampliori studio quieti intendendum 72r est, ubi precipue ammonemur magna cordis intencione Redemptoris nostri beneficia recolere, quibus ad amorem eius corda nostra vehemencius accendere valeamus. Ad elevacionem quoque Corporis Christi, erecti super genua, omni reverencia adoramus. Qua facta, iterum pro- 45 sternimur. Ad elevacionem vero sancti calicis, iterum erecti super ge-

---

33 Evangelii] Ewangelij *W*   34 Evangelio] Ewangelio *W*   38 resurrexit] tercia *add. W*   44 quoque Corporis Christi] Corp. Chri. q. *sed corr. W*

LES CONSTITUTIONS DE WINDESHEIM, III 189

Et in terra, nous nous tournons à nouveau vers l'autre chœur. Pour *Adoramus Te* et *Suscipe deprecacionem nostram*, nous nous inclinons jusqu'aux genoux. Pour *Dominus vobiscum*, nous nous tournons toujours vers l'autel. Pour la première Collecte, nous nous inclinons jusqu'aux genoux ou nous prosternons selon le temps, mais pour celles qui suivent, nous nous tournons vers l'autel. Aux Messes des Vigiles, nous nous agenouillons toujours pour la première Collecte, même si on ne chante pas celle de la férie, excepté pour les Vigiles de la Nativité du Seigneur, de l'Épiphanie, de Pâques, de l'Ascension et de la Pentecôte, et à moins que la Messe de la Vigile ne se chante un dimanche. Aux Messes des Quatre Temps, nous nous agenouillons pour toutes les Collectes du temps, si ce n'est que, pendant l'octave de la Pentecôte et pour la Collecte *Deus qui tribus pueris*, nous sommes assis pour l'Épître, le Graduel, l'Alleluia et pour le Trait; en revanche nous sommes debout pour la Séquence. Aux fêtes double majeur et au-delà, deux frères chantent l'Alleluia au milieu du chœur et tout le chœur reprend l'Alleluia avec son jubilus, puis les deux solistes chantent le verset. Mais si à ces fêtes-là, il y a à chanter deux Alleluia, le dernier est chanté au milieu du chœur. Aux fêtes doubles et au-delà, l'encensement a lieu pour l'Évangile, pour lequel nous sommes debout, tête découverte, tournés vers le diacre, et au moment où est dit *Sequentia sancti Evangelii*, nous nous signons d'un unique signe de croix, lorsqu'on dit *Gloria tibi Domine*, nous nous inclinons profondément vers l'autel. Après l'Évangile et *Dominus vobiscum*, au moment où l'on commence l'Offertoire, ou si on chante le *Credo*, au moment où l'on commence *Patrem omnipotentem*, nous nous tournons vers l'autre chœur. Pendant le *Credo*, nous nous tenons debout sans appui. Pendant qu'est chanté *Et incarnatus est*, nous fléchissons les genoux jusqu'aux mots *Et resurrexit*. L'Offertoire achevé, nous nous tournons vers l'autel jusqu'à la fin de la préface. Pendant le chant du *Sanctus*, nous sommes debout tournés vers l'autre chœur, sans appui. Après le *Sanctus*, nous nous prosternons jusqu'à l'*Agnus Dei*. Et pendant ce temps également, il nous faut veiller au calme avec plus de soin et où il nous est surtout recommandé que, par une grande attention du cœur, nous nous souvenions des bienfaits de notre Rédempteur, et par eux, soyons capables d'embraser plus fortement notre cœur de son amour. Au moment de l'élévation du Corps du Christ, agenouillés, nous adorons en toute révérence. Après quoi, nous nous prosternons à nouveau. Au moment de l'élévation du saint Calice, à genoux à nouveau, nous adorons de la même manière. Lorsque l'on chante le deuxième *Per omnia secula seculorum*, nous nous levons tous

190 CONSTITUTIONES CANONICORUM WINDESHEMENSIUM, III

nua, similiter adoramus. Cum autem secundo *Per omnia secula seculorum* canitur, cuncti surgimus et ad altare conversi respondemus. Ad *Agnus Dei* conversi ad chorum sine reclinacione stamus. Quo finito, vertimur ad altare usque ad communionem. Post communionem vero 50 iterum convertimur ad altare usque ad Collectam. Deinde ad Primam complendam inclinamus vel prosternimur secundum tempus, ut supra dictum est de Collectis. Ad reliquas vero complendas convertimur ad altare usque ad benedictionem. In Quadragesima tamen ad ultimam Collectam, cum dicitur *Humiliate capita vestra Deo*, inclinat chorus 55 contra chorum. | Qua finita, iterum ad altare convertimur usque ad be- 72v nedictionem, ad quam versi ad chorum usque ad genua inclinamus.

Misse private post Primam vel post Terciam pro tempore fiant, alias vero non sine licencia. Prior tamen et procurator propter occupaciones quibus detinentur, infra summam Missam celebrare possunt. Quando 60 autem due Misse cantande sunt, prima post Primas vel Tercias pro tempore, alia vero suo tempore cantari debet.

CAPITULUM QUINTUM

DE CAPITULO CULPARUM

Capitulum culparum ad minus semel in ebdomada teneatur, sexta videlicet feria post Primam, nisi propter festum maius duplex et supra, et quando due Misse cantande sunt vel ex alia evidenti causa prevenia- 5 tur vel usque ad crastinum differatur.

Postquam igitur prior *Benedicite* dixerit, fratribus considentibus, dicere poterit breviter, si quid pro observancia ordinis et correctione fratrum viderit expedire. Deinde, antequam exeant novicii, ipsos poterit coram omnibus pro negligenciis et culpis eo|rum, si sibi utile visum 73r fuerit, corripere seu eciam disciplinare. Qui, ut se intellexerint notari, prostrati veniam petant, ac deinde ad iussum prioris egrediantur. Egres-

---

51 ad²] *add. m. post.* G

III, 5, **8-9, 12-16** *CAOP*, Dist. I, 2 (p. 315), 17-21: dicere poterit ... expedire. Egressis ... veniam petunt

---

III, 5, **10** coram omnibus] *om.* W

et répondons, tournés vers l'autel. Pour l'*Agnus Dei*, nous sommes debout sans appui, tournés vers l'autre chœur. Lorsqu'il est achevé, nous nous tournons vers l'autel jusqu'à la communion. Après la communion, nous nous tournons à nouveau vers l'autel jusqu'à la Collecte. Pour la récitation de la première, nous nous inclinons ou nous prosternons selon le temps, comme il a été dit plus haut à propos des Collectes. Pour la récitation des autres Heures, nous nous tournons vers l'autel, jusqu'à la bénédiction. Pendant le Carême cependant, lorsque pour la dernière Collecte on dit *Humiliate capita vestra Deo*, le chœur s'incline face à l'autre chœur. Après celle-ci, nous nous tournons de nouveau vers l'autel jusqu'à la bénédiction, pour laquelle nous nous inclinons jusqu'aux genoux, tournés vers l'autre chœur.

Les Messes privées se célèbrent après Prime ou Tierce suivant le temps, mais pas à un autre moment sans permission. Le prieur et le procurateur cependant, à cause des occupations qui les retiennent, peuvent célébrer pendant la Grand-Messe. Quand deux Messes doivent être chantées, la première le sera après Prime ou Tierce suivant le temps, et l'autre en son temps.

CHAPITRE V

LE CHAPITRE DES COULPES

Que le chapitre des coulpes se tienne au moins une fois par semaine, le vendredi après Prime, sauf s'il est anticipé ou reporté au lendemain à cause d'une fête double majeur et au-delà, et quand on doit chanter deux Messes, ou pour une autre raison évidente.

Après donc que le prieur ait dit *Benedicite*, une fois les frères assis, il pourra dire brièvement ce qui lui semble convenir pour l'observance de l'ordre et la correction des frères. Ensuite, avant que ne sortent les novices, il pourra s'il le juge utile, les réprimander devant tous pour leurs négligences et leurs fautes, ou même leur donner la discipline. Que demandent pardon prosternés, ceux qui comprennent qu'ils sont accusés, puis, qu'ils sortent sur l'ordre du prieur. Après la sortie des novices, celui qui préside déclare: «Que ceux qui s'estiment coupables demandent pardon». Qu'aussitôt ceux qui se reconnaissent coupables, prosternés au milieu du chapitre, demandent pardon en commençant par les plus jeunes. Parmi ceux qui demandent spontanément pardon, qu'on veille à ce que deux ne s'avancent pas en même temps.

192 CONSTITUTIONES CANONICORUM WINDESHEMENSIUM, III

sis noviciis, dicit qui preest: «Faciant venias qui se reos estimant».
Continuo qui se reos cognoverint, prostrati in medio capituli veniam
petant incipientes a iunioribus. Observetur autem, ne duo simul proce- 15
dant ad petendam veniam ex hiis qui sponte veniam petunt.

Si qui autem fuerint clerici redditi et non capitulares, scilicet hii qui
non possunt ad sacros ordines promoveri et qui nondum ad subdiaconatum fuerint promoti, petita venia et culpis suis dictis ac proclamaci-
onibus de eis si que faciende fuerint, factis, primi omnium de capitulo 20
simul exeant. Deinde, qui prostratus veniam pecierit, iubente priore
surgat erectusque dicat culpam suam tam alte ut ab omnibus possit au-
diri. Nullus tamen de occul|tis in capitulo confessionem facere debet. Et 73v
cum dixerit se non habere quid amplius dicat vel loqui cessaverit, prior
dicit: «Vult aliquis istum fratrem proclamare?» Quod si aliquis eum 25
proclamare voluerit, non exaggeret clamorem suum nec querat circuitus
verborum, sed simpliciter proponat in hunc modum: «Frater noster
fecit vel omisit hoc vel illud» et nominet culpam eius. Ille vero qui cla-
matur, si culpabilem se cognoverit, statim veniam humiliter accipiens,
«mea culpa» dicat. Deinde, iubente priore, veniam petens iterum sur- 30
gat. Si autem culpabilem se non recognoverit, dicat breviter stans: «Pater, non recordor me hoc fecisse vel dixisse quod frater meus dicit».
Tunc ille, qui clamavit eum, clamacionem suam non repetat, nisi interrogatus. Quod, si aliquis videt fratrem suum negare quod verum est,
bene licet ei de eo quod vidit vel audivit testimonium perhibere. Post- 35
quam igitur frater culpas suas dicere finierit et proclamaciones de eo fac-
te|fuerint, prior in omnibus pro modo culpe et qualitate persone 74r
moderetur quantitatem satisfactionis et pene. Si quis autem, cum accu-
satur vel reprehenditur, impacienter nimis et furibunde respondet, secundum disposicionem presidentis aut ad tempus dimittatur aut in 40

21-22 cf. *LO* 33, 82-84: qui prostratus ... possit audiri   **23** *LO* 33, 81-82: Nullus ...
facere debet   **23-24** *LO* 33, 98-99: Et cum dixerit ... amplius dicat   **26-27** *LO*
33, 113-114: Non exaggeret ... verborum sed   **29** *LO* 33, 115-116: si culpabilem ...
veniam humiliter   **31-33** *LO* 33, 116-119: Si autem culpabilem se non ... non repetat   **34-35** *LO* 33, 120-122: Quod si aliquis ... perhibere   **38-41** *SA* II, 12 §14: Si
quis autem ... puniatur

---

14 se] *add. sup. lin. W*   **16** petendam] petendum *W*   **18-19** subdiaconatum] subdyaconatum *G*   **19** petita venia] *inv. W*   **22** erectusque] erectus *W*   suam]
om. W   **24** se] *seq. ras. G*   **31** non] co *add. sed del. W*   **39** impacienter nimis] *add.
in marg. m. post. W*

LES CONSTITUTIONS DE WINDESHEIM, III

S'il y a des clercs convers, sans droits capitulaires, c'est-à-dire ceux qui ne peuvent être élevés aux ordres sacrés, et ceux qui n'ont pas encore été promus au sous-diaconat, après avoir demandé pardon, proclamé leurs fautes et entendu les proclamations à leur sujet s'il devait y en avoir, qu'ils sortent ensemble du chapitre les premiers de tous. Ensuite, que celui qui, prosterné, demande pardon, se relève sur l'ordre du prieur, et redressé, dise sa faute suffisamment fort pour pouvoir être entendu de tous. Cependant personne ne doit confesser en chapitre des choses secrètes. Lorsqu'il déclare n'avoir plus rien à dire ou qu'il s'arrête de parler, le prieur dit: « Quelqu'un veut-il proclamer ce frère? » Et si quelqu'un veut le proclamer, qu'il n'exagère pas sa plainte et ne cherche pas de circonlocutions, mais s'exprime simplement de cette manière: « Notre frère a fait ou omis ceci ou cela » et qu'il nomme sa faute. Et que celui qui est proclamé, s'il se reconnaît coupable, accueillant aussitôt humblement le pardon, dise: « C'est ma faute ». Puis, demandant pardon, sur l'ordre du prieur, qu'il se relève. Mais s'il ne se reconnaît pas coupable, restant debout, qu'il dise brièvement: « Père, je ne me souviens pas avoir fait ou dit ce que dit mon frère ». Qu'alors celui qui l'a proclamé ne répète pas sa proclamation, sauf s'il est interrogé. Et si quelqu'un voit son frère nier ce qui est vrai, il lui est bien permis de témoigner de ce qu'il a vu ou entendu à ce sujet. Après donc que le frère a fini de dire ses fautes, et que les proclamations à son sujet ont été faites, que le prieur mesure pour tous, selon la gravité de la faute et la qualité de la personne, l'importance de la satisfaction et du châtiment. Si quelqu'un, accusé ou blâmé, répond de façon excessivement impatiente et coléreuse, qu'il soit congédié pour un temps ou puni sur-le-champ, selon qu'en disposera le président. Que personne ne présume de défendre avec obstination sa faute ou celle d'un autre, en chapitre ou ailleurs dans la communauté. Que celui qui fera le contraire mange par terre ou soit soumis à un châtiment plus important au jugement du prieur.

Si quelqu'un transgresse d'une façon notable ou fréquente une observance et se montre négligent à se corriger, qu'il soit redressé par des coups plus importants. Pour des négligences quotidiennes sont imposés quelques psaumes, toute sorte de tâches humbles et les disciplines communes, ou encore de garder individuellement le silence, surtout pour ceux qui sont enclins à parler. Que ceux qui ont coutume de rompre fréquemment le silence, soient punis par soustraction de nourriture ou mangent à terre, comme il semblera utile au prieur. Et que ceux qui circulent souvent hors de leur cellule de façon oisive et vaine, soient as-

194 CONSTITUTIONES CANONICORUM WINDESHEMENSIUM, III

continenti puniatur. Nullus culpam suam vel alterius presumat in capitulo vel alibi in conventu pertinaciter defendere. Qui contra fecerit ad terram comedat vel arbitrio prioris pene subiaceat graviori.

Si quis in aliqua observancia notabiliter aut frequenter excesserit et in emendacione negligens fuerit, gravioribus verberibus emendetur. Pro 45 cottidianis neglegenciis psalmi aliqui et humilia quelibet exercicia et communes discipline imponuntur seu eciam silencium singulare, maxime hiis qui ad loquendum proni fuerint. Qui assueti sunt frequenter frangere silencium, per abstractionem alimentorum puniantur vel ad terram comedant, prout prior viderit expedire. Et qui sepius extra 50 cellam ocio|se aut supervacue circueunt, singulari custodia celle et utili 74v occupacione restringantur. Duri quoque, elati et perversi depressionibus et increpacionibus et verberibus a malicia sua reprimantur.

Si quis ab hora regulari vel ab hiis, quibus interesse debuit, per licenciam prioris remanserit, hic talis, quia fratres licenciam que illi a priore 55 data est nesciunt, debet sicut alii, qui sponte veniam petunt, coram priore venire et in audiencia omnium absque venia dicere: « Pater, illi hore non affui, sed per licenciam vestram remansi », et sic tantummodo inclinans, iubente priore, ad locum suum redeat. Ceteri, qui sine licencia remanent, debent non solum veniam petere, sed eciam causam, quare 60 remanserint, coram omnibus vel priori secreto, si forte causa poposcerit, indicare.

Sciendum quoque est quod nullus clamorem faciet super illum qui se in eodem capitulo clamavit. Omnino autem caveat qui clamatur, ne vel clamanti aliquid responde|at aut eum ipso die in aliquo reprehendat, 75r sed se totum ad emendacionem exponat. Qui autem clamat alium, dicat continuo quidquid super eum clamare habet, et clamatus pro omnibus clamoribus unam veniam petat. Non debent duo simul super unum clamorem facere, sed cum, accepta venia, de terra surrexerit, debet alter quod voluerit super eum dicere et ille iterum veniam petere. Nemo su- 70 per unum de pluribus culpis quam duabus vel tribus clamorem faciet.

41-43 *SN* II, 4 §16: Nullus culpam ... graviori   **48-50** *SN* II, 4 §15: Qui assueti ... viderit expedire   **54-62** *LO* 33, 87-97: Si quis ... indicare   **63-64** *LO* 33, 122-123: Sciendum ... clamavit   **64-65** *SA* II, 12 §13: Omnino autem ... reprehendat   **66-70** *LO* 33, 123-124, 125-129: Qui autem ... iterum veniam petere   **70-71** cf. *LO* 33, 129-130: Nemo ... clamorem faciet

---

43 comedat] commedat *W*   **46** cottidianis] cotidianis *G*   **50** comedant] commedant *W*   prior] priori *W* (*SN* II, 4, §15: prior)   **52** restringantur] restrigantur *W*

LES CONSTITUTIONS DE WINDESHEIM, III

treints à garder la cellule de façon spéciale et occupés à un travail utile. Que ceux qui sont durs, orgueilleux et dévoyés soient réprimés de leur malice par des abaissements, des remontrances et des coups de verges.

Si quelqu'un avec la permission du prieur s'est absenté d'une Heure canoniale ou de celles auxquelles il devait assister, parce que les frères ignorent la permission qui a été accordée, il devra venir devant le prieur comme les autres qui demandent spontanément pardon et à l'attention de tous déclarera sans demander pardon : « Père, j'ai été absent de cette Heure, mais je l'ai manquée avec votre permission » et ainsi, en se contentant de s'incliner, qu'il rejoigne sa place sur l'ordre du prieur. Tous les autres qui s'absentent sans permission, doivent non seulement demander pardon, mais encore indiquer la raison de leur absence devant tous – ou au prieur en secret, si le motif l'exigeait.

On doit aussi savoir que personne ne doit proclamer celui qui l'a proclamé au cours du même chapitre. Que celui qui est proclamé veille absolument à ne rien répondre à qui le proclame, ou ne lui fasse un reproche ce même jour, mais qu'il s'engage tout entier à se corriger. Que celui qui proclame un autre dise sur le champ ce qu'il a à proclamer, et que celui qui est proclamé, demande une seule fois pardon pour tout ce qui lui est reproché. On ne peut être à deux pour proclamer un seul, mais lorsque le pardon obtenu, le frère se sera relevé de terre, l'autre dira contre lui ce qu'il veut et celui-là, à nouveau, demandera pardon. Personne ne proclamera un frère pour plus de deux ou trois fautes. De la même manière, pas plus de deux ou trois ne doivent proclamer au cours d'un même chapitre pour diverses fautes ; mais on peut proclamer plusieurs frères en même temps pour la même faute. Que ceux qui sont proclamés ensemble s'avancent ensemble pour demander pardon. On doit cependant veiller à ne pas présumer de proclamer en même temps, soit toute la communauté, soit encore l'ensemble d'un chœur.

Personne ne fera une proclamation contre un autre sur simple suspicion, mais sur ce qu'il aura vu ou entendu. Lorsqu'une proclamation est faite sur quelqu'un, s'il doit être fustigé dans ce même jugement, que celui qui tient chapitre veille à ce qu'il ne soit pas frappé par celui qui l'a proclamé, ou que lui-même a proclamé. Et si quelqu'un doit recevoir la discipline, s'agenouillant aussitôt à l'endroit où il se trouve, qu'il se découvre modestement les épaules, à moins qu'il n'ait paru bon au prieur que le frère doive même se dévêtir jusqu'à la ceinture et, immobile en cette position, la tête inclinée, qu'il se taise tout à fait ou dise seulement : « C'est ma faute, je veux me corriger », mais qu'entre-temps personne d'autre ne parle. Lorsque quelqu'un pour recevoir la discipline, aura reçu

196 CONSTITUTIONES CANONICORUM WINDESHEMENSIUM, III

Similiter nec plures quam duos vel tres pro diversis culpis in eodem capitulo proclamare debet, pro eadem vero plures insimul proclamare potest. Qui cum simul clamantur, simul ad petendam veniam procedant. Cavere tamen debet, ne aut totum conventum aut eciam unum integrum chorum insimul proclamare presumat. 75

Nullus faciet clamorem super alium ex sola suspicione, nisi de hoc quod viderit vel audierit. Quando inclamacio facta fuerit super aliquem, si in ipso iudicio verberandus fuerit, caveat ille qui capitulum tenet | ne 75v ab eo verberetur qui eum clamavit vel quem ipse clamavit. Quod, si ali- 80 quis disciplinam accipere debeat, mox in eodem loco quo stat genua flectens modeste scapulas denudet, nisi forte priori de aliquo visum fuerit, ut eciam usque ad cingulum denudare se debeat, et sic consistens inclinato capite, aut prorsus taceat aut hoc solummodo dicat: « Mea culpa, ego me emendare volo », sed neque alius interim loquatur. Cum 85 aliquis ad disciplinam suscipiendam iussus fuerit se exuere, reliqui facies suas operiant. Quod, si prior eum non verberaverit sed alius, quod tamen raro fiat, non cesset a verbere nisi ad iussionem prioris. Qui dum cessaverit, adiuvet fratrem illum ad induendum. Qui indutus et erectus non se moveat donec, priore iubente, inclinans redeat ad locum suum. 90 Hoc quoque sciendum est, quod ille qui inferioris gradus est, non verberabit eum qui superioris est gradus, id est diaconus sacerdotem, sed equalis equalem vel superior inferiorem.

Si quis vero aliquem | proclamare voluerit non spontanee confiten- 76r tem vel in sede sua sedentem, quod tamen nullus facere debet, nisi spon- 95 taneas confessiones cessasse viderit, in primis sic dicat: « Clamor est de fratre illo ». Qui autem clamatus fuerit, mox ut audierit nomen suum, nichil prorsus in sede sua respondeat, sed veniens in medium prius inclinans stet, pacienter expectans hoc quod frater suus super eum clamare habet et cetera, sicut supra dictum est de proclamacionibus sponte 100 confitencium.

73-74 *LO* 33, 130-131: pro eadem ... proclamare potest   75-76 *LO* 33, 131-133: Cavere tamen ... presumat   77-82 *LO* 33, 133-138: Nullus faciet ... genua flectens modeste   84-85 *LO* 33, 140-142: aut prorsus ... interim loquatur   88-93 *LO* 33, 143-149: non cesset ... superior inferiorem   94 *SA* II, 12 §8: Si quis ... proclamare voluerit   96-100 *LO* 33, 108-113: in primis ... clamare habet

---

77 faciet] faciat *G*   92 eum] *add. in marg. m. post. W*   diaconus] dyaconus *W*   95 facere] *add. in marg. m. post. W*   99 stet] stat *W*   hoc] *om. W*

LES CONSTITUTIONS DE WINDESHEIM, III

l'ordre de se dévêtir, que les autres se couvrent le visage. Et si ce n'est pas le prieur qui le fustige mais un autre, ce qui se fera rarement, qu'il ne cesse de frapper que sur l'ordre du prieur. Et à la fin, qu'il aide le frère à se rhabiller. Rhabillé et redressé, que ce dernier ne parte pas avant que le prieur ne lui en donne l'ordre; alors, en s'inclinant, qu'il rejoigne sa place. Qu'on sache aussi que celui qui est d'un rang inférieur ne fustige pas celui qui est d'un rang supérieur – c'est-à-dire, un diacre pour un prêtre – mais un égal son égal, ou un supérieur son inférieur.

Si quelqu'un veut proclamer un frère qui ne s'accuse pas spontanément ou demeure assis à sa place – ce que personne cependant ne doit faire tant qu'on n'a pas vu que les accusations spontanées ont cessé – qu'il commence par dire: « La plainte est sur ce frère-là ». Que le frère ainsi nommé, entendant son nom, ne réponde rien directement de sa place, mais s'avançant au milieu, qu'il se tienne d'abord incliné, attendant patiemment ce que son frère a à lui reprocher. Et que la suite se passe comme il a été dit plus haut pour les proclamations de ceux qui s'accusent spontanément.

Au chapitre, que tous veillent avec soin à ne pas prendre facilement la parole, sinon en s'accusant soi-même ou en proclamant d'autres ou étant proclamés par d'autres, ou encore s'il arrive que le prieur leur en donne l'ordre ou les interroge, ou pour demander quelque chose sur l'Ordre. Au chapitre encore, les frères ne doivent pas se parler les uns aux autres, mais seulement à celui qui tient le chapitre.

Tout ceci donc étant achevé, on enchaîne avec le psaume *Laudate Dominum omnes gentes.* À la fin, le prieur dit *Adiutorium nostrum in nomine Domini* et c'est ainsi que se termine le chapitre.

Qu'on veille surtout à ce qu'en dehors du chapitre, personne ne parle ou ne mentionne les fautes ou les matières secrètes qui y sont traitées. Que le contrevenant soit puni par une censure appropriée. Les plus jeunes sortent les premiers du chapitre et tous les autres suivent selon leur rang.

Le Vendredi Saint, le vendredi avant la Pentecôte, à la Vigile de la Nativité du Seigneur et à la Vigile de l'Assomption de la bienheureuse Marie, chaque frère reçoit la discipline en chapitre, et les prieurs en privé. Et si les Vigiles susdites tombent un dimanche, qu'on tienne chapitre le vendredi précédent.

198 CONSTITUTIONES CANONICORUM WINDESHEMENSIUM, III

In capitulo ab omnibus diligenter observandum est ne ad verba facile prorumpant, nisi aut accusando seipsos aut in clamando alios aut clamati ab aliis, nisi forte iussi aut interrogati a priore fuerint aut de ordine aliquid quesituri. In capitulo eciam fratres adinvicem loqui non 105 debent, sed tantummodo ad eum qui capitulum tenet.

Omnibus igitur peractis, sequitur psalmus *Laudate Dominum, omnes gentes.* In fine autem dicit prior *Adiutorium nostrum in nomine Domini*, et sic solvitur capitulum.

Hoc autem maxime caveatur, ne aliquis extra capitulum loquatur 110 vel signi|ficet de culpis sive de secretis causis, que in capitulo tractantur. 76v Qui contra fecerit, censura competenti puniatur. De capitulo iuniores prius exeunt et consequenter ceteri secundum ordinem.

In Parasceve, in feria sexta ante Penthecostem, in vigilia Nativitatis Domini et in vigilia Assumpcionis beate Marie singuli fratres recipiunt 115 disciplinas in capitulo et priores in privato. Quod si predicte vigilie venerint in dominica, feria sexta precedenti capitulum teneatur.

CAPITULUM SEXTUM

DE SILENCIO ET LABORE

In oratorio, dormitorio et refectorio omni tempore silencium tenemus.

Post Vesperas usque ad primum signum cene vel collacionis et in 5 Quadragesima post quintam horam, omni tempore loqui possumus. Ferialibus eciam diebus, post Primam vel Terciam secundum tempus usque ad primum signum sequentis hore, licenter loquimur. Celebribus autem diebus post meridiem, a duodecima hora usque ad primum signum Vesperarum, loqui possumus. Quandoque tamen, cum priori vi- 10

102-105 *LO* 33, 174-179: In capitulo ... quesituri **105-106** *LO* 33, 181-182: In capitulo ... tenet **107-108** *CAOP*, Dist. I, 2 (p. 315), 34-36: psalmus Laudate ... capitulum **110-111** *LO* 33, 149-151: Hoc autem ... tractantur

---

102 ab omnibus diligenter] d. a. o. *sed corr. G* **109** et ... capitulum] *scr. in ras. G* **110** loquatur] *om. W* (*LO* 33, 150: loquatur) **115-116** fratres recipiunt disciplinas in capitulo et priores in privato] fratres i. c. et p. in p. r. d. *W*

III, 6, **5** ad] post *W*

CHAPITRE VI

LE SILENCE ET LE TRAVAIL

À l'oratoire, au dortoir et au réfectoire, nous gardons le silence en tout temps.

Nous pouvons parler, en tout temps, après les Vêpres, jusqu'au premier signal du souper ou de la collation, et en Carême, après la cinquième heure. Les jours de féries, il nous est permis de parler après Prime ou Tierce, selon le temps liturgique, jusqu'au premier signal de l'Heure suivante. Les jours de fêtes, nous pouvons parler l'après-midi, de la douzième heure jusqu'au premier signal des Vêpres. Parfois cependant, lorsque le prieur le jugera bon, nous nous rassemblons dans une partie du cloître ou ailleurs pour parler de sujets qui regardent l'édification.

Nous gardons le silence les jours de féries, depuis le premier signal pour Tierce ou Sexte, selon le temps, jusqu'après les Vêpres, et les jours de fêtes, pendant toute la matinée et après le premier signal des Vêpres, et tout le temps qui suit le souper et pendant les Heures canoniales. De Complies jusqu'après Prime ou Tierce du jour suivant, nous sommes tenus à un silence plus strict. Entre le premier et le dernier signal pour Tierce ou Sexte et pour les Vêpres, gardant le silence habituel, nous faisons une lecture dans nos livres.

Les jours de féries, après Prime ou Tierce, selon le temps, jusqu'au premier signal de l'Heure suivante et après le repas jusqu'au premier signal des Vêpres, nous sommes assidus aux travaux qui nous sont enjoints et surtout à copier des livres. Aux autres moments, nous consacrons du temps à la lecture, à la prière et aux saintes méditations. Il dépend cependant de la disposition du prieur que pour certains le travail manuel soit allégé, afin qu'ils puissent s'appliquer davantage à la lecture et à l'oraison. Mais même en travaillant, il nous est recommandé de recourir au moins à de brèves prières, comme jaculatoires. De plus, si dans ces moments-là, il en est certains qui multiplient les conversations ou les prolongent, ou vont et viennent dans l'oisiveté et l'agitation, qu'ils disent leur faute au chapitre ou soient proclamés. Si le prieur aussi les voit, qu'il les réprimande.

Que celui qui sait écrire et le peut mais refuse de le faire, soit puni par une diminution de nourriture ou boisson commune, ou d'une autre façon, tant qu'au jugement du prieur, il ne se sera pas amendé.

Ceux qui, par délégation du prieur, entendent les confessions, peuvent en temps et lieux de silence, brièvement encourager, conseiller

200 CONSTITUTIONES CANONICORUM WINDESHEMENSIUM, III

sum fuerit ad conferendum de hiis, que ad edificacionem pertinent, in parte claustri vel ad alium | locum simul convenimus. 77r

Ferialibus diebus, a primo signo pro Tercia vel Sexta pro tempore, usque post Vesperas, et celebribus per totum antemeridiem, et post primum signum Vesperarum, et omni tempore post cenam et infra horas 15 regulares silencium tenemus. A Completorio autem usque post Primas vel Tercias sequentis diei, arciori nos silencio cohibemus. Inter primum et ultimum signum ad Terciam vel ad Sextam et ad Vesperas iuge silencium servantes in codicibus legimus.

Ferialibus vero diebus post Primas, vel Tercias pro tempore, usque 20 ad primum signum sequentis hore, et post refectionem usque ad primum signum Vesperarum operibus nobis iniunctis, et precipue scribendis libris, insistimus. Ceteris temporibus, lectionibus, oracionibus et meditacionibus sanctis operam dantes. In disposicione tamen prioris est aliquos a labore manuum magis sublevare, ut amplius lectioni et ora- 25 cioni possint insistere. Sed et in operando saltem ad breves et quasi iaculatas monemur oraciones recurrere. Porro, si qui hiis temporibus locuciones multiplicaverint aut pro|traxerint, vel ociose et inquiete cir- 77v cuierint, culpam dicant in capitulo aut proclamentur. Si prior eciam viderit corripiat eos. 30

Qui scribere scit et potest et noluerit, subtractione communis cibi vel potus vel alio quocumque modo tamdiu puniatur, donec arbitrio prioris se emendaverit.

Qui ex commissione prioris confessiones recipiunt, locis et temporibus silencii possunt confitentes breviter confortare et monere vel ar- 35 guere, prout opus fuerit, et confitentes consilium requirere, sed non occasione confessionis aliena conferre.

Cum aliqui ex fratribus emendandis vel ligandis libris, vel alicui operi tempore silencii mancipantur, ipsi quidem loquuntur adinvicem et cum cooperantibus, sed non cum supervenientibus, nisi licenciam ha- 40 buerint. De alienis autem materiis longa et inutilia colloquia texere caveant, nec debent sine speciali licencia ultra primum signum Tercie vel Sexte vel Vesperarum operari vel emendare vel loqui.

Cum utilitas vel necessitas | urget, uno vel duobus aut paucissimis 78r verbis quod res postulat indicamus. In presencia prioris adinvicem sine 45

III, 6, **26-27** *SA* I, 41 §19: in operando ... recurrere   **31-33** *SA* II, 22 §5: Qui scribere ... arbitrio prioris   **38-40** *SA* II, 18 §2: Cum aliqui ... supervenientibus   **42-43** cf. *SA* II, 18 §3: nec debent ... operari   **44-45** *SA* II, 17 §3: necessitas urget ... indicamus

ou reprendre leurs pénitents autant qu'il le faut, et ceux-ci peuvent demander conseil, mais sans prendre occasion de la confession pour s'entretenir d'autres choses.

Lorsque quelques frères sont occupés à corriger ou à relier des livres, ou à quelque autre travail au temps du silence, ils peuvent parler entre eux et avec leurs collaborateurs, mais pas avec ceux qui surviennent, sauf s'ils en ont la permission. Qu'ils évitent de parler d'autres sujets en des échanges longs et inutiles; ils ne doivent pas sans permission spéciale, travailler, corriger ou parler au delà du premier signal de Tierce ou Sexte ou Vêpres.

Lorsque l'utilité ou la nécessité l'exige, on indique par un mot ou deux, ou en plus petit nombre possible ce que la chose demande. En présence du prieur, nous pouvons nous parler sans permission, mais non après Complies. Les frères qui sont responsables de charges, peuvent parler tout au long de la journée jusqu'à Complies avec ceux qui les secondent continuellement, mais pas pendant les Heures canoniales. Cependant, qu'ils évitent de raconter des choses vaines et superflues ou d'omettre par négligence les temps de lecture. Le procurateur peut parler à ceux qui l'assistent et avec les hôtes, chaque fois que c'est nécessaire ou qu'il le juge utile. Quiconque rompra le silence sciemment et longuement, dira sa faute au chapitre le plus proche et qu'il reçoive la discipline. S'il le rompt habituellement, qu'il subisse une peine plus importante. Quand nous nous croisons, nous nous cédons le passage avec un amical empressement et une humble supplication, et nous passons en gardant le silence. Lorsque nous en avons la permission, nous pouvons parler aux hôtes et à toutes les personnes de l'extérieur, durant la journée entre Prime et Complies dans les lieux autorisés, mais non pendant les Heures canoniales. Avec ceux qui demeurent plus de trois jours, nous ne parlons qu'avec une permission spéciale, sauf aux moments où nous pouvons parler entre nous. À aucune personne de l'extérieur ou à aucun hôte, on n'accorde une permission générale de parler avec les frères, ni à aucun frère n'est accordée une permission générale de parler avec les hôtes sauf pour les visiteurs ou pour le Chapitre Général. Le Prieur Supérieur où qu'il aille, et les visiteurs dans quelque maison qu'ils se rendent pour leur charge de visite, peuvent parler à tous les frères, même dans leurs cellules. Afin de pourvoir au calme de la discipline et à la garde des frères, nous demandons qu'en chacune des maisons, les bâtiments et hôtelleries soient disposés et séparés suivant l'avis des visiteurs, de façon que les étrangers n'aient pas libre accès à la pro-

202 CONSTITUTIONES CANONICORUM WINDESHEMENSIUM, III

licencia loqui possumus, sed non post Completorium. Fratres qui officiis deputati sunt, usque ad Completorium per diem loqui possunt cum hiis qui eis continue subserviunt, sed non infra horas regulares. Caveant tamen vana et superflua proloqui aut tempora lectionis negligenter preterire. Procurator cum sibi subservientibus et cum hospitibus, quando- 50 cumque indiguerit vel utile iudicaverit, loqui potest. Quicumque autem silencium scienter et notabiliter fregerit, culpam suam clamet in capitulo proximo sequenti et disciplinam recipiat, et si assuetus fuerit in frangendo, pena puniatur maiori. Obviantes invicem amica alacritate et humili supplicatione mutuo locum dantes, servato pertransimus silen- 55 cio. Cum hospitibus et quibuscumque extraneis, cum licenciam habuerimus, per diem inter Primas et Completorium in locis licitis loqui possumus, sed non infra horas | regulares. Si autem ultra tres dies man- 78v serint, sine speciali licencia non loquimur cum eis, nisi cum adinvicem loqui possumus. Non conceditur alicui extraneo vel hospiti communis 60 licencia loquendi cum fratribus, nec eciam alicui fratri communis licencia loquendi cum hospitibus, nisi per visitatores vel per capitulum generale. Prior vero superior ubicumque venerit, et visitatores ad quascumque domus propter officium visitacionis venerint, cum omnibus fratribus eciam in cellis loqui possunt. Ut autem quieti discipline et 65 custodie fratrum provideatur, monemus, ut edificia et hospicia in singulis domibus consilio visitatorum sic disponantur et distinguantur, quatinus alienis non pateat liber accessus ad ambitum et loca, ubi fratrum cottidianus transitus est et conversacio, et maxime ad dormitorium. 70

51-54 *SA* II, 17 §4: Quicumque autem silencium ... puniatur maiori   **54-56** Guigo, 72 §2 et *SA* III, 21 §4: Obviantes ... silencio   **61-63** cf. *ACW* (1446), p. 43: licencia loquendi ... capitulum generale

---

50 subservientibus] servientibus *W*   **62-63** nisi per visitatores vel per capitulum generale] *ras. sed in ras. scr. m. post.* nisi per capitulum generale tantum *G*   **67** distinguantur] distingwantur *W*   **68** quatinus] quatenus *W*   **69** cottidianis] cotidianis *G*

priété et aux lieux de passage et de fréquentation quotidiens des frères, et surtout au dortoir.

204 CONSTITUTIONES CANONICORUM WINDESHEMENSIUM, III

CAPITULUM SEPTIMUM
DE REFECTORIO

Universi fratres ad utramque refectionem, scilicet prandii et cene, convenire debent. Si quis defuerit, in capitulo veniam pe|tat et causam quare remanserit indicet. Quando percutitur cymbalum, statim fratres circa refectorium conveniant ibique modeste cum silencio sedeant, donec sonante refectorii cymbalo, intrent ordinate, senioribus precedentibus, nudantes capita cum intrant et inclinantes modice versus crucem cum ad loca sua venerint. Stantibus fratribus in locis suis, qui maiorem Missam cantavit, incipit *Benedicite* moderata voce et conventus versum prosequitur. Finita oracione dominica, sacerdos erigens se dicit *Et ne nos*. Deinde, benedicens signum crucis versus mensam prioris facit. Circa finem benedictionis lector in medium procedit et profunde inclinans benedictionem petit. Qua data, ascendit ad lectorium et ceteri in ordine suo ad mensas resident. Debet autem lector providere libros in quibus legendum est et loca ubi incipiendum est et ut legenda per totam refectionem sufficiant, antequam conventus ad benedictionem intret. Non debet lector lectionem inchoare antequam strepitus residen|cium conquiescat, nec fratres cibum attingant, priusquam priorem, premissa modica clausula, attingere viderint. Lectori mense licitum est aliquid gustare, priusquam refectorium intramus et sero ante collacionem vel cenam bibere. Historias legit expedicius, sermones et omelias attencius. Aperte tamen et distincte legat omnia, ut possit intelligi, et tali voce ut possit audiri, et dum legit aurem accommodet correctori, ut si quando emendaverit intelligere possit. Si vero lector mense vel servitor, aliqua ex causa defuerit et alium non rogaverit, locum servitoris precedens et locum lectoris sequens suppleat.

Si quis ex quo benedictio data fuerit venerit, post fratres vel alios iam sedentes sedeat, et pro benedictione *Pater noster* et *Ave Maria* di-

---

III, 7, **3-5** *LO* 35, 1-2, 3-5: Universi fratres ... cymbalum   **7-9** cf. *SA* II, 13 §16: intrent ordinate ... versus crucem   **9-14** cf. *LO* 35, 55-56, 49-51, 58-59, 65-68: qui maiorem missam ... ascendit ad   **15-18** cf. *LO* 35, 71-72; *SA* II, 13 §1: Debet autem ... intret   **22-24** *SA* II, 13 §5; cf. *LO* 48, 53-54: historias legit ... possit audiri   **24-25** *LO* 48, 54-55: et dum legit ... intelligere possit   **28-31** cf. *LO* 35, 73-76: Si quis ex quo ... ultimus remaneat

---

III, 7, **12** nos] inducas *add. W*   **16** ubi] in quibus *W*

CHAPITRE VII

LE RÉFECTOIRE

Tous les frères sont tenus d'assister aux deux repas, le dîner et le souper. Si l'un est absent, qu'il demande pardon au chapitre et indique la raison de son absence. Lorsque la cymbale est frappée, que tous les frères se rassemblent aussitôt aux alentours du réfectoire, et qu'ils se tiennent assis avec modestie en silence jusqu'à ce que résonne la cymbale du réfectorier; qu'ils entrent alors selon leur rang, les aînés en premier, se découvrent la tête en entrant et s'inclinent légèrement vers le Crucifix quand ils arrivent à leur place. Tandis que les frères sont debout à leur place, celui qui a chanté la Messe principale, commence à voix modérée le *Benedicite* et la communauté continue le verset. À la fin de l'oraison dominicale, le prêtre se redressant dit *Et ne nos.* Ensuite, en bénissant, il trace un signe de croix en direction de la table du prieur. Vers la fin de la bénédiction, le lecteur s'avance au milieu et, profondément incliné, demande la bénédiction. Celle-ci donnée, il monte au pupitre et tous les autres s'assoient à table selon leur rang. Avant que la communauté n'entre pour la bénédiction, le lecteur doit prévoir les livres à lire, les endroits où il faut commencer et la lecture nécessaire pendant tout le repas. Le lecteur ne commencera pas la lecture avant que ne se soit calmé le bruit de ceux qui s'assoient, et les frères ne toucheront pas aux aliments avant qu'ils n'aient vu le prieur se servir après une courte pause. Le lecteur de table peut prendre quelque chose avant que nous n'entrions au réfectoire, et le soir, boire avant la collation ou le souper. Il lit les histoires assez rapidement, les sermons et les homélies, plus posément. Cependant qu'il lise tout clairement et distinctement, de façon à pouvoir être compris et d'une voix telle qu'il puisse être entendu: tout en lisant, qu'il tende l'oreille vers le correcteur pour pouvoir comprendre une éventuelle correction. Si le lecteur de table ou le serviteur est absent pour une raison quelconque et n'a pas demandé de remplaçant, que le frère qui précède le serviteur prenne sa place, et que celui qui suit le lecteur le supplée.

Et si quelqu'un arrive après la bénédiction, qu'il prenne place après les frères ou après d'autres personnes déjà assises, et comme bénédiction, qu'il dise *Pater noster* et *Ave Maria.* Celui qui entre au réfectoire après que les frères se soient assis, qu'il demande la permission d'entrer et reste à la dernière place. Un frère empêché de manger ce qui lui est servi au réfectoire, n'est autorisé à le présenter à un autre, qu'à son plus proche

206 CONSTITUTIONES CANONICORUM WINDESHEMENSIUM, III

cat. Qui vero postquam fratres consederint refectorium intraverit, cum 30
licencia intret et ultimus remaneat. Frater non valens comedere que sibi
apponuntur in refectorio, alteri porrigere fas non habet, nisi assidenti
proximo | a dexteris vel a sinistris. Bibentes duabus manibus amphoram 80r
vel ciphum tenemus. Apponenti aliquid vel removenti modice inclinamus et ipse nobis. Mensalia non convolvimus, donec prior suum men- 35
sale convolvat.

Cum igitur prior a comestione cunctos cessasse viderit, cymbalum
modice pulsat, et statim lector dicit *Tu autem Domine* et cetera responsoque *Deo gracias*, surgimus a mensa. Deinde, priore cymbalum pul-
sante ac fratribus in ordine suo stantibus, sacerdos qui benedictionem 40
dedit versum incipit et ad *Gloria Patri* chorus contra chorum inclinat.
Incepto psalmo, ad crucem inclinantes, iunioribus precedentibus, secundum ordinem egredimur. Chorum vero ingredientes ad gradum
sanctuarii omnes inclinamus, sicque pergentes ad sedes nostras gracias
secundum morem persolvimus. Qui extra conventum comedunt, ad 45
Gloria et ad *Pater noster* modice inclinant et cum psalmo *Laudate Do-*
minum omnes gentes contenti sunt. Lectores tamen mense sicut conven-
tus *Miserere* di|cant. In domibus tamen secularium inclinaciones in 80v
graciis seu benedictionibus non observamus.

CAPITULUM OCTAVUM

DE IEIUNIIS

Ab Exaltacione sancte Crucis usque ad festum Pasche non nisi semel in die manducamus, exceptis usque ad Quinquagesimam festis novem lectionum que in sextis feriis non evenerint, exceptis eciam infirmis 5
et debilibus et hiis cum quibus prior propter aliquam racionabilem

---

31-32 *SA* II, 13 §28: Frater non valens ... non habet   33-34 *SA* II, 13 §30: Bibentes ... tenemus   34-35 *SA* II, 13 §31: Apponenti aliquid ... ipse nobis   35-36 *SA*
II, 13 §34: Mensalia ... convolvat   37 cf. *LO* 35, 137-138: Cum igitur ... cessasse   38-39 cf. *LO* 35, 149-150: et statim ... Deo gracias

III, 8, 3-4 *SA* II, 14 §9: Ab Exaltacione ... festis

---

31 comedere] commedere *W*   33 dexteris] dextris *GW*   37 comestione] commes-
tione *GW*   42 incepto] que *add. sed del. G*   45 comedunt] commedunt *W*

LES CONSTITUTIONS DE WINDESHEIM, III   207

voisin de gauche ou de droite. En buvant, nous tenons notre pichet ou pinte des deux mains. Nous nous inclinons légèrement vers celui qui apporte ou enlève quelque chose, et lui-même le fait pour nous. Nous ne roulons pas les serviettes tant que le prieur n'a pas roulé la sienne.

Lors donc que le prieur voit que tous ont cessé de manger, il frappe légèrement la cymbale et aussitôt le lecteur dit *Tu autem Domine*, et la suite, et nous répondons *Deo gratias*, puis nous nous levons de table. Ensuite, dès que le prieur frappe la cymbale et que les frères sont debout d'après leur rang, le prêtre qui a donné la bénédiction commence le verset et au *Gloria Patri*, les frères s'inclinent chœur contre chœur. Dès que le psaume est entonné, nous inclinant vers le Crucifix, nous sortons selon notre rang, les jeunes en premier. Entrant au chœur, nous nous inclinons tous à la marche du sanctuaire et ainsi parvenus à nos places, nous nous acquittons des grâces selon la coutume. Ceux qui mangent en dehors de la communauté s'inclinent légèrement au *Gloria* et pour le *Pater noster*, et comme psaume, se contentent du psaume *Laudate Dominum omnes gentes*. Que les lecteurs de table disent le *Miserere* comme la communauté. Dans les maisons des séculiers cependant, nous ne faisons pas les inclinations pour les grâces ou les bénédictions.

CHAPITRE VIII

LES JEÛNES

Depuis l'Exaltation de la sainte Croix jusqu'à la fête de Pâques, nous ne mangeons qu'une fois par jour, sauf jusqu'à la Quinquagésime, les jours de fêtes à neuf leçons qui ne tombent pas un vendredi; sont exceptés les malades, les infirmes et ceux que, pour un motif raisonnable, le prieur aura dispensés. En présence des hôtes cependant, la communauté ne relâche pas le jeûne.

Le jour de l'installation d'un nouveau prieur, le jour de vêture ou de profession d'un frère, nous prenons deux repas, sauf si c'est vendredi ou un jeûne d'Église. Ces jours-là aussi pendant l'après-midi, nous nous réunissons dans le cloître, et en sortant ensemble, nous pouvons parler avec retenue jusqu'au premier signal des Vêpres.

Les lundis dans les monastères de notre chapitre, nous ne mangeons pas de viande sauf les malades et ceux qui ont été saignés. Pendant l'Avent, avec abstinence de viande, nous jeûnons tous les jours. À tous

208 CONSTITUTIONES CANONICORUM WINDESHEMENSIUM, III

causam dispensaverit. Ad instanciam tamen hospitum conventus ieiunium non relaxat.

In die quoque suscepcionis novi prioris et in die investicionis seu professionis alicuius, nisi feria sexta vel ieiunium ecclesie fuerit, iterato reficimus. Quibus eciam diebus post meridiem simul in claustro convenimus, et cum modestia pariter exeuntes usque ad primum signum Vesperarum loqui possumus. 10

Feriis secundis infra monasteria capituli nostri, exceptis infirmis et minutis, carnibus non vescimur. In Adventu vero a carnibus abstinentes cottidie ieiunamus. In profestis omnibus beate | Marie Virginis, ob honorem ipsius Virginis, tam intus quam foris in cibo quadragesimali ieiunamus. 15 81r

A festo Pasche usque ad Exaltacionem sancte Crucis iterato cottidie reficimus, exceptis feriis sextis et ieiuniis ab ecclesia institutis, in quibus eciam cibo quadragesimali utimur. Feria secunda et tercia post Quinquagesimam, tam intus quam extra, quadragesimali cibo utimur et ieiunamus. Hospitibus feriis sextis ova non ministramus. Feria sexta in Parasceve pane et cervisia contenti sumus. Feria sexta in ebdomada Pasche bis cum lacticiniis reficimus. Die quoque Nativitatis Domini nostri Ihesu Christi, quocumque die venerit, carnibus vescimur et iterato reficimus. In die Marci Evangeliste et feria secunda et tercia in Rogacionibus, et in profesto Venerabilis Sacramenti, sicut in regulari ieiunio cum lacticiniis ieiunamus. Si autem festum Marci infra ebdomadam Pasche venerit, nec ieiunium nec abstinenciam propter letaniam facimus. 20 25 30

Disciplinas vel abstinencias seu vigilias aut alia quelibet exercicia corporalia, que communis institucionis | nostre non sunt, nulli nostrum, nisi priore sciente et favente, facere licet. 81v

---

9 *SA* II, 14 §9: In die ... prioris   **19-21** *SA* II, 14 §10: A festo ... ieiuniis   **31-33** Guigo, 35 §1 (*melius*); *SA* II, 14 §25; *SA* III, 28 §50: Disciplinas vel ... facere licet

---

III, 8, 7 tamen] *om. W*   **16** cottidie] cotidie *G*   **19** cottidie] cotidie *G*   **20** ferijs sextis] *inv. G*   **30** abstinenciam] abstinencias *W*

les jours précédents les fêtes de la bienheureuse Vierge Marie, nous jeûnons en l'honneur de cette Vierge, comme en Carême tant au monastère qu'au dehors.

De la Fête de Pâques jusqu'à l'Exaltation de la sainte Croix, nous avons deux repas quotidiens, sauf les vendredis et jeûnes d'Église, jours où nous prenons la nourriture comme en Carême. Les lundis et mardis après la Quinquagésime, tant au monastère qu'au dehors, nous prenons la nourriture comme en Carême et nous jeûnons. Nous ne servons pas d'œufs aux hôtes le vendredi. Le vendredi de la Semaine Sainte, nous nous contentons de pain et de bière. Le vendredi de la semaine de Pâques, nous prenons deux repas avec des laitages. La fête de la Nativité de notre Seigneur Jésus Christ, quel que soit le jour où elle tombe, nous mangeons de la viande et avons deux repas. À la fête de l'Évangéliste Marc, les lundi et mardi des Rogations et à la Fête du Saint-Sacrement, nous jeûnons comme un jeûne régulier avec des laitages. Et si la fête de saint Marc tombe dans la semaine de Pâques, nous n'avons ni jeûne ni abstinence, à cause des litanies.

Tout ce qui concerne les disciplines ou abstinences, ou les Vigiles et autres exercices corporels qui n'appartiennent pas à notre règle commune, aucun des nôtres n'a le droit de les pratiquer, sans que le prieur ne le sache et n'y consente.

210 CONSTITUTIONES CANONICORUM WINDESHEMENSIUM, III

CAPITULUM NONUM
DE COLLACIONE

Diebus unice refectionis, hora competenti, scilicet post primum signum pro Completorio, refectorarius ad collacionem signum facit. Fratribus autem congregatis, prior cymbalum refectorii pulsat. Deinde, 5 fratribus in refectorium ingressis, procedit lector in medium premissoque *Iube Domine benedicere*, sequitur benedictio *Noctem quietam vitamque beatam tribuat nobis omnipotens et misericors Dominus, Amen.* Lecta autem modica clausula et signo facto a priore, dicit lector sedendo et modice inclinando *Benedicite*, dataque benedictione ab ebdomadario 10 *Largitor omnium bonorum benedicat potum servorum suorum*, ter ministratur potus. Postea ad signum prioris, finita lectione, postquam dictum fuerit *Deo gracias*, dicit qui preest *Adiutorium nostrum in nomine Domini.* Sicque fratres cum silencio secundum ordinem ad ecclesiam pergunt. Quicumque extra horam bibere voluerit, a priore licenciam pe- 15 tat.

CAPITULUM DECIMUM
DE DORMITORIO

Dormitoria in | domibus nostris superius sive inferius construenda 82r sunt et celle singule pro singulis fratribus ordinande. Extra dormitorium nullus cellam vel cameram habere debet pro dormicione vel man- 5 sione, nisi quos infirmitas vel officii necessitas abesse compellit.

Generaliter autem alterius cellam non ingredimur nec alicui ingressum pandimus sine licencia speciali. Sed si quis subita infirmitate preventus fuerit, frater hoc percipiens, cellam eius intrare et secum loqui potest. Quod eciam de incendio et quocumque inopinato casu intelligi- 10 tur. In ipsis quoque cellis nichil, nisi prius ostensum et concessum, mutari fierive sinitur. Celle superius constructe clausuras non habent, excepta cella prioris et procuratoris. Dormitorium tamen diligenter ob-

---

III, 9, **3-14** *CAOP*, Dist. I, 9 (p. 320), 1-9: hora competenti ... ad ecclesiam

III, 10, **7-8** (*SA* II, 22 §24); *SA* III, 28 §31: Generaliter ... sine licencia **11-12** Guigo, 64 §2; *SA* III, 28 §30: In ipsis ... fierive sinitur

LES CONSTITUTIONS DE WINDESHEIM, III

CHAPITRE IX

LA COLLATION

Les jours d'un seul repas, à l'heure appropriée, c'est-à-dire après le premier signal avant Complies, le réfectorier donne le signal pour la collation. Les frères une fois rassemblés, le prieur frappe la cymbale du réfectoire. Puis, après que les frères sont entrés au réfectoire, le lecteur s'avance au milieu et dit *Iube Domine benedicere*, suivi de la bénédiction *Noctem quietam vitamque beatam tribuat nobis omnipotens et misericors Dominus, Amen*. Une courte clausule ayant été lue et une fois le signe donné par le prieur, le lecteur dit *Benedicite* en s'asseyant et en s'inclinant légèrement; l'hebdomadier donne alors la bénédiction *Largitor omnium bonorum benedicat potum servorum suorum*; puis une boisson est servie trois fois. Ensuite, sur un signe du prieur, la lecture s'achève et après la réponse *Deo gracias*, celui qui préside dit *Adiutorium nostrum in nomine Domini*. Et les frères se rendent ainsi à l'église en silence et par rang. Quiconque veut boire en dehors de l'heure doit demander la permission au prieur.

CHAPITRE X

LE DORTOIR

Dans nos maisons, les dortoirs tant supérieur qu'inférieur doivent être construits et des cellules individuelles doivent être disposées pour chaque frère. En dehors du dortoir, personne ne doit avoir une cellule ou une chambre pour y dormir ou demeurer, sauf ceux que la maladie ou la nécessité d'une charge oblige à le faire.

Généralement, nous n'entrons pas dans la cellule d'autrui et ne permettons à quiconque d'entrer sans une permission spéciale. Mais si quelqu'un est frappé d'une indisposition subite, le frère qui s'en aperçoit peut entrer dans sa cellule et parler avec lui. Ce qui s'entend aussi pour un incendie ou n'importe quel événement inopiné. Et dans les cellules, il n'est permis de rien changer ou faire, sans que ce ne soit d'abord montré et accordé. Les cellules construites en haut n'ont pas de serrures, sauf celle du prieur et du procurateur. Le dortoir sera cependant soigneusement surveillé, surtout pendant la nuit. Qu'en tout temps, le calme et le silence soient observés au dortoir, surtout à partir du moment où les frères y entrent après Complies. Alors, que chacun demeurant calme-

212   CONSTITUTIONES CANONICORUM WINDESHEMENSIUM, III

servandum est maxime tempore nocturno. Omni tempore quies et silencium in dormitorio custodiantur, maxime ab ea hora quando fratres 15
post Completorium dormitorium intraverint. Tunc enim singuli in cellis suis stabilius permanentes usque ad horam dormicionis sibi ipsis et
Deo|vacare studeant. Nemo sine licencia notabiliter ultra septimam 82v
horam vigilias protrahere debet. Ad prioris cellam fratres post Completorium non veniunt, nisi ex speciali causa vel vocati ex nomine. Mone- 20
mur enim horis ad quietem deputatis dormicioni magnum impendere
studium, quo temporibus ceteris alacriter vigilare possimus. A Completorio usque ad Primas nusquam sine licencia extra dormitorium
divertere debemus, nisi pro necessitate nature, pro calefactione et ad ecclesiam pro divino officio peragendo, quatinus tali quiete laboris diurni 25
et quarumque occupacionum distractiones preteritas recolligere et re-
formare possimus.

A festo Pasche usque ad Exaltacionem sancte Crucis, post Nonas vel
gracias pro tempore, per spacium unius hore meridianus sompnus conceditur. Ne quis autem post excitacionem sopore depressus diucius tor- 30
peat, sacrista, postquam excitavit, iterato cellas intrare potest et si quem
culpabilem invenerit, in proximo capitulo proclamare. Omni tempore
dum fratres dormiunt, si quis opus habuerit surgere vel quoquam ire, ita
mo|deste surgat, eat et redeat, ut aliorum quietem non perturbet. In cel- 83r
lis dormitorii vacantibus et in quibus clerici nondum vestiti ad religio- 35
nem habitant, silencium servatur, similiter in libraria.

CAPITULUM UNDECIMUM

DE COMMUNIONE

Omnes fratres clerici domorum nostrarum, qui Missas non cele-
brant, de quindena in quindenam, tam professi quam novicii, cum pre-

---

19-20 *SA* III, 28 §28: Ad prioris ... ex nomine   **20-22** *SA* I, 41 §23: Monemur ...
vigilare possimus   **33-34** *LO* 37, 15-16: dum fratres ... eat et redeat

III, 11, **3-6** *SN* I, 5 §19: Omnes fratres ... prepediti fuerint

---

III, 10, **25** peragendo] pergendo *W*   **25**quatinus] quatenus *G*   **36** similiter] et
add. W   libraria] liberaria *W*

LES CONSTITUTIONS DE WINDESHEIM, III

ment dans sa cellule jusqu'à l'heure du coucher, s'efforce de vaquer à soi-même et à Dieu. Personne ne doit veiller notablement sans permission au-delà de la septième heure. Après Complies, les frères ne viennent pas à la cellule du prieur à moins d'un motif spécial, ou s'ils sont appelés nommément. Il nous est en effet recommandé de veiller avec grand soin au sommeil pendant les heures assignées au repos, afin de pouvoir être dispos avec alacrité aux autres moments. De Complies jusqu'à Prime, nous ne devons jamais quitter le dortoir sans permission, sauf pour les besoins de la nature, pour se chauffer ou aller à l'église pour l'Office divin, de façon à pouvoir nous recueillir et refaire nos forces par le repos, après le travail de la journée et après la dispersion causée par toutes nos occupations.

De la Fête de Pâques jusqu'à l'Exaltation de la sainte Croix, après None ou les grâces, suivant le temps, une heure de sieste l'après-midi est concédée. Mais afin que personne après le réveil, ne retombe plus longtemps dans le sommeil, le sacristain peut entrer à nouveau dans les cellules après le réveil, et s'il trouve quelque coupable, il peut le proclamer au chapitre suivant. En tout temps pendant le sommeil des frères, si quelqu'un a besoin de se lever ou d'aller quelque part, qu'il se lève, aille et revienne de façon si discrète qu'il ne perturbe pas le repos des autres. Dans les cellules non occupées du dortoir, et dans celles où habitent les clercs qui n'ont pas encore l'habit de la religion, on garde aussi le silence. De même à la bibliothèque.

CHAPITRE XI

LA COMMUNION

Tous les frères clercs de nos maisons qui ne célèbrent pas la Messe, tant profès que novices, reçoivent le sacrement de l'Eucharistie tous les quinze jours, après la préparation requise, à moins d'en être légitimement empêchés. Toutefois, à cause d'une fête double majeur ou d'une solennité, la communion peut être anticipée ou différée de quelques jours. Au jour de la Cène du Seigneur, que tous les frères clercs et convers reçoivent de la main du prieur, ou, en son absence, du sous-prieur, le Corps du Christ, Lui qui ce jour-là institua le vénérable Sacrement de l'autel, et de ses propres mains rendit participants d'un si grand bienfait tous ceux qui étaient présents.

214 CONSTITUTIONES CANONICORUM WINDESHEMENSIUM, III

paracione debita sacramentum Eucharistie recipiunt, nisi legittime 5
prepediti fuerint. Propter festum tamen maius duplex vel solempne, per
aliquot dies communio anticipari vel differri potest. In die vero Cene
Dominice omnes fratres clerici et conversi de manu prioris vel, eo absente, supprioris, recipiant Corpus Christi. Ipse enim tunc instituit altaris venerabile sacramentum, et omnes ibidem presentes suis manibus 10
sacratissimis tanti beneficii participes esse fecit.

Omnes qui in choro communicaturi sunt, de utroque choro post
Agnus Dei, almuciis sive capuciis depositis, ad gradum sanctuarii ordinate se prosternunt. Diaconus et subdiaconus et ceroferarii, si assunt,
ante alios accedunt, deinde ceteri secundum ordinem, senioribus prece- 15
dentibus. Singuli autem, postquam sacram communionem sumpserint,
ad dexterum cornu altaris divertentes, ibidem super genua ordinate se
collocant. Di|aconus vero, si generalis communio fuerit, ad sinistrum 83v
cornu altaris stans et calicem tenens, communicatis vinum amministrat,
et singuli cum reverencia ad sedes suas redeunt. 20

Laycis et hospitibus et omnibus qui ad Missam conventualem communicaturi non sunt, procurator vel alius ab eo premonitus, sacram
communionem amministrat, nisi aliquis de licencia prioris ad aliam
Missam communicet. Nullus tamen nec prior nec subditus alicui ho-
spiti sacramentum Eucharistie vel extreme unctionis sine licencia curati 25
sui amministret.

7-11 *SN* I, 5 §18: In die vero Cene ... esse fecit   **16-19** cf. *LO* 42, 37-40 et 45-46:
singuli ... sedes suas redeunt

III, 11, **5** eucharistie] eucaristie *G*, eukaristie *W*   **5** legittime] legitime *G*   **11** sacra-
tissimis] sanctissimis *W* (*SN* I, 5, §18: sacratissimis)   **12** communicaturi] comuni-
caturi *W*   **14** diaconus] dyaconus *GW*   subdiaconus] subdyaconus *GW*   **17**
dexterum] dextrum *GW*   **18** diaconus] dyaconus *GW*   **24-26** Nullus ... amminis-
tret] *lin. subd. et add. in marg. m. post.* N. (nota) *G*   **25** eucharistie] eucaristie *G*,
eukaristie *W*

Tous ceux qui communieront au chœur, ayant déposé aumusses ou capuces après l'*Agnus Dei*, et venant de l'un et l'autre chœur, se prosternent selon leur rang près du degré du sanctuaire. Le diacre et le sousdiacre avec les céroféraires, s'il y en a, s'avancent avant les autres; puis tous les autres, selon leur rang, les aînés en tête. Chacun, après avoir reçu la Sainte Communion, se retirant vers le côté droit de l'autel, s'y agenouille selon son rang. Si la communion est générale, le diacre se place au côté gauche de l'autel et, portant le Calice, présente le vin consacré aux communiants, et chacun avec dévotion rejoint sa place.

Le procurateur ou un autre frère désigné par lui, distribuera la Sainte Communion aux laïcs, aux hôtes et à tous ceux qui ne communieront pas à la Messe conventuelle, sauf celui qui aura reçu permission du prieur de communier à une autre Messe. Que nul cependant, ni le prieur, ni un remplaçant, ne donne le sacrement de l'Eucharistie ou de l'Extrême-onction à un hôte, sans la permission de son curé.

216 CONSTITUTIONES CANONICORUM WINDESHEMENSIUM, III

CAPITULUM DUODECIMUM
DE ITINERANTIBUS

Fratres qui in via diriguntur, si eadem die reverti debeant, benedictionem non accipiunt. Quod si per unam noctem extra | claustrum moraturi sunt, in exitu genuflexi benedictionem accipiunt, que talis est: *Benedictio Dei Patris omnipotentis et Filii et Spiritus Sancti descendat super vos et maneat semper, Amen.* Nullus prior aut frater ambulet foris nec remaneat in itinere vel in hospicio sine socio religioso. In via igitur constituti ante Primam et post Completorium silencium teneant, nisi necessitas vel utilitas paucis verbis et submissis aliud facere cogat. Ad mensam nec priores nec fratres loquantur, nisi presente episcopo vel priore superiore, seu eciam prelatis religiosis vel ecclesiasticis, qui de capitulo nostro non sunt, vel canonico ecclesie cathedralis. Qui aliter in domo vel foris existentes ad mensam silencium fregerint, septem psalmos legant et culpam in capitulo clament. Poterit tamen senior inter eos de necessariis mense vel alia re necessaria loqui paucis verbis et submisse. Nemo tamen facile abutatur hac licencia.

Fratres, qui tempore ieiunii regularis foras mittuntur, ieiunare non | tenentur, excepta feria sexta et toto tempore Adventus, nisi ex speciali et notabili causa priori revelanda ieiunium hiis diebus solvere cogantur. Verumptamen lacticinia feriis sextis comedere non prohibentur, ubi consuetudo terre non obstat. In ieiuniiis ecclesie, exceptis ovis, possunt se conformare in cibis secundum morem patrie hominibus apud quos fuerint, nec lacticinia sibi procurant, nisi causa racionabilis subsistat, quam eciam priori, cum ad domos suas reversi fuerint, referant.

Extra hospicia sua dormire sine magna et evidenti causa non acquiescant, preterquam in domibus religiosorum. Itinerantes notabiliter extra viam suam ad alia loca non divertant, nisi ante licenciam a priore obtinuerint, causa racionabili suffragante, vel si in via causa evidens emerserit vel necessaria, eandem priori plene exponere debent, cum de via redierint.

III, 12, **3-5** *LO* 49, 2-5: Fratres qui ... benedictionem accipiunt   **10-12** *LO* 49, 29-31: Ad mensam ... priore superiore   **13-15** *SA* II, 6 §57: Qui aliter ... psalmos legant

---

III, 12, **9** et post Completorium] *scr. sed ras. G*   **21** comedere] commedere *W*   **25** eciam priori] *inv. sed corr. W*

CHAPITRE XII

LES VOYAGES

Les frères qui voyagent au dehors ne reçoivent pas la bénédiction s'ils reviennent le jour même. S'ils doivent demeurer une nuit hors du cloître, ils reçoivent au moment de sortir à genoux la bénédiction suivante *Benedictio Dei Patris omnipotentis et Filii et Spiritus Sancti descendat super vos et maneat semper, Amen.* Qu'aucun prieur ou frère ne voyage au dehors, ni ne demeure en route ou dans un logement sans compagnon religieux. Une fois en voyage, qu'ils gardent le silence avant Prime et après Complies, sauf si la nécessité ou l'utilité oblige à faire autrement, par quelques mots à voix basse. Que les prieurs et les frères se taisent à table, sauf en la présence d'un évêque ou du Prieur Supérieur, ou même de prélats religieux ou ecclésiastiques qui n'appartiennent pas à notre Chapitre, ou d'un chanoine de l'église cathédrale. Ceux qui dans une maison ou à l'extérieur rompent le silence à table, qu'ils disent les sept psaumes de la pénitence et déclarent leur faute au chapitre. Cependant l'aîné parmi eux pourra parler en quelques mots à voix basse des nécessités du repas ou d'autres. Que pourtant nul n'abuse aisément de cette permission.

Les frères envoyés au dehors, au temps d'un jeûne imposé par la règle, ne sont pas tenus de jeûner sauf le vendredi et pendant tout l'Avent, à moins d'être contraints d'interrompre le jeûne ces jours-là, pour un motif particulier et important qu'ils feront connaître au prieur. Il ne leur est cependant pas interdit de consommer des laitages le vendredi là où la coutume du pays ne s'y oppose pas. Les jours de jeûne d'Église, ils peuvent, sauf pour les œufs, se conformer pour la nourriture aux personnes chez qui ils sont selon l'usage du pays mais qu'ils ne consomment pas de laitage, à moins d'un motif raisonnable qu'ils rapporteront aussi au prieur à leur retour au monastère.

Qu'ils n'acceptent pas de dormir en dehors de leurs logements sans une raison importante et évidente, sauf dans des maisons de religieux. En route, qu'ils ne se détournent pas sensiblement de leur itinéraire pour se rendre ailleurs sans en avoir auparavant reçu la permission du prieur, si un motif acceptable le justifiait, ou si surgissait en route une raison évidente ou nécessaire qu'ils doivent pleinement exposer au prieur dès leur retour de voyage.

De plus, à leur retour, ils se rendent aussitôt à l'oratoire et par après ne sortent plus du cloître sans permission, mais s'en tiennent à leur rang

218 CONSTITUTIONES CANONICORUM WINDESHEMENSIUM, III

Porro de via revertentes, statim oratorium petunt nec postea sine licencia claustrum exeunt, sed ordinem suum | sicut ceteri tenent. Si post 85r
Completorium venerint, conceditur eis loqui de necessitate sua donec 35
Completorium suum dixerint, quod tamen sine racionabili et evidenti
causa post cenam suam, si cenandum est, diu differre non debent.

Caveant quoque qui de via revertuntur, ne fratribus rumores seculi
referant quos non expedit eos scire, sed ubi audierint, ibi monentur dimittere. Pecunias reportatas priori vel procuratori resignent. Neque 40
prior alicui licenciam retinendi pecuniam concedat.

CAPITULUM DECIMUM TERTIUM

DE TONSURA

Iste est modus tonsure. Corona formetur desuper lata et equaliter
rotunda, prout religiosos decet. Tonsura quoque fiat desuper aures, ita
ut ambitus capillorum in latum modicus trium videlicet digitorum vix 5
existat. Radimur autem de consuetudine de quindena in quindenam,
sed presbiterorum barbe possunt ad octo dies vel circa radi propter reverenciam sacramenti.

Quando raduntur, fratres silencium in loco rasure teneant, exceptis
hiis qui circa rasuram occupantur. | Hii enim silenter de necessariis circa 85v
rasuram loqui possunt. Caveant autem fratres ne rasores mora sua molestent, sed expedite cum vocati fuerint veniant.

33-34 *LO* 50, 2-3 et 6-7: Porro de via ... claustrum exeunt   **34-35** *LO* 50, 8-9: Si
post Completorium ... de necessitate sua   **38-40** *SA* III, 26 §3: rumores seculi ...
monentur dimittere

III, 13, 3-5 *LO* 62, 2 et 4-6: Iste est ... in latum modicus   4 *CAOP*, Dist. I, 20
(p. 331), 2-3: prout religiosos ... desuper aures   9 *LO* 62, 39: Quando raduntur ...
teneant

35-36 d(e) ... dixerint] *ras. sed in ras. scr. m. post.* (d)onec cena vel collacione facta
dormitorium intraverint *G*   37 cenam ... est] *ras. sed in ras. scr. m. post.* cenam vel
collacionem suam *G*

III, 13, 4 Tonsura ... aures] *om. sed add. post* existat *W*   fiat] fiet *W*   existat] Tonsura ... aures *add. W*

LES CONSTITUTIONS DE WINDESHEIM, III

comme les autres. S'ils reviennent après Complies, il leur est concédé de parler de ce qui leur est nécessaire jusqu'à ce qu'ils aient dit Complies, ce qu'ils ne doivent pas différer longtemps après leur souper – s'ils doivent le prendre – sans un motif raisonnable et évident.

Que ceux qui s'en reviennent de voyage veillent à ne pas raconter aux frères les rumeurs du monde qu'il ne leur est pas utile de connaître, mais on leur recommande de les laisser là où ils les auront entendues. Qu'ils rendent l'argent rapporté au prieur ou au procurateur. Que le prieur n'accorde à personne la permission de garder de l'argent.

CHAPITRE XIII

LA TONSURE

La manière de tonsurer est la suivante : qu'on forme sur le haut de la tête une couronne large et également ronde, comme il sied aux religieux. Qu'elle se fasse aussi au-dessus des oreilles de façon à former une largeur de cheveux qui ne dépasse guère environ trois doigts. Selon la coutume, nous sommes rasés une fois par quinzaine, mais les prêtres par respect pour le sacrement, peuvent se raser la barbe environ une fois par semaine.

Quand on les rase, que les frères gardent le silence dans la salle de rasage, sauf ceux qui s'occupent du rasage. Ceux-ci peuvent dire à voix basse les choses nécessaires à leur travail. Que les frères veillent à ne pas déranger ceux qui rasent en arrivant en retard, mais que, dès qu'ils auront été appelés, ils se présentent sans délai.

220 CONSTITUTIONES CANONICORUM WINDESHEMENSIUM, III

CAPITULUM DECIMUM QUARTUM
DE MINUCIONE

Quinquies in anno fiunt generales minuciones, extra quas licencia minuendi nulli facile conceditur. Propterea enim tam sepe in communi conceditur, ne ab aliquo, exceptis hiis temporibus, superfluo et singula- 5 riter requiratur. Prima est circa kalendas Februarii, secunda circa Philippi et Iacobi, tercia circa kalendas Iulii, quarta circa Exaltacionem sancte Crucis, quinta circa Adventum Domini. Prima die minucionis, secundum signum ad Terciam pulsandum est septima hora, in hyeme vero per quartale hore tardius. 10

Tempore generalis minucionis non minuti eisdem quibus et minuti participant beneficiis. Qui minuendi sunt omnes simul minuunt. Hora minucionis, de hiis que ad presentem necessitatem pertinent, submisse et sine tumultu loquimur, eciam cum minutore. Per tres eciam di- es|continuos bis reficimus, aliquid cibi melioris accipientes, nisi ieiu- 86r nium ab ecclesia institutum intervenerit. Cavendum tamen est, si commode fieri potest, ne minuciones sic ordinentur, ut infra biduum tale ieiunium occurrat.

Hiis quoque diebus non tenemus rigorem silencii, preterquam a Completorio usque post Primas et infra horas regulares et tempore lec- 20 tionis et in locis silencio deputatis. Hiis eciam diebus post refectionem, vel si dormiendum fuerit post dormicionem, facto signo, omnes in claustro convenimus, et modeste pariter eximus, non tamen extra septa, nisi per licenciam prioris. Prima autem die minucionis usque ad primum signum Vesperarum foris remanemus, nisi presidens aut senior 25 prius redeundum dictaverit, nec tunc vigilias defunctorum legimus. Secunda vero et tercia die post horam introrsus redimus.

Qui extra consuetam minucionem per licenciam sibi minuunt, primo die beneficium habent sicut in generali minucione, duobus vero sequentibus cena tantum eis conceditur. Nullus extra domos no- 30

III, 14, 3-6 *LO* 65, 2-6: Quinquies in anno ... requiratur **11-12** *SA* II, 15 §14: Tempore ... participant beneficiis **12** *SA* II, 15 §9: Qui minuendi ... minuunt **12-14** *LO* 65, 39-41: Hora minucionis ... cum minutore **14-15** *SA* II, 15 §5: Per tres ... melioris accipientes **28** *SA* II, 15 §13: Qui extra ... minuunt

---

III, 14, **6-12** Prima ... minuendi sunt] *scr. in ras. m. prima G* **9** secundum signum] *inv. sed corr. W* signum] *add. sup. lin. G* hyeme] hieme *G*

CHAPITRE XIV

LA SAIGNÉE

Cinq fois l'an ont lieu les saignées générales; en dehors de ces dates, la permission d'être saigné ne sera facilement accordée à personne. C'est pourquoi, la saignée commune est concédée si souvent pour qu'elle ne soit demandée par personne en dehors de ces jours, d'une façon superflue et individuelle. La première a lieu aux environs des kalendes de février, la seconde, autour de la fête des saints Philippe et Jacques, la troisième, aux environs des kalendes de juillet, la quatrième, aux environs de l'Exaltation de la sainte Croix, la cinquième, aux environs de l'Avent du Seigneur. Le premier jour de la saignée, le deuxième signal pour Tierce doit être frappé à la septième heure; en hiver, un quart d'heure plus tard.

En temps de saignée générale, ceux qui ne sont pas saignés participent aux mêmes privilèges que ceux qui le sont. Et ceux qui doivent être saignés, le sont tous ensemble. À l'heure de la saignée, nous pouvons dire à voix basse et sans bruit tout ce qui touche à la nécessité du moment, même avec celui qui fait la saignée. Pendant trois jours consécutifs, nous avons deux repas et recevons quelque chose de meilleur, sauf si intervient un jour de jeûne établi par l'Église. Cependant on veillera si cela peut se faire commodément, à ne pas fixer les saignées à un moment où un tel jeûne interviendrait dans les deux jours qui suivent.

Pendant ces jours, nous ne sommes pas tenus à la rigueur du silence, sauf depuis Complies jusqu'après Prime, pendant les Heures canoniales et au moment de la lecture et dans les endroits assignés au silence. Ces jours-là, après le repas ou après le repos si c'est le cas, au signal donné, nous nous réunissons tous dans le cloître et nous sortons ensemble d'une manière modérée, mais pas en dehors de l'enceinte, sauf avec la permission du prieur. Le premier jour de la saignée, nous restons dehors jusqu'au premier signal des Vêpres, à moins que le président ou l'aîné n'ait décidé de rentrer plus tôt, et alors nous ne lisons pas les Vigiles des défunts. Mais le deuxième et le troisième jours, nous rentrons après une heure.

Ceux qui, avec permission, sont saignés en dehors de la saignée coutumière, reçoivent le privilège comme le premier jour de la saignée générale, mais les deux jours suivants, on ne leur concède que le souper. Aucun frère ne doit être saigné en dehors de nos maisons, sans un motif important qu'il devra indiquer au prieur à son retour.

222 CONSTITUTIONES CANONICORUM WINDESHEMENSIUM, III

stras|sine notabili causa minuere debet, quam domum reversus priori 86v
indicare debet.

Quandocumque spaciandi licenciam habent fratres, officinas exte-
riores et si ingrediuntur, caveant tamen se nimis intromittere, vel eciam
curiose investigare de culturis, vel de animalibus, sive de aliis rebus, vel 35
negociis externis.

Generaliter autem, sine iussione vel licencia prioris, nulli fratrum
ire licet extra ambitus claustri cum officinis contiguis, nisi in loco deputato et separato ab accessu communi, exceptis illis quibus pro officiis in-
dultum est. 40

---

33 spaciandi licenciam] *inv. sed corr. G* **34** tamen] *om. W*

Chaque fois que les frères ont la permission de se promener, s'ils entrent dans des échoppes extérieures, qu'ils veillent à ne pas trop se mêler ou même à poser des questions avec curiosité à propos des cultures, des animaux ou d'autres sujets ou affaires extérieures.

De manière générale, sans l'ordre ou la permission du prieur, il n'est permis à aucun frère de se rendre hors de l'enceinte du monastère dans les ateliers proches, sauf dans les endroits prévus et bien séparés de l'accès public, exception faite pour ceux qui en ont l'autorisation de par leur charge.

⟨QUARTA PARS⟩

INCIPIUNT
STATUTA CONVERSORUM ET PRIMO

De recepcione et investicione eorundem	capitulum .i.
De professione conversorum	capitulum .ii. 5
De vestimentis conversorum	capitulum .iii.
De divino officio conversorum	capitulum .iv.
De labore conversorum	capitulum .v.
De silencio conversorum	capitulum .vi.
De capitulo culparum	capitulum .vii. 10
De refectione et ieiunio conversorum	capitulum .viii.
De itinerantibus conversis	capitulum .ix.
De confessione et communione conversorum	capitulum .x.
De rasura et minucione conversorum	capitulum .xi.
De officio defunctorum	capitulum .xii. 15
De diversis statutis conversorum	capitulum .xiii.
De donatis	capitulum .xiv.
De mercenariis et prebendariis	capitulum .xv.

IV, Cap., **1-18** Quarta pars ... capitulum .xv.] *illegibilis (miniatura) G*

⟨QUATRIÈME PARTIE⟩

COMMENCEMENT DES STATUTS DES CONVERS

I. De leur réception et de leur vêture
II. La profession des convers
III. Les vêtements des convers
IV. L'Office divin des convers
V. Le travail des convers
VI. Le silence des convers
VII. Le chapitre des coulpes des convers
VIII. Les repas et les jeûnes des convers
IX. Les voyages des convers
X. La confession et la communion des convers
XI. La rasure et la saignée des convers
XII. L'Office des défunts
XIII. Dispositions diverses pour les convers
XIV. Les oblats
XV. Mercenaires et prébendiers

226 CONSTITUTIONES CANONICORUM WINDESHEMENSIUM, IV

CAPITULUM PRIMUM
DE RECEPCIONE ET INVESTICIONE EORUNDEM

Laycis ad ordinem suscipiendis idipsum pene fit quod et clericis. Nam similiter dura proponuntur eis et aspera, eademque pene interrogantur ab eis que et a clericis. Tollerancia insuper exteriorum laborum 5 ipsis proponenda est, cum status eorum ad domus servicia precipue sit institutus. Unde et clericos et litteris competenter edoctos, ad hunc|statum sine licencia capituli generalis nequaquam suscipimus.   87r

Caveatur in recepcione personarum ad ordinem vel in donatos, ne parentes aut alios propinquos habeant, qui cura eorum egeant et ad quos 10 obligantur, ne ex illis gravamen domibus generetur. Nullus in sacris ordinibus constitutus in conversum recipiatur, nec per capitulum quidem generale. Conversos ad certum numerum recipimus, qui medietatem numeri fratrum clericorum excedere non debet, ita tamen quod octonarium non excedat.   15

Vestiendus in conversum, instante die investicionis, de confessione et preparacione ad sacram communionem ammonendus est, et die statuto a priore induitur, et postea ad gradum altaris ducitur, cantatoque ymno in osculum sicut clericus accipitur. Itaque vestitus in habitu conversorum, magister deputatur ydoneus ad instruendum eos mores et or- 20 dinem docendum, qui specialem ad eos respectum habeat, et, sicut superius de institucione noviciorum scriptum est, secundum quod statui eorum congruit, eos in profectu virtutum et vita religiosa instituere|debet. Novicius res suas priori vel alteri, cui prior commiserit, 87v custodiendas tradit. Suscepti ad statum et habitum conversorum non 25 promoveantur ad statum clericorum, nisi per licenciam capituli generalis, que tamen licencia non facile concedatur, sed in ea vocacione qua vocati sunt et qua ceperunt, fideliter et constanter usque in finem Domino servire studeant et placere, scientes se nichil minus propter habitus differentiam a veritate religionis et plenitudine fraternitatis habere. 30

IV, 1, 3-4 *SA* III, 24 §1: Laycis ... et aspera

IV, 1, 4 eis] *add. in marg. W* **5** tollerancia] tolerancia *G* **9** caveatur] eciam *add. G* **19** accipitur] suscipitur *G* **23-24** instituere] institure *W* **27** ea] *om. W* **28** et[1]] venerunt *add. sed del. G*

CHAPITRE PREMIER
DE LEUR RÉCEPTION ET DE LEUR VÊTURE

Pour recevoir des laïcs dans l'Ordre, on fera presque la même chose que pour les clercs. Car on leur met pareillement sous les yeux des choses dures et pénibles et on leur pose presque les mêmes questions qu'aux clercs. On leur présente aussi la capacité de supporter les travaux extérieurs, puisque leur statut les destine principalement aux services de la maison. Il découle de ce principe que sans une permission du Chapitre Général, nous ne recevons jamais pour cet état, des clercs et des gens éduqués.

En accueillant de telles personnes dans l'Ordre ou comme oblats, il faut veiller à ce qu'ils n'aient pas de parents ou autres proches qui auraient besoin d'eux et envers qui ils seraient obligés, de crainte de causer un dommage pour les maisons. Celui à qui ont déjà été conférés les ordres sacrés n'est pas reçu comme convers, pas même par le Chapitre Général. Nous recevons un nombre limité de convers qui ne peut excéder la moitié du nombre des frères clercs, sans cependant dépasser la huitaine.

Lorsqu'un convers doit recevoir l'habit, il est averti à l'approche de sa vêture de se confesser et de se préparer à la Sainte Communion et, au jour fixé, est vêtu par le prieur et ensuite conduit à la marche de l'autel et pendant que l'on chante l'hymne, il est admis au baiser de paix comme un clerc. C'est pourquoi, à ceux qui ont revêtu l'habit des convers, on donnera un maître capable de leur enseigner ce qu'ils doivent savoir sur l'Ordre et ses coutumes; il aura pour eux une attention spéciale et, comme il a été écrit plus haut pour la formation des novices, devra les former au progrès dans les vertus et la vie religieuse selon ce qui convient à leur statut. Le novice remet ses affaires au prieur ou à celui à qui le prieur confiera les objets à garder. Ceux qui sont reçus à l'état et à l'habit de convers ne seront pas promus à l'état de cléricature, sauf par permission du Chapitre Général, permission qu'on ne concédera pas aisément, mais ils veilleront à servir le Seigneur et à lui plaire avec fidélité et constance jusqu'à la fin dans la vocation à laquelle ils ont été appelés et où ils se sont engagés, sachant que la différence dans l'habit ne diminue en rien la vérité de la vie religieuse et la plénitude de la fraternité.

228 CONSTITUTIONES CANONICORUM WINDESHEMENSIUM, IV

CAPITULUM SECUNDUM
DE PROFESSIONE CONVERSORUM

Conversi post annuam probacionem, cum seduli in petendo misericordiam fuerint et receptibiles apparuerint, in capitulo clericorum sicut clerici ad professionem faciendam suscipiuntur. Ibique de stabilitate 5
et obediencia ceterisque necessariis audientes, cum immobiles et imperterriti permanserint, ammonentur ut professionem suam propria manu scribant aut si scribere nesciunt alium ibidem ore proprio rogent ut suam sibi scribat professionem, in cuius tamen fine ipsemet signum crucis propria ma|nu depingit. Et si legere vel intelligere nequiverit, instru- 88r
endus est a magistro suo, ut sciat quid professio contineat et quid promittere et reddere teneatur.

Hora professionis instante, hoc est finito offertorio, conversi omnes chorum intrantes ad gradum inclinantes ante formas se collocant, stantes versi ad altare, et professurus sine cappa professionem suam apertam 15
manu dextera gerens ad gradum se prosternit altaris. Et statim habitu noviciatus exutus, novo scapulari et cappa rursus induitur. Deinde dicuntur preces breves: *Salvum fac servum tuum* et cetera. Collecta dicta, ad dexterum cornu altaris procedit ibique inclinans, si norit, clara voce cunctis audientibus professionem suam legit, sin autem, diaconus ad 20
Missam ministrans, eam legit, profitente tamen ipsam propriis manibus tenente in hunc modum: «Ego, frater N., promitto Deo auxiliante, perpetuam continenciam, carenciam proprii et obedienciam tibi, pater prior, et successoribus tuis canonice instituendis †». Post hec chartam ipsam offert am|babus manibus super altare et, osculato altari, ad me- 88v
dium altaris super gradum prosternitur, hac obsecracione benedicendus *Confirma hoc Deus*, quo trina vice replicato cum responsionibus, subiunguntur oraciones sequentes. Et suscipitur ad osculum modo clericorum, supplicans singulis lingua materna et dicens: «Ora pro me, pater». Insuper et singulis conversis supplicans in osculum ab eis susci- 30
pitur. Deinde revertuntur conversi ad loca sua et post eos professus.

IV, 2, **5-10** *SA* III, 24 §4; cf. *LO* 24, 15-17: Ibique de stabilitate ... manu depingit   **24-26** *SA* III, 24 §6: Post hec ... benedicendus

---

IV, 2, **10** depingit] depinget *W* (*SA* III, 24, §4: depingit)   **16** dextera] dextra *G*   **19** dexterum] dextrum *GW*   **20** diaconus] dyaconus *W*   **24** chartam] cartham *GW*   **25** offert] offerat *W* (*SA* III, 24, §6: offert)   altare] *add. sup. lin. m. post. W*

CHAPITRE II

LA PROFESSION DES CONVERS

Après une année de probation, les convers qui furent assidus à demander la miséricorde et se sont montrés tels qu'ils pouvaient être acceptés, sont reçus au chapitre des clercs pour faire profession comme ceux-ci. Et si, après avoir entendu ce qui concerne la stabilité, l'obéissance et toutes les autres choses nécessaires, ils demeurent fermes et assurés, on leur demande de transcrire leur profession de leur propre main; s'ils ne savent pas écrire, de prier eux-mêmes un frère d'écrire pour eux leur profession; au bas de celle-ci cependant, lui-même tracera de sa propre main le signe de la croix. S'il ne peut pas lire ou comprendre, un maître lui apprendra ce que contient sa profession et ce qu'il est tenu de promettre et d'observer.

Quand arrive le moment de la profession, c'est-à-dire après le chant de l'Offertoire, tous les convers entrant au chœur, s'inclinent à la marche, se placent devant leurs stalles, debout tournés vers l'autel et celui qui doit faire profession, sans cape, tenant le texte de sa profession dans la main droite, ouvert, se prosterne devant la marche de l'autel. Et quittant aussitôt l'habit de novice, il est revêtu d'un nouveau scapulaire et de la cape. On dit ensuite les prières brèves: *Salvum fac servum tuum*, etc. Après la Collecte, il s'avance vers le côté droit de l'autel où il s'incline; puis, s'il le peut, il lit sa profession d'une voix claire pour tous les assistants; s'il ne le peut, il la tient en mains, et c'est le diacre officiant à la Messe qui la lit en ces termes: « Moi, frère N., je promets avec l'aide de Dieu, continence perpétuelle, absence de bien propre et obéissance, à toi, père prieur, et à tes successeurs canoniquement établis † ». Puis, des deux mains, il dépose cette charte sur l'autel et, ayant baisé l'autel, se prosterne sur la marche au milieu de l'autel pour recevoir la bénédiction selon la formule d'obsécration *Confirma hoc Deus*. Après l'avoir repris trois fois avec les répons, on ajoute les autres oraisons. Le profès est reçu au baiser à la manière des clercs, priant chacun en disant dans sa langue maternelle: « Priez pour moi, père! » En adressant cette supplication également à chacun des convers, il est reçu par eux au baiser de paix. Les convers rejoignent ensuite leur place et le profès après eux.

230 CONSTITUTIONES CANONICORUM WINDESHEMENSIUM, IV

CAPITULUM TERCIUM

DE VESTIMENTIS CONVERSORUM

Hiis vestibus utuntur conversi, cappis videlicet griseis et fissis, secundum formam clericorum, nullo alio colore admixto, parum brevioribus quam tunice eorum longiores, quibus festivis diebus, dum 5
conventualiter conveniunt et quandocumque ad Missam ministrant
et cum civitates pertranseunt semperque cum equitare eos contigerit,
induantur. Ceteris temporibus, capuciis nigris sicut clerici cum albis
scapularibus usque ad medium tibiarum utuntur. Novicii tamen scapularibus brevioribus, id est | vix ad genua, utuntur. Superiores duas tuni- 89r
cas habere possunt, una palma breviores tunicis clericorum et superius
nodatas more clericorum. In laboribus possunt brevioribus uti, dum tamen circa medium tibiarum extendantur. Inferiores tunicas, caligas, pedulia et calcios et lectisternia sicut clerici habere possunt, et in tunica
semper dormiunt. Camiseis et lintheaminibus non utuntur. Pellicium 15
unum vel duo, vel eciam mantellum griseum pro indigencia persone et
loci possibilitate habere possunt. In omnibus enim huiusmodi non est
querendum, nisi ut frigus arceatur et nuditas tegatur. Sed et in omnibus
simpliciora et grossiora decet eos appetere et in usu habere.

CAPITULUM QUARTUM

DE DIVINO OFFICIO CONVERSORUM

Diebus celebribus conversi ad Matutinas et ceteras horas eodem
tempore et eadem festinancia sicut clerici ad ecclesiam in loco sibi deputato cappis induti conveniunt et horas suas ibidem dicunt. Si quis in 5
veniendo tardius | ad ecclesiam notatus fuerit, culpam in capitulo cla- 89v
met et corrigatur. Insuper in festis maioribus duplicibus et supra prioribus Vesperis et Completorio intersunt.

IV, 3, 17-18 Guigo, 57 §3c; *SA* III, 23 §4c: In omnibus ... nuditas tegatur

---

IV, 3, 7 equitare eos] *inv. W*   9 tibiarum] tybiarum *G*   13 tibiarum] tybiarum *W*

LES CONSTITUTIONS DE WINDESHEIM, IV

CHAPITRE III

LES VÊTEMENTS DES CONVERS

Les convers portent ces vêtements, à savoir des capes grises, fendues selon le modèle des clercs et sans mélange d'autre couleur, un peu plus courtes que leurs tuniques longues. Ils les porteront toujours les jours de fêtes, lorsqu'ils se réunissent communautairement, qu'ils servent à la Messe, qu'ils voyagent en ville et s'il leur arrive de monter à cheval. Les autres jours, ils portent les capuces noirs comme les clercs avec le scapulaire blanc tombant jusqu'à mi-mollet. Les novices quant à eux portent des scapulaires plus courts, c'est-à-dire à peu près jusqu'aux genoux. Ils peuvent avoir deux tuniques de dessus, plus courtes d'une paume que celles des clercs, et nouées en haut comme les clercs. Pour les travaux, ils peuvent en porter de plus courtes, du moment qu'elles descendent à mi-mollet. Comme les clercs, ils peuvent avoir des tuniques de dessous, des chaussures, des chaussons, des sabots et de la literie. Ils dorment toujours avec une tunique. Ils ne portent ni chemise ni autre linge de toile. Ils peuvent avoir une ou deux fourrures, ou même un manteau de petit gris selon la nécessité d'un chacun et la possibilité du lieu. En toute chose de ce genre, il ne faut chercher qu'à écarter le froid et couvrir la nudité. Mais en toutes choses aussi, il convient de désirer et de se servir de ce qui est plutôt simple et sans recherche.

CHAPITRE IV

L'OFFICE DIVIN DES CONVERS

Les jours de solennités, pour les Matines et les autres Heures, les convers, revêtus de la cape, se rendent à l'église au lieu qui leur est réservé, au même moment et avec la même hâte que les clercs, et là récitent les Heures. Si l'un d'eux a été remarqué en retard à l'église, il clamera sa faute au chapitre et sera corrigé. De plus, aux fêtes double majeur et au-delà, ils assistent aux premières Vêpres et à Complies.

Les jours ouvrables, ils assistent aux Matines jusqu'à Laudes, sauf s'ils ont été désignés pour de lourds travaux ou tâches. Le matin, avant de partir au travail, ils se rendent à l'église et là, disent Prime ou au moins une brève prière s'ils sont pressés, puis sortent pour travailler. Ils entendent la Messe s'ils le peuvent commodément. Si certains s'absentent plus longuement de l'église de par une obédience ou un travail, ils le fe-

232 CONSTITUTIONES CANONICORUM WINDESHEMENSIUM, IV

Diebus vero quibus laboratur, Matutinis usque ad Laudes intersunt, nisi gravibus laboribus vel officiis fuerint deputati. Facto mane, ante- 10 quam ad laborem vadunt, ecclesiam petunt, ibique Primis suis vel saltem brevi oracione, si festinancia urgeat, dicta, ad laborandum exeunt. Missam si commode possunt audiunt. Si qui autem amplius ab ecclesia propter obedienciam aliquam vel laborem remanent, de licencia prioris vel procuratoris id fiat. Huiusmodi eciam relaxacio de aliis observanciis 15 conversorum servatur, quando aliqui talibus operibus vel obedienciis mancipantur, in quibus communes constituciones commode servare nequeunt. Omnis enim eorum observancia obediencie postponitur. Unde et pauciores eis constituciones determinate sunt, ut sciant obedienciam priorum suorum summam sibi fore con|stitucionum. 90r

Dum ad horas conversi regulariter ecclesiam intrant vel exeunt, capita nudant et ad altare maius inclinant. Ingressique chorum suum, stant versus altare, donec dimisso signo *Pater noster* prostrati vel inclinati dicant. Ad *Deus in adiutorium* cum conventu se signant et ad *Gloria Patri* inclinant. Finito *Gloria* et *Sicut erat* et cetera cum *Alleluia* vel 25 *Laus tibi Domine, Rex eterne glorie.* Pro Matutinis trium lectionum stantes sexies oracionem dominicam et *Aue Maria* dicunt, et in fine *Gloria Patri* inclinando et *Sicut erat* stando. Deinde sedendo eandem oracionem sexies repetunt et in fine *Gloria Patri* et *Sicut erat*, ut supra. Postea, stantes iterum sexies eandem iterant oracionem et in fine om- 30 nium *Gloria Patri* et *Sicut erat*, ut supra. Deinde prostrati *Kyrieleyson, Christeleyson, Kyrieleyson, Pater noster* dicunt et *Benedicamus Domino.*

In festis autem novem lectionum, iterato sedentes sexies et adhuc iterato stantes sexies eandem repetunt oracionem cum *Gloria Patri*, ut supra. Deinde, inclinando dicunt *Kyrieleyson, Christeleyson, Kyrie-* 35 *leyson, Pater noster, Benedicamus | Domino.* Et, ut uniformiter se gerant, 90v seniorem vel alium ad hoc deputatum sequi debent, ut ipse prius genuflectat, surgat, stet, sedeat vel inclinet.

Pro reliquis horis, dicto cum conventu *Pater noster* post *Deus in adiutorium, Gloria Patri* et *Sicut erat* et cetera, quinquies oracionem do- 40 minicam stando repetunt et postea *Kyrieleyson, Pater noster* et *Benedicamus* sicut ad Matutinas complent. Sed ad Vesperas alias quinque oraciones dominicas sedendo superaddunt et postea concludunt, ut supra.

IV, 4, 27 et Ave Maria] *add. in marg. m. post. G*

LES CONSTITUTIONS DE WINDESHEIM, IV   233

ront avec la permission du prieur ou du procurateur. Les convers gardent cette façon d'être dispensés des autres observances, lorsque certains sont chargés de travaux ou obédiences tels qu'ils les empêchent d'observer aisément les Constitutions communes. Pour eux en effet, toute observance passe après l'obéissance. Ainsi peu de règles sont établies pour eux afin qu'ils sachent que l'obéissance à leurs prieurs sera pour eux la règle suprême.

Lorsque les convers entrent à l'église pour les Heures régulières ou en sortent, ils se découvrent la tête et s'inclinent devant le maître-autel. Entrés dans leur chœur, ils se tiennent debout tournés vers l'autel jusqu'à ce qu'au signal donné, ils récitent le *Pater noster* prosternés ou inclinés. Au *Deus in adiutorium*, ils se signent avec la communauté et s'inclinent au *Gloria Patri*. Après le *Gloria Patri, Sicut erat* etc., avec *Alleluia* ou *Laus tibi Domine, Rex eterne glorie*, pour les Matines de trois leçons, ils disent debout, six fois l'oraison dominicale et l'*Ave Maria*, terminés par un *Gloria Patri* en s'inclinant, et *Sicut erat* redressés. Ensuite, assis, ils répètent six fois la même prière, terminée par *Gloria Patri* et *Sicut erat*, comme plus haut. Après cela, debout, ils reprennent six fois la même prière, terminant par *Gloria Patri* et *Sicut erat*, comme plus haut. Ensuite, prosternés, ils disent *Kyrieleison, Christeleison, Kyrieleison, Pater noster* et *Benedicamus Domino*.

Aux fêtes à neuf leçons, ils redisent la même prière six fois, d'abord assis, puis debout, en terminant par *Gloria Patri*, comme plus haut. Ensuite, en s'inclinant, ils disent *Kyrieleison, Christeleison, Kyrieleison, Pater noster* et *Benedicamus Domino*. Et pour agir avec uniformité, ils doivent suivre l'aîné ou un autre désigné pour cela, qui, le premier, s'agenouille, se lève, se tient debout, s'assied ou s'incline.

Pour les autres Heures, ils récitent *Pater noster* avec la communauté après *Deus in adiutorium, Gloria Patri* et *Sicut erat* etc., ils répètent cinq fois l'oraison dominicale debout, et terminent ensuite par *Kyrieleison, Pater noster* et *Benedicamus* comme pour Matines. Pour les Vêpres, ils ajoutent cinq autres oraisons dominicales, assis, puis concluent comme il a été dit plus haut.

Ayant terminé les Matines, ils prient Dieu avec dévotion pour chacun des états de l'Église, comme leur maître les y a formés, c'est-à-dire pour le pape, l'évêque, l'empereur ou le roi, le prince de l'endroit, pour l'Église, pour les prélats et les princes ensemble, pour la paix et les fruits de la terre selon l'époque, pour leur prieur et leur communauté, pour l'état commun de leur maison et de nos autres maisons, pour leurs péchés, pour leur amendement et le progrès dans les vertus et pour le salut

234   CONSTITUTIONES CANONICORUM WINDESHEMENSIUM, IV

Finitis Matutinis suis, devote pro singulis ecclesie statibus Deum 45
deprecantur, prout a magistro suo instructi fuerint, scilicet pro papa,
pro episcopo, pro imperatore aut rege, pro principe proprie terre, pro
statu ecclesie, pro prelatis et principibus in communi, pro pace et fructibus terre secundum tempus, pro priore suo et conventu et pro communi statu domus sue et aliarum domorum nostrarum, pro peccatis 50
suis, pro emendacione ac profectu virtutum proque parentum suorum,
benefactorum nostrorum vivorum et mortuorum salute, pro hiis vel
quibusdam ipsorum et, si qua alia pro tempore vel cau|sis necessaria oc- 91r
currerint aut iniuncta fuerint, secundum temporis permissionem longius vel brevius orando, ubi eciam, si tempus permiserit, pro singulis aut 55
aliquibus coniunctim oracionem dominicam subiungere possunt.

Postquam vero horas suas persolverint, pari modo quantum scire
possunt, conventui se conformant inclinando, prosternendo, sedendo
vel stando, et oracionibus seu meditacionibus sanctis prout prevalent,
vacare student. Sed quando Evangelium ad Matutinas vel ad Missam, 60
Te Deum, Benedictus, Magnificat et *Nunc dimittis* cantatur, stantes capita nudant et dum *Credo in unum Deum, Sanctus* et *Agnus Dei* canitur,
stantes non reclinant. Et in Primis et Completoriis, si presentes fuerint,
Confiteor cum conventu dicunt. Si autem in ecclesia non fuerint, semper tamen mane Primas persolvunt, et hora Misse, Terciam et Sextam 65
et Nonam, vel quando in conventu easdem horas intellexerint decan-
tari. Diebus tamen bine refectionis, Nonam pocius post refectionem
persolvunt et Vesperas hora Vesperarum vel saltem ante cenam et Com-
pletorium infra Completorium | conventus vel postquam a labore cessa- 91v
verint. 70

A capite ieiunii usque ad Pascha, exceptis dominicis, septem psalmos penitentiales cottidie vel septem *Pater noster* dicunt. In capite
ieiunii cineres accipiunt, si presentes fuerint, absentes ter *Pater noster*
prostrati dicunt.

In Parasceve, finita passione, pro singulis statibus pro quibus a pri- 75
ore preces dicuntur, cum dicitur *Flectamus genua*, per singulas preces
Pater noster prostrati super formas dicunt, pro Iudeis tamen non pro-

---

59 vel] sive *G*   **60** Evangelium] Ewangelium *W*   **72** cottidie] cotidie *G*   **75** Para-
sceve] Parascheve *G*   **76** preces] *add. in marg. m. post. W*   **77** super] supra *W*

LES CONSTITUTIONS DE WINDESHEIM, IV   235

de leurs parents et de nos bienfaiteurs vivants et morts, pour ceux-ci ou pour leurs intentions personnelles et si d'autres nécessités surviennent selon le temps ou les raisons, ou si certaines leur sont recommandées, en priant plus ou moins longuement, selon que le temps le permet; en ce cas, ils peuvent ajouter une oraison dominicale pour chacune des intentions ou quelques-unes groupées.

Après avoir récité les Heures, ils cherchent dans la mesure où ils en sont capables à se conformer aux mouvements de la communauté en s'inclinant, se prosternant, en s'asseyant ou en restant debout, et en s'adonnant aux oraisons ou saintes méditations d'après leurs forces. Mais quand on chante l'Évangile à Matines ou à la Messe, le *Te Deum*, *Benedictus*, *Magnificat* et *Nunc dimittis*, ils sont debout, tête découverte, et pendant qu'on chante le *Credo in unum Deum*, *Sanctus* et *Agnus Dei*, ils sont debout sans appui. À Prime et à Complies, s'ils sont présents, ils récitent le *Confiteor* avec la communauté. S'ils ne sont pas à l'église, ils réciteront pourtant toujours Prime le matin, et à l'heure de la Messe, Tierce, Sexte et None, ou quand ils comprennent que ces mêmes Heures sont chantées par la communauté. Cependant, les jours où il y a deux repas, ils récitent None plutôt après le repas, les Vêpres à l'heure des Vêpres ou au moins avant le souper, et les Complies, pendant les Complies communautaires ou après avoir terminé leur travail.

Du mercredi des Cendres jusqu'à Pâques, sauf les dimanches, ils récitent quotidiennement les sept psaumes de la pénitence, ou sept *Pater noster*. Au début du Carême, ils reçoivent les cendres, s'ils sont présents; absents, ils récitent prosternés, trois *Pater noster*.

Après la lecture de la Passion le Vendredi Saint, des prières pour chacun des états sont dites par le prieur. Lorsque pour chacune l'on dit *Flectamus genua*, ils récitent un *Pater noster* agenouillés sur leurs bancs. À la prière pour les Juifs cependant, ils ne s'agenouillent pas. Lorsque la Croix est ensuite présentée pour être vénérée en dehors du chœur, ils en baisent les pieds avec respect.

Ils assistent aux trois Vigiles solennelles de commémoraison pour les défunts, et en présence du cercueil des frères clercs ou convers, ainsi qu'à la Messe conventuelle qui est chantée pour eux, sauf si par permission spéciale, ils sont occupés ailleurs.

236 CONSTITUTIONES CANONICORUM WINDESHEMENSIUM, IV

sternuntur. Postea, oblatam extra chorum crucem ad pedes venerabili-
ter osculantur.

In tribus eciam solempnibus commemoracionibus defunctorum, et 80
in presencia funeris fratrum clericorum vel conversorum, vigiliis et
Misse conventuali que pro hiis cantatur intersunt, nisi de speciali licencia aliis occupati fuerint.

CAPITULUM QUINTUM
DE LABORE CONVERSORUM

Conversi laboribus deputentur externis, sive intus, sive foris, et operibus sibi iniunctis diligenter et fideliter insistunt. In hoc vero se am-
plius proficere et gradum bonum apud|Deum remuneratorem 92r
omnium acquirere noverint, si proprie quieti aut commodo rem communem preferre curantes maiori studio et frequenciori alacritate iniuncta sibi perfecerint, quam si sibi propria facerent. Unusquisque enim
propriam mercedem secundum suum laborem accipiet.

Quicumque vero laborem sibi iniunctum adimplere noluerit, ad 10
novissimum locum redactus interim grossiori tantum pane vescatur et
potu tenui, donec ad opera promptum se exhibeat et paratum. Qui autem laborare non potest, benigne tollerandus est, sed summopere cavendum est ne tales ad ordinem recipiantur.

Conversi circa sibi commissa solliciti et diligentes, cum exiguntur, 15
priori vel procuratori de hiis racionem reddunt. Alias, de statu domus
vel de institucione vel destitucione officialium se non intromittunt, nisi
a priore vel procuratore vel visitatoribus requisiti fuerint. Sed in omni
mansuetudine et simplicitate sine murmuracionibus ordinacioni|et vo- 92v
luntati suorum superiorum se subicientes, nichil aliud aut aliter quam 20
eis iniunctum fuerit agere presumunt.

Procurator eciam vel alii obedienciarii, si qui conversos aut alios fa-
miliares sibi subservientes habuerint, diligenter respicere debent, ne
opera sibi iniuncta negligencius vel tardius expleant seu supervacue cir-

---

IV, 4, 78-79 cf. Guigo, 69 §2 et *SA* III, 7 §4: Postea ... osculantur

---

IV, 5, 6 aut] autem *del. et add. in marg. m. post. W* **8** vero] enim *W* **13** tolleran-
dus] tolerandus *GW* summopere] sumopere *G* **21** fuerit] *om. W* presumunt]
presumant *W*

LES CONSTITUTIONS DE WINDESHEIM, IV

CHAPITRE V

LE TRAVAIL DES CONVERS

Les convers sont députés pour les travaux extérieurs, soit à l'intérieur ⟨de la clôture⟩, soit au dehors, et s'acquittent avec soin et fidélité des tâches qui leur sont commandées. Ils sauront qu'ils progressent davantage et acquièrent un grand mérite auprès de Dieu le rémunérateur de tous, si, veillant à préférer dans leur service la chose commune à leur repos ou commodité personnels, ils accomplissent ce qui leur est enjoint avec un soin plus grand et une alacrité plus constante que s'ils s'occupaient de leurs propres affaires. Chacun recevra en effet son salaire selon son propre travail.

Quiconque n'aura pas voulu accomplir un travail qui lui était prescrit, sera renvoyé à la dernière place. Il se nourrira de pain commun et de boisson légère tant qu'il ne se sera pas montré prêt et empressé au travail. Celui qui ne peut pas travailler sera traité avec bonté. Mais il faut absolument veiller à ne pas recevoir de telles personnes dans l'Ordre.

Les convers soigneux et attentifs à ce qui leur est confié, rendent compte au prieur ou au procurateur à leur demande. Autrement, ils n'interviennent pas dans l'état de la maison ou la nomination ou révocation des officiers, sauf si le prieur, le procurateur ou les visiteurs le leur demandent. Mais, se soumettant en toute mansuétude et simplicité et sans murmures aux ordres et volontés de leurs supérieurs, ils ne présumeront pas de faire autre chose ou autrement que ce qui leur a été prescrit.

Le procurateur et les autres frères en charge qui ont des convers ou autres familiers comme aides, doivent veiller avec soin à ce qu'ils exécutent sans négligence ni retard les travaux qui leur sont prescrits, à ce qu'ils ne circulent pas inutilement ou passent leur temps dans l'oisiveté. S'ils surprennent quelques coupables, ils n'hésiteront nullement à les reprendre ou avertir. S'ils ne s'amendaient pas, ils avertiront le prieur pour qu'ils soient corrigés.

238 CONSTITUTIONES CANONICORUM WINDESHEMENSIUM, IV

cueant aut ociose tempus consumant. Et quos culpabiles deprehen- 25
derint, eciam corripere vel ammonere non negligant et, si se non
emendaverint, priori corrigendos denunciant.

CAPITULUM SEXTUM

DE SILENCIO CONVERSORUM

In quibuscumque locis fratres clerici tenent silencium, tenent et
conversi, itemque in dormitorio et refectorio suo.

Diebus celebribus silencium sicut clerici tenent, nec per officinas 5
aut curiam inquiete vagantur, sed in ecclesia vel claustro aut circa cellas
aut lectos suos remanent, nisi licenciati aut missi vel nisi ex officio ali-
cubi ire habeant.

Et quamvis ferialibus diebus, utpote laboribus externis et officiis de-
putati, ad silencium non obligentur, nisi a Completorio usque post Pri- 10
mam diei|sequentis, infra horas tamen regulares maiori diligencia 93r
multiloquium studeant evitare. Si autem aliqui propter senium vel
aliam quamlibet debilitatem laborare minus possent, vel si ex pristina
sive seculari consuetudine ad labores externos, quod absit, minus
promptos se exhiberent, tales non habent loquendi licenciam, nisi tem- 15
poribus illis quibus loqui licet fratribus.

Cum extraneis sine licencia non loquuntur nec cum germano quidem, unde obviantes vel supervenientes mansuete inclinato tantum capite licet resalutare viamque ostendere quo transire debent, ad
interrogata est vel non seu paucissimis verbis respondere et quod am- 20
plius loquendi cum eis licenciam non habeant, se excusare. Et cum licenciam habuerint, non tamen loquuntur cum eis post Completorium et
ante Primam et, quando commode servare possunt, eciam infra horas
regulares. Temporibus silencii obviantes sibi invicem, amica alacritate

---

IV, 5, **26-27** *SA* III, 3 §10: et si se non ... emendaverint

IV, 6, **17-21** Guigo, 44 §2 et 3; *SA* III, 3 §1d et 2a: sine licencia ... se excusare **24-26**
Guigo, 72 §2; *SA* III, 21 §4: obviantes sibi ... pertranseunt silencio

---

26 vel] et *G*

IV, 6, **15** loquendi licenciam] *inv. W*

CHAPITRE VI

LE SILENCE DES CONVERS

Les convers gardent le silence dans tous les lieux où les frères clercs le gardent; de même dans leur dortoir et leur réfectoire.

Les jours de solennité, ils gardent le silence comme les clercs et ne flânent et ne s'agitent pas aux abords des ateliers ou des offices, mais ils demeurent à l'église ou dans le cloître, près des cellules ou de leurs lieux habituels, sauf s'ils ont la permission ou sont chargés d'une mission, ou à moins que, de par leur charge, ils leur faille se rendre ailleurs.

Et bien que les jours de férie, lorsqu'ils sont assignés aux travaux et tâches extérieures, ils ne soient tenus au silence qu'à partir de Complies jusqu'à Prime du jour suivant, ils s'efforceront pourtant avec grand soin d'éviter les conversations pendant les Heures canoniales. Si certains étaient moins capables de travailler à cause du grand âge ou de quelqu'autre faiblesse, ou si, à cause d'une habitude ancienne ou séculière, ils se montraient moins empressés aux travaux extérieurs – ce qu'à Dieu ne plaise! – ceux-là n'ont pas la permission de parler hors des temps où il est permis aux frères de le faire.

Ils ne parlent pas sans permission aux étrangers, pas même à un cousin; on peut rendre leur salut à ceux qu'on croise en chemin ou qui surviennent, en inclinant simplement la tête avec amabilité et montrer la route à prendre, ne pas répondre à des questions ou le faire en peu de mots et s'excuser sur ce qu'on n'a pas la permission de s'entretenir davantage avec eux. Et lorsqu'ils en auront la permission, ils ne parleront pourtant pas avec eux après Complies et avant Prime, ni pendant les Heures canoniales s'ils le peuvent sans inconvénient. Se croisant l'un l'autre en temps de silence, ils se céderont le passage avec un amical empressement et un humble salut de tête, mais poursuivront leur chemin en gardant le silence.

La veille d'une solennité, après la septième heure, ils gagneront leur lit aussitôt qu'ils le pourront. Les autres jours ouvrables, après avoir soupé et achevé leur travail, gagnant leur dortoir, ils veilleront à s'occuper calmement aux exercices spirituels jusqu'au lendemain après Prime, sauf si survenait une vraie nécessité ou s'ils devaient se rendre à l'église, et même alors, ils ne se mettront pas à parler sans nécessité et le soir, rejoignant leur cellule vers la huitième heure, ils s'efforceront de dormir.

240 CONSTITUTIONES CANONICORUM WINDESHEMENSIUM, IV

et humili supplicacione mutuo locum dantes, servato pertranseunt si- 25
lencio.

Instante die celebri post septimam | horam, quam cito commode 93v
possunt, lectos petant. Ceteris quoque diebus in quibus laboratur, postquam cenaverint et a labore cessaverint, usque in crastinum post Primas
suas, quieti et exercicio spirituali vacare studeant, dormitoria sua peten- 30
tes, nisi causa necessitatis occurrat, aut ad ecclesiam ire debeant, nec
tunc quidem ad loquendum sine necessitate prorumpant, et vespere
circa octavam horam lectos suos adeuntes dormire satagunt.

In uno autem dormitorio, seu cellis coniunctis et ab accessu publico
separatis, omnes dormire debent, nisi quos infirmitas vel officii necessi- 35
tas abesse compellit.

| Cum silencium notabiliter fregerint, aut sepius pauca verba multi- 94r
plicaverint, secundum modum delicti, disciplina vel eciam alia penitencia puniuntur. Edentes ubicumque sint, silencium tenent, pro cuius
fractione septem *Pater noster* dicunt, et in primo capitulo culpam cla- 40
mant, nisi prior cum officiali aliquo dispensandum iudicaverit.

Fractores eciam silencii notabiles singulari silencio et continuato
per dies aliquot, in quibus nec propriis fratribus sine licencia liceat eis
aliquid loqui, ad communem consuetudinem sunt reducendi.

CAPITULUM SEPTIMUM

DE CAPITULO CULPARUM

Diebus dominicis post Nonam, hora competenti, conversi capitulum culparum habent de quindena in quindenam, nisi propter festum
maius duplex vel aliam legittimam causam preveniatur vel differatur. In- 5
gressi igitur domum capituli in locis suis ordinate resident, priori vero
vel alio cui commiserit advenienti, reverenter assurgunt. Deinde presidens, dicto *Benedicite* et respondentibus conversis *Dominus*, si sibi visum fuerit, exhortacionem brevem facit pro observanciis ordinis et
emendacione morum ac profectu vite spiritualis atque fidelitate sibi 10
commissorum et exercicii laborum. Deinde dicit: « Faciant venias qui

---

37-39 *SA* III, 3 §7: Cum silencium ... puniuntur   39 *SA* III, 3 §8a: Edentes ...
tenent   39-41 *SA* III, 3 §11b: pro cuius fractione ... culpam clamant

---

IV, 7, 5 legittimam] legitimam *G*

Tous dormiront dans un unique dortoir ou dans des cellules con-
jointes et séparées de l'accès public, sauf si l'infirmité ou la nécessité de
la charge ne contraint quelqu'un à en être absent.

Lorsqu'ils auront rompu le silence de façon notoire ou auront
échangé quelques mots à plusieurs reprises, selon l'importance du délit,
ils sont punis de la discipline ou même d'une autre pénitence. En man-
geant au lieu où ils se trouvent, ils gardent le silence; s'ils le rompent, ils
disent sept *Pater noster* et clament leur faute au prochain chapitre, à
moins que le prieur avec quelque officier n'estime qu'ils en sont dispensés.

Ceux qui rompent le silence de façon notoire doivent être ramenés
à la pratique commune par un silence spécial et continu de quelques
jours pendant lesquels il ne leur est même pas loisible de parler à leurs
propres frères sans permission.

CHAPITRE VII

LE CHAPITRE DES COULPES DES CONVERS

Les dimanches, à l'heure qui convient après None, les convers ont
chapitre des coulpes, de quinzaine en quinzaine, sauf si à cause d'une fête
double majeur ou un autre motif légitime, on l'anticipe ou le retarde.
Étant donc entrés dans la salle capitulaire, ils s'asseyent à leur place par
rang et se lèvent respectueusement à l'arrivée du prieur ou de celui qu'il
aura délégué. Ensuite, après avoir dit *Benedicite*, et les convers ayant répondu *Dominus*, le président, si cela lui semble bon, prononce une brève
exhortation concernant les observances de l'Ordre, l'amendement de la
conduite, le progrès dans la vie spirituelle et la fidélité dans les charges
confiées et l'exécution de leurs travaux. Puis il dit: «Que demandent
pardon ceux qui s'estiment coupables»; ayant alors reçu la permission,
ils proclament leurs fautes tour à tour et s'accusent l'un l'autre à la manière des frères clercs. Si quelqu'un pressent que son frère à ce moment-là supportera ceci avec moins de patience, il n'omettra pas avant

242 CONSTITUTIONES CANONICORUM WINDESHEMENSIUM, IV

se reos estimant » et tunc sumpta venia, singillatim culpas suas clamant
et invicem accusant secundum modum fratrum clericorum. Et si hoc
minus pacienter fratrem suum | pro tunc ferre presumpserit, capitulo   94v
presidenti antequam conveniant revelare non omittat, ut ipse excessum   15
eius tempore et modo, quo sibi visum fuerit, corrigat et emendet. Finito
capitulo, dicto a presidente *Adiutorium nostrum* et cetera, et responso
Qui fecit coelum et terram, inclinantes humiliter discedunt.

Conversus qui priori aut procuratori aut magistro deputato inobe-
diens fuerit aut restiterit verbis duris et contenciosis, in capitulo disci-   20
plinam acrem recipiat et humi residens coram conversis vel fratribus
super asserem nudum in refectorio comedat, tociens quociens priori visum fuerit.

In diebus eciam quibus fratres clerici generaliter disciplinantur, accipiunt et conversi disciplinas. Prior eciam, cum sibi videtur, conversos   25
omnes vel aliquos eorum ad capitulum vocat clericorum, et ibidem culpas suas confitentes et accusatos, si de aliquo culpabiles reperti fuerint,
digna correpcione emendat et sic de capitulo pariter exeunt.

CAPITULUM OCTAVUM

DE REFECTIONE ET IEIUNIO CONVERSORUM

Ad refectionem conversi pariter convenire | debent in refectorio se-   95r
parato, nisi quos infirmitas vel officii necessitas abesse compellit. Ingredientes ad refectionem et exeuntes, nudatis capitibus ad crucem   5
inclinant.

Congregatis igitur eis et in ordine suo stantibus, uno seniorum inchoante, benedictionem sicut clerici dicunt, qua finita, inclinantes ad
crucem, secundum ordinem considentes, reficiunt cum silencio,
possunt tamen aliquid boni legere si norunt.   10

Peracta refectione, dicit servitor mense *Tu autem Domine miserere
nostri*, responsoque *Deo gracias* surgunt, et in ordine suo stantes, gracias
more clericorum dicunt. Pro psalmo tamen *Miserere* ferialibus diebus,
quando bis reficiunt, et in ebdomada Pasche pro psalmo *Confitemini*,
psalmum *Laudate Dominum omnes gentes* dicunt.   15

---

17 nostrum] in nomine Domini *add. W*   22 comedat] commedat *W*

IV, 8, 14 ebdomada] ebdomade *W*

la réunion de prévenir celui qui préside le chapitre pour qu'il puisse redresser et amender son excès au moment et de la façon qui lui paraîtront opportuns. À la fin du chapitre, le président dit *Adiutorium nostrum in nomine Domini*, à quoi l'on répond *Qui fecit coelum et terram*, et s'inclinant, ils se retirent humblement.

Le convers qui aura désobéi au prieur, au procurateur ou au maître qui leur est donné, ou encore qui aura résisté par des paroles dures et obstinées, recevra au chapitre une discipline sévère ; au réfectoire en présence des convers ou des frères, il mangera à la dernière place sur une planche nue, autant de fois que le prieur en décidera.

Les jours où les frères clercs reçoivent la discipline générale, les convers la reçoivent également. Lorsqu'il le juge bon, le prieur convoque au chapitre des clercs tous les convers ou quelques-uns d'entre eux. Là, ceux qui ont confessé leurs fautes ou sont accusés, reçoivent, s'ils sont trouvés coupables de quelque chose une correction convenable et ainsi, ils sortent ensemble du chapitre.

CHAPITRE VIII

LES REPAS ET LES JEÛNES DES CONVERS

Pour les repas, les convers se rassemblent dans leur propre réfectoire, sauf ceux que l'infirmité ou la nécessité du travail oblige à être absents. En entrant pour le repas ou en sortant, tête découverte, ils s'inclinent vers le Crucifix.

Étant donc assemblés et se tenant debout selon leur rang, un des aînés commence la bénédiction que les autres poursuivent comme les clercs. Après quoi, s'inclinant vers le Crucifix, ils s'asseyent selon leur rang et prennent leur repas en silence. Ils peuvent cependant faire quelque bonne lecture, s'ils le savent.

À la fin du repas, celui qui sert à table dit *Tu autem Domine miserere nostri* et l'on répond *Deo gratias*, en se levant et se tenant debout selon leur rang, on dit les grâces à la manière des clercs. Cependant, les jours de férie quand ils ont deux repas, ils disent le psaume *Laudate Dominum omnes gentes* à la place du *Miserere* et de même pendant la semaine de Pâques, à la place du psaume *Confitemini*.

244 CONSTITUTIONES CANONICORUM WINDESHEMENSIUM, IV

Dictis graciis in refectorio, cum silencio ad ecclesiam vadunt. Ibique *Pater noster* et Nonis suis, si non dixerint, dictis, ad opera sua revertuntur.

Quando, priusquam conventus exit de ecclesia, exituri sunt, senior eorum primus surgens exit, sequentibus aliis secundum ordinem, nisi 20 alteri iniungatur. Diebus vero celebribus non exeunt, nisi finitis horis|conventus exeat.   95v

Ab Exaltacione sancte Crucis usque ad Quinquagesimam, feria tercia, quinta et sabbato iterato reficiunt, et tunc prius prandere possunt.

In Adventu cottidie ieiuniant. Potest tamen prior propter graves la- 25 bores quandoque cum eis dispensare.

Porro conversi, quando mane foras exituri sunt ad laborandum, ante horam consuetam comedere possunt, nec licet eis sepius quam bis sine speciali causa et licencia prioris comedere. Et foras missi, si sepius comederint, priori cum reversi fuerint causam indicant.   30

In refectorio, si quis non comederit de hiis que sibi apponuntur, alteri tamen porrigendi fas non habet, excepto pane et fructibus. Bibentes ambabus manibus amphoram vel cyphum tenent. Abstinencias que nostre institucionis non sunt, nulli eorum nisi priore sciente et favente facere licet.   35

Ammonemus eciam, ut nullus interroget a quoquam quid coquatur, nec aliquis debet cibum qui generaliter omnibus est paratus nisi infirmitate cogente recusare. Non enim est consuetudinis nostre pro victualibus murmurare, maxime in conventu.

IV, 8, **32-33** *SA* II, 13 §30: Bibentes ... cyphum tenent   **33-35** Guigo, 35 §1 (*melius*); *SA* II, 14 §25; *SA* III, 28 §50: Abstinencias ... facere licet   **38-39** *SA* II, 22 §1: Non enim est ... in conventu

---

19 sunt] *om. W*   **20** primus] primo *W*   **25** cottidie] cotidie *G*   **28** comedere] commedere *W*   **24** comedere] commedere *W*   **30** comederint] commederint *W*   **31** comederit] commederit *W*   **33** cyphum] ciphum *W*   **38** enim est] *inv. G*

LES CONSTITUTIONS DE WINDESHEIM, IV

Après les grâces dites au réfectoire, ils se rendent à l'église en silence. Là, ils récitent un *Pater noster* et None, s'ils ne l'ont pas encore fait, puis retournent à leurs travaux.

Lorsqu'ils doivent quitter l'église avant la communauté, leur aîné se lève et sort le premier, suivi par les autres selon leur rang. Les jours de solennité, ils ne sortent pas avant que la communauté ne sorte à la fin des Heures.

Depuis l'Exaltation de la sainte Croix jusqu'à la Quinquagésime, les mardis, jeudis et samedis, ils prennent deux repas et peuvent alors avancer leur souper.

En Avent, ils jeûnent chaque jour. Cependant, en raison de lourds travaux, le prieur peut parfois les en dispenser.

De plus, lorsque le matin, les convers doivent sortir pour le travail, ils peuvent manger avant l'heure habituelle, mais il ne leur est pas permis de manger plus souvent que deux fois le jour, sans une raison spéciale et la permission du prieur. Si ceux qui sont envoyés au dehors ont mangé plus souvent, à leur retour, ils en indiqueront la raison au prieur.

Au réfectoire, si quelqu'un ne mange pas ce qui lui a été préparé, il ne lui est pas pour autant permis de le proposer à un autre, sauf du pain et des fruits. En buvant, ils tiennent le pichet ou la pinte des deux mains. Il n'est permis à aucun d'eux de faire des abstinences qui n'appartiennent pas à notre règle, sans que le prieur le sache et l'autorise.

Nous demandons également que personne ne s'enquiert de ce que l'on apprête ni ne refuse ce qui est préparé en général pour tous, sauf contraint par la maladie. Il n'est pas dans nos habitudes en effet de murmurer pour les aliments, surtout en communauté.

246 CONSTITUTIONES CANONICORUM WINDESHEMENSIUM, IV

| CAPITULUM NONUM 96r
DE ITINERANTIBUS CONVERSIS

Conversi quocumque et quandocumque ire iubentur, sive pedestres, sive equestres, nullatenus resistant. Non mittuntur foras sine socio clerico vel converso vel donato aut aliquo fideli boni testimonii. 5 Quilibet cum foras mittitur, quamcicius commode potest reverti tenetur, alioquin, quot diebus sine racionabili causa, quam priori manifestare tenetur, reverti tardaverit, totidem disciplinas in capitulo recipiat, priore si sibi visum fuerit penitenciam aucturo.

Conversi, cum propter domus negocia foras mittuntur, silencium 10 teneant a Completorio suo usque post Primam. Quandocumque autem huiusmodi silencium notabiliter fregerint, in proximo capitulo culpam suam clament.

Cum foris positi negocia domus peragunt iuramenta, mendacia, fraudes et cetera mala, que secularibus negociis interesse solent, vitare 15 precipiuntur, sempiternamque anime sue salutem temporalibus rebus et commodis anteferre.

Quando foras missi redeunt, statim ad ecclesiam vadunt et veniunt ad priorem vel procuratorem quamcicius habuerint oportunitatem, racionem de | negocio, pro quo missi sunt, reddentes. 96v

Caveant quoque ne rumores seculi aliis referant, quos non expedit eos scire, sed ubi audierint, ibi monentur dimittere. Conversi, extra domos existentes, precipuorum ieiuniorum abstinencias non solvant. Feriis sextis vero per annum et in Adventu cottidie ieiunant, nisi propter causam racionabilem priori cum redierint revelandam. Unusquisque, 25 cum ad domum redierit, priori confiteatur et si que data sunt ei quamcicius potest eidem debet presentare.

IV, 9, 3-4 *SA* III, 26 §6: Conversi quocumque ... nullatenus resistant   6-7 *SA* III, 26 §13: Quilibet ... reverti tenetur   10-13 *SA* III, 3 §11: Conversi ... culpam suam clament   14-17 Guigo, 50 §2 (*melius*); *SA* III, 18 §1: iuramenta ... commodis anteferre   18-19 *SA* III, 26 §12: Quando foras ... oportunitatem   21-22 Guigo, 62 §2; *SA* III, 26 §3: rumores seculi ... dimittere   22-23 *SA* III, 26 §10: conversi extra ... non solvant

---

IV, 9, **6** quilibet] qui licet *W* (*SA* III, 26, §13: quilibet)   **21** caveant quoque] caveantque *W*   **24** cottidie] cotidie *G*

CHAPITRE IX

LES VOYAGES DES CONVERS

Quel que soit le lieu ou le temps où on les envoie, les convers s'y rendent sans la moindre résistance, que ce soit à pied ou à cheval. On ne les enverra jamais au dehors sans qu'ils aient un compagnon clerc, convers ou oblat, ou encore quelque fidèle de bonne réputation. Celui qui est envoyé au dehors est tenu de revenir aussi rapidement qu'il le peut commodément; autrement, il recevra en chapitre un nombre de disciplines égal au nombre de jours qu'il aura retardé son retour sans un motif raisonnable, qu'il lui faudra indiquer au prieur. Celui-ci pourra augmenter la pénitence s'il le juge bon.

Lorsque les convers sont envoyés au dehors pour les affaires de la maison, ils gardent le silence depuis leurs Complies jusqu'à Prime. Chaque fois qu'ils auront rompu ce silence de façon notoire, ils proclameront leur faute au prochain chapitre.

Lorsqu'ils traitent les affaires de la maison à l'extérieur, il leur est recommandé d'éviter les serments, les mensonges, les fraudes et autres maux qui ont habituellement cours dans les affaires du monde et préféreront le salut éternel de leur âme aux biens et avantages temporels.

Lorsqu'ils reviennent de leur mission au dehors, ils se rendent aussitôt à l'église et vont chez le prieur ou le procurateur dès qu'ils en ont l'occasion, rendre compte de l'affaire pour laquelle ils avaient été envoyés.

Qu'ils veillent à ne pas rapporter aux autres les rumeurs du monde qu'il ne leur convient pas de connaître, mais que plutôt, ils les laissent là où ils les ont entendues. Les convers séjournant en dehors de nos maisons ne rompent pas les abstinences attachées aux principaux jeûnes. Ils jeûnent les vendredis pendant l'année et tous les jours de l'Avent, à moins d'un motif raisonnable qu'ils indiqueront au prieur à leur retour. Chacun se confessera au prieur lorsqu'il sera rentré à la maison et s'il a reçu des dons, il les lui remettra dès que possible.

248 CONSTITUTIONES CANONICORUM WINDESHEMENSIUM, IV

CAPITULUM DECIMUM

DE CONFESSIONE ET COMMUNIONE CONVERSORUM

Conversi ad minus semel in quindena priori in genibus et detecto capite confitentur. 5

Temporibus infrascriptis sacram communionem accipiunt, nisi ex causa crebrius vel rarius prior iudicaverit accedendum, videlicet in Nativitate Domini, in Epyphania, in Purificacione beate Marie, semel inter Purificacionem et Annunciacionem, in Annunciacione, nisi festum Palmarum venerit ante kalendas aprilis, in Cena Domini, in Pascha, in 10 Ascensione Domini,│in Penthecoste, in festo Sacramenti, semel vel bis 97r inter festum Sacramenti et Assumpcionis beate Marie semper Virginis, in Assumpcione beate Marie, in Nativitate beate Marie, in festo Michaelis, in solempnitate Omnium Sanctorum et in Concepcione beate Marie et in Dedicacione ecclesie. 15

Ante communionem abstinebunt a carnibus una die quando carnibus vesci licitum est, sed ante Penthecostem et ante Assumpcionem beate Marie per duos dies.

Nullus vero diebus supradictis a sacra communione se abstrahat sine scitu et consensu prioris. 20

CAPITULUM UNDECIMUM

DE RASURA ET MINUCIONE CONVERSORUM

Conversi raduntur de mense in mensem, sed barba eorum ad quindenam. Caput desubter in rotundum radunt super aures ut clerici, et non sursum. Cum raduntur vel lavantur, non loquuntur nisi paucis ver- 5 bis de necessariis.

IV, 10, 4-5 cf. *SA* III, 30 §1: detecto capite confitentur

IV, 11, 3-4 *ACW* (1432), p. 25: Conversi ... quindenam

IV, 10, 8 epyphania] ephiphania *W*   13 Marie[1]] virginis *add. W*   17 ante[2]] *om. G*

LES CONSTITUTIONS DE WINDESHEIM, IV   249

CHAPITRE X

LA CONFESSION ET LA COMMUNION

Les convers se confessent au prieur au moins une fois par quinzaine, à genoux, tête découverte.

Aux temps fixés, ils reçoivent la Sainte Communion sauf si, pour une raison, le prieur indique qu'ils s'en approcheront plus ou moins souvent, c'est-à-dire à la Nativité du Seigneur, à l'Épiphanie, à la Purification de la bienheureuse Marie, une fois entre la Purification et l'Annonciation, à l'Annonciation, sauf si la fête des Rameaux tombe avant les kalendes d'avril, à la Cène du Seigneur, à Pâques, à l'Ascension du Seigneur, à la Pentecôte, à la fête du saint Sacrement, une ou deux fois entre la fête du saint Sacrement et l'Assomption de la bienheureuse Marie toujours Vierge, à l'Assomption de la bienheureuse Marie, à la Nativité de la bienheureuse Marie, à la fête de saint Michel, à la solennité de la Toussaint et à la Conception de la bienheureuse Marie et à la Dédicace de l'église.

Avant de communier, ils s'abstiendront de viande un jour où il leur est permis d'en manger, mais avant la Pentecôte et avant l'Assomption de la bienheureuse Marie, ils s'en abstiendront pendant deux jours.

Personne ne s'abstiendra de la Sainte Communion en ces jours-là sans que le prieur ne le sache et n'y consente.

CHAPITRE XI

LA RASURE ET LA SAIGNÉE DES CONVERS

Les convers sont rasés chaque mois, mais la barbe, une fois par quinzaine. On rase en rond le sommet de la tête, comme les clercs jusqu'au-dessus des oreilles et non pas de bas en haut. En se rasant ou se lavant, ils ne parlent pas, sinon quelques mots pour les choses nécessaires.

Ils sont saignés quatre fois l'an, à la même date que les frères clercs, mais aux environs des kalendes de juillet ils ne sont pas saignés, sans une raison spéciale et une permission. Ceux qui sont saignés reçoivent pendant trois jours comme les clercs quelque chose de meilleur aux repas. Le premier jour de saignée, ils ne sont pas tenus de travailler, mais après None, ils se réunissent dans un lieu désigné pour s'entretenir un mo-

250 CONSTITUTIONES CANONICORUM WINDESHEMENSIUM, IV

Quater autem in anno minuunt eisdem temporibus, quando fratres clerici minuuntur, et circa kalendas iulii non minuunt sine speciali causa et licencia. Minuti tribus diebus aliquid cibi|melioris accipiunt 97v sicut clerici. Prima die minucionis laborare non tenentur, sed post No- 10 nam ad aliquem locum deputatum simul conveniunt, de bonis ad tempus colloquium habituri. Quando vero cum clericis minuunt cum eis exire possunt.

Qui numquam sibi minuunt, aut minucionem ad aliam diem per licenciam differunt, eisdem in generali minucione quibus et minuti par- 15 ticipant beneficiis. Qui per licenciam extra consuetam minucionem minuit, prima die beneficium quoque sicut in generali minucione, duobus aliis cenam tantum recipit.

CAPITULUM DUODECIMUM

DE OFFICIO DEFUNCTORUM

Pro recenter defuncto fratre vel converso quilibet conversorum centum quinquaginta dicit *Miserere mei Deus*, quemlibet psalmum cum *Requiem eternam* terminantes. Si hunc nesciunt trecenta triginta dicunt 5 *Pater noster*.

Item quivis eorum pro eiusdem tricenario, id est pro Missis quas sacerdotes dicunt, centum quinquaginta *Pater noster*. Pro anniversario quolibet in conventu celebrato, decem *Miserere* vel viginti quinque dicunt *Pater noster*, si *Miserere* nes|ciunt.   98r

Pro fratribus quoque domorum nostrarum, cum alicuius obitus denunciatus fuerit, decem *Miserere* cum *Requiem* vel viginti quinque dicunt *Pater noster*.

7-9 Guigo, 54 §1; *SA* III, 21 §6a: Quater autem ... tribus diebus   **10-12** *SA* III, 21 §6 (*in fine*).: prima die ... colloquium habituri   **14-16** *SA* III, 21 §7: Qui numquam ... participant beneficiis   **16-17** *SA* III, 21 §9: qui per licenciam ... generali minucione

---

IV, 12, 6 noster] et Ave Maria *add. in marg. m. post. G*   **8** noster] et Ave Maria *add. G*   **10** noster] et Ave Maria *add. G*   **13** noster] et Ave Maria *add. G*   **16** noster] et Ave Maria *add. G*

ment de choses bonnes. Lorsqu'ils sont saignés en même temps que les clercs, ils peuvent sortir avec eux.

Ceux qui ne sont jamais saignés ou qui, avec permission, reportent la saignée à un autre jour, participent aux mêmes avantages que ceux qui sont saignés pendant la séance générale. Celui qui, avec permission, est saigné en dehors de la date habituelle, reçoit le même avantage le premier jour qu'en temps de saignée générale, mais les deux autres jours, seulement le souper.

CHAPITRE XII
L'OFFICE DES DÉFUNTS

Pour un frère ou un convers récemment décédé, chacun des convers récite cent cinquante fois le psaume *Miserere mei Deus*, terminant chaque fois le psaume par *Requiem eternam*. S'ils ne connaissent pas ce psaume, ils récitent trois cents trente *Pater noster*.

De même, chacun d'eux dira pour un trentain – c'est-à-dire pour les Messes que les prêtres célèbrent – cent cinquante *Pater noster*. Pour un anniversaire célébré en communauté, ils récitent dix *Miserere* ou vingt-cinq *Pater noster*, s'ils ignorent le *Miserere*.

Pour les frères de nos maisons également, lorsqu'on annonce le décès de quelqu'un, ils récitent dix *Miserere* avec *Requiem* ou vingt-cinq *Pater noster*.

Lorsque le prieur enjoint des Messes aux prêtres, pour chacune des Messes pour lesquelles les clercs non prêtres lisent sept psaumes ou les Vigiles de neuf leçons, les convers récitent dix *Miserere* ou vingt-cinq *Pater noster*.

252 CONSTITUTIONES CANONICORUM WINDESHEMENSIUM, IV

Cum prior Missas iniunxerit sacerdotibus, pro qualibet Missa, pro
qua clerici non sacerdotes septem psalmos aut vigilias novem lectionum 15
legunt, conversi decem *Miserere* vel viginti quinque dicunt *Pater noster*.

CAPITULUM DECIMUM TERCIUM
DE DIVERSIS STATUTIS CONVERSORUM

Interdicitur omnibus laycis domorum nostrarum, ne aut legendo
aut litteras discendo opera sua vel sibi commissa aut officium divinum,
quando interesse debent, umquam negligant. Hec autem, si commode 5
possunt, addiscunt, scilicet psalmum *Miserere mei Deus*, *De profundis*,
Pater noster, *Credo*, *Confiteor*, *Benedicite* et gracias et ea que sacerdoti
celebranti a ministro respondentur et kalendarium.

Coquinam et cellarium nullus conversus ingreditur sine licencia,
nisi cellerarius, hospitarius et solacium infirmarii. 10

Conversi cum mulieribus soli non loquantur, nisi in loco aperto ubi
ab aliis videri possint, excepta | matre vel sorore. 98v

Ad prioris cellam vel procuratoris non veniunt post Completorium,
nisi propter necessitatem vel notabilem utilitatem.

Cum pulsatur ad Completorium nullus debet remanere cum hospi- 15
tibus, nisi iubente vel concedente priore, exceptis hiis quibus ut ipsis
serviant est iniunctum.

Quicumque in quacumque obediencia cuiuslibet agit vices nichil in
ea sine licencia mutare permittitur.

Si cultellus aut vestis aut aliquid huiusmodi mittitur alicui fratrum 20
aut datur, ex bona consuetudine non ei sed alteri pocius datur, ne quasi
proprium habere videatur. In arbitrio tamen prioris relinquitur, utrum
ei cui missum est an alteri detur, sed de procuratoris licencia illud retinere aut accipere nemo presumat.

IV, 13, **13-14** *SA* III, 28 §28: Ad prioris ... propter necessitatem   **15-17** *SA* III, 28
§39: Cum pulsatur ... est iniunctum   **18-19** Guigo, 64 §2a; *SA* III, 28 §30a: Quicumque ... permittitur   **20-22** *SA* II, 22 §25a: Si cultellus ... habere videatur   **22-23** *SA* II, 22 §25b: In arbitrio ... an alteri detur

---

IV, 13, **6** addiscunt] adiscunt *W*   **8** kalendarium] kalandarium *W*   **22** tamen]
om. W

CHAPITRE XIII

DISPOSITIONS DIVERSES POUR LES CONVERS

Il est interdit à tous les laïcs de nos maisons qui lisent ou apprennent les lettres, de jamais négliger leurs tâches ou celles qui leur sont confiées ou l'Office divin, lorsqu'ils sont tenus d'y assister. S'ils le peuvent aisément, voici ce qu'ils apprennent: les psaumes *Miserere mei Deus*, *De profundis*, le *Pater noster*, le *Credo*, le *Confiteor*, le *Benedicite* et les grâces, les réponses à donner par le servant au prêtre qui célèbre et le calendrier.

Aucun convers n'entre à la cuisine ou au cellier sans permission, sauf le cellérier, l'hôtelier et l'aide-infirmier.

Les convers ne parlent pas seuls à une femme, sauf dans un endroit ouvert où d'autres peuvent les voir, excepté à leur mère ou à leur sœur.

Après Complies, ils ne se rendent pas à la cellule du prieur ou du procurateur, sauf pour une nécessité ou une grande utilité.

Lorsqu'on sonne pour Complies, personne en dehors de ceux qui ont la charge de les servir, ne doit rester avec les hôtes, sauf si le prieur le demande ou le concède.

Quiconque remplace un autre dans n'importe quelle obédience, ne s'autorise pas à changer qui que se soit.

Si un couteau ou un vêtement ou quelque objet de ce genre est envoyé ou donné à un frère, selon une bonne habitude, on ne le donnera pas à ce frère-là, mais plutôt à un autre pour qu'il ne soit pas considéré comme son bien 'propre'. Il est cependant laissé à la décision du prieur de donner cet objet à celui à qui il a été envoyé ou à un autre; mais nul ne se permettra de donner cet objet ou de l'accepter avec la seule permission du procurateur.

Il n'est pas non plus toléré que dans les cellules, on change ou fasse quoi que ce soit, sans l'avoir d'abord exposé ou en avoir obtenu permission. Généralement, personne n'entre dans la cellule ou le lit d'un autre et ne parle sans permission.

Chaque fois que se tient une réunion dans le cloître ou ailleurs, les convers n'entreront ni ne s'introduiront inconsidérément, à moins d'être convoqués par celui qui tient la communauté.

Le sous-prieur ou le procurateur n'accorderont pas à un frère une permission déjà refusée par le prieur, sauf si une autre nécessité était apparue par la suite. C'est pourquoi, même s'il n'est pas interrogé, celui qui demande dira ce que le prieur lui avait refusé pour n'être pas reconnu coupable de fraude et puni, s'il l'obtient de celui qui ignorait le refus. De

254 CONSTITUTIONES CANONICORUM WINDESHEMENSIUM, IV

In cellis quoque ipsis nichil, nisi prius ostensum vel concessum, mu- 25
tari fierive sinitur. Generaliter autem alterius cellam aut lectum nullus
ingreditur aut loquitur sine licencia.

Quocumque tempore conventus fuerit in claustro vel alibi, conversi
non debent intrare vel se leviter ingerere, nisi | ab eo qui conventum te- 99r
net vocentur. 30

Licenciam a priore alicui denegatam non debet postea dare supprior
aut procurator, nisi alia necessitate postmodum occurrente. Et ideo pe-
titor, eciam non interrogatus, dicat quod sibi a priore fuerat denegata,
ne ut fraudis reus argui debeat et puniri, si eam ab ignorante obtinuerit.
Similiter si quis licenciam a suppriore vel procuratore denegatam a pri- 35
ore postea petere voluerit, a predictis fuisse denegatam manifestet eidem. Conversi deferant honorem sibi ipsis, fratres se nominent.

Celle et officine conversorum a priore et procuratore quandoque et
quando eis placuerit visitentur quibus ipsi conversi quidquid habent exponere tenentur cum requisiti fuerint. 40

CAPITULUM DECIMUM QUARTUM

DE DONATIS

Ne de incauta et indiscreta recepcione donatorum gravamina vel
scandala in domibus nostris proveniant, consulimus et monemus ut in
recipiendis donatis singuli priores cum domibus suis magnam stu|deant 99v
habere discrecionem et cautelam.

Numerus quoque donatorum ultra quatuor vel quinque non excedat, nisi de licencia capituli generalis. Cum autem aliquis in donatum se
suscipi pecierit, prescire debet se non tam ocio et quieti quam laboribus
corporalibus et serviciis externis mancipandum, quamquam nullus ip- 10
sorum iniuste et indiscrete gravari debeat. Quod si clericus aliquis in
hunc statum receptus fuerit, poterit ab externis laboribus magis quam

---

25-26 Guigo, 64 §2b; *SA* III, 28 §30b: In cellis ... sinitur **26-27** *SA* III, 28 §31: Generaliter ... sine licencia **28-29** *SA* III, 28 §43: Quocumque ... intrare vel **31-37**
SA II, 22 §16; *SA* III, 28 §64 (*melius*): Licenciam ... manifestet eidem **37** *SN* III, 2
§7: deferant honorem ... nominent **38-40** *SN* III, 2 §13: celle ... exponere tenentur
IV, 14, **3-4** *SN* III, 3 §1: Ne de incauta ... recipiendis donatis

---

39 placuerit] *scr. in ras.* G

même, celui qui voudrait demander au prieur une permission après qu'elle ait été refusée par le sous-prieur ou le procurateur, fera savoir au prieur qu'elle a été refusée par les deux autres. Les convers se respectent l'un l'autre et s'appellent 'frères'.

Les cellules et ateliers des convers seront visités par le prieur et le procurateur autant de fois et quand cela leur semblera bon ; sur leur demande, les convers sont tenus de leur montrer tout ce qu'ils ont.

CHAPITRE XIV

LES OBLATS

De peur qu'un accueil d'oblats fait sans prudence ni discernement n'entraîne dommages ou scandales dans nos maisons, nous conseillons et demandons que pour les recevoir, chaque prieur avec sa propre maison veille à agir avec grande discrétion et prudence.

Le nombre d'oblats ne doit pas dépasser quatre ou cinq, sinon avec la permission du Chapitre Général. Lorsque quelqu'un demande à être reçu comme oblat, il doit savoir auparavant qu'il ne s'adonnera pas tant aux loisirs et à la quiétude qu'aux travaux manuels et à des services pour l'extérieur, bien qu'aucun d'eux ne doive être chargé de façon injuste et immodérée. Si un clerc a été reçu pour cet état, il pourra être dispensé de travaux extérieurs davantage que les laïcs, s'il est trouvé utile à autre chose ; ceux-ci cependant ne seront pas reçus pour cet état sans la permission du Chapitre Général. Quand l'un d'eux n'a plus la force de travailler pour cause de maladie ou du grand âge, il ne devra pas être renvoyé ou abandonné, mais traité avec bonté, selon ce qui convient à lui et aux ressources du lieu ; un autre alors peut être accepté à la place de celui qui se retire.

256 CONSTITUTIONES CANONICORUM WINDESHEMENSIUM, IV

layci relevari, si ad alia utilis inveniatur, qui tamen non recipiantur in hunc statum sine licencia capituli generalis. Quando autem aliquis infirmitate vel senio deficiens laborare non prevalet, non est abiciendus 15 vel derelinquendus, sed pro modo suo et loci possibilitate benigne tractandus, et tunc alius in locum deficientis admitti potest.

Cum vero sub observacione premissa, quis in donatum recipiendus fuerit, paupertatem et castitatem vovere non cogatur, quamvis hec vovere, si devotus et spontaneus apparuerit, non | prohibetur. Et licet 100r duo hec non voveat, tamen receptus castitatem servare et de rebus suis nichil sine scitu prioris aut contra ipsius consilium disponere debet, quamdiu nobiscum perseveraverit.

Obedienciam vero in capitulo coram conventu hoc modo promittat, videlicet, quod priori et successoribus suis et capitulo generali erit 25 verus obediens et domui fidelis. Promittit eciam correctioni domus et capituli generalis se totaliter subiacere.

De hiis que sibi commissa fuerint aut sub cura sua et custodia habuerit, priori et procuratori racionem reddere debet, quociens super hiis requisitus fuerit. 30

Donati quamvis habitum non mutent, volumus tamen ut superior vestis ipsorum unicolor sit, et non viridis aut rubea, et tam longa ut genua operiat et transcendat. Toga eorum in dextero latere sit aperta, sed super scapulam consuta, habens superius circa collum tres nodos. Capucium autem sit sine tympa. 35

Festivis diebus et dominicis Missam conventualem audiunt et intersunt Vesperis et Completorio, nisi speciali occu | pentur, commissi- 100v one et exhortacioni, que familiaribus fieri solet, student interesse. Semel in mense confitentur et quater in anno communicant, nec obstat si communioni et confessioni cum prioris ordinacione sepius intendant, 40 cum abstinencia tamen a carnibus, ut supra de conversis.

Oraciones determinatas ex debito assignatas non habent, aliquas tamen cottidie secundum prioris consilium exsolvere studeant. Qui eciam protestacionem coram notario seu testibus faciant, quod non petent vel

---

18-19 *SN* III, 3 §2a: Cum vero ... non cogatur   **25-26** *SN* III, 3 §2b et 2c: videlicet ... obediens et fidelis   **31-33** *SN* III, 3 §5: quamvis habitum ... et transcendat   **36-38** cf. *SN* III, 3 §9: Festivis diebus ... student interesse   **38-39** cf. *SN* III, 3 §10: Semel ... communicant

IV, 14, **12** receptus fuerit] se recipi petit *W*   **25** suis] *om. W*   **26** promittit] promittat *W*   **28** sibi commissa] *inv. sed corr. W*   **31** tamen] *add. in marg. m. post. W*   **43** cottidie] cotidie *G*   **44** vel] seu *W*

LES CONSTITUTIONS DE WINDESHEIM, IV

Lorsque quelqu'un est accepté comme oblat sous l'observance précitée, il n'est pas tenu à faire vœu de pauvreté et de chasteté, bien qu'il ne lui soit pas interdit de prononcer ces vœux s'il le désire spontanément. Celui qui est reçu, même s'il ne prononce pas ces deux vœux, doit cependant tant qu'il persévère avec nous, garder la chasteté et ne rien disposer de ses biens sans avertir le prieur ou agir contre son avis.

Il promettra obéissance au chapitre, en présence de la communauté de cette manière, à savoir qu'il sera véritablement obéissant au prieur et à ses successeurs ainsi qu'au Chapitre Général, et fidèle à la maison. Il promet aussi de se soumettre totalement à la correction de la maison et du Chapitre Général.

Des choses qui lui sont confiées ou mises sous ses soins et sa garde, il rendra compte au prieur et au procurateur toutes les fois qu'il y est requis.

Bien que les oblats ne changent pas d'habit, nous voulons cependant que leur vêtement de dessus soit uni, ni rouge, ni vert et suffisamment long pour couvrir et dépasser les genoux. Leur toge sera ouverte sur le côté droit, mais cousu à l'épaule, avec trois nœuds autour du cou. Leur capuce sera sans broche.

Dimanches et fêtes, ils entendent la Messe conventuelle et assistent aux Vêpres et à Complies; à moins d'être particulièrement occupés, ils veillent à être présents à la réunion et l'exhortation qui est faite d'habitude aux familiers. Ils se confessent une fois par mois et communient quatre fois l'an; rien n'empêche qu'ils aillent plus souvent à la communion et à la confession selon une disposition du prieur, ayant cependant respecté l'abstinence de viande, comme il est dit plus haut pour les convers.

Ils ne sont pas tenus de dire des prières déterminées. Cependant ils veilleront à en réciter quelques-unes chaque jour, en suivant le conseil du prieur. Ils déclareront devant notaire ou témoins, qu'au cas éventuel où ils quitteraient le monastère ou en seraient éloignés, ils ne demanderont ou n'exigeront aucun salaire. Il convient de faire de même pour les autres laïcs qui, pour Dieu et leur salut éternel, voudraient servir le monastère bénévolement.

Les jours de discipline générale, s'étant accusés de leurs excès au prieur ou à celui à qui il aura commis ce soin, ils doivent recevoir la discipline, seuls ou en présence des convers rassemblés. Aux autres temps, lorsque ce sera utile et nécessaire, ils peuvent être accusés de leurs manquements ou même recevoir la discipline et être punis par soustraction de nourriture et d'autres façons et, si le prieur le juge bon, en être corri-

258   CONSTITUTIONES CANONICORUM WINDESHEMENSIUM, IV

exigent mercedem, si forte quocumque casu recesserint a monasterio vel 45
remoti fuerint. Similiter expedit fieri de ceteris laycis, qui intuitu Dei et
salutis eterne gratis monasterio servire voluerint.

In diebus vero generalis discipline a priore vel ab altero cui commiserit, excessibus suis confessis, seorsum seu cum conversis congregati,
disciplinas recipere debent. Aliis quoque temporibus, cum utile et ne- 50
cessarium fuerit, de suis possunt defectibus argui, vel eciam disciplinari
et subtractione victualium et aliis|modis puniri, et si priori visum fue- 101r
rit, coram fratribus vel conversis in capitulo eorum corrigi. Qui, si sepius
ammoniti, perversi et incorrigibiles perseveraverint, incarcerari vel extra societatem nostram pocius expelli debent, quam in pravitate cum 55
aliorum scandalo retineri.

CAPITULUM DECIMUM QUINTUM

DE MERCENNARIIS ET PREBENDARIIS

Mercennarii, si necesse fuerit, admittuntur pro domus ministerio
aut aliquo officio exercendo. Horum curam habet procurator, qui et respicere debet, ne negligenter servicium suum impleant aut ociose tem- 5
pus suum consumant.

Cum aliquis ad longum tempus pro mercede conducitur, predicatur
ei quod secundum Dei precepta vivere debeat et precipue, que infamia
sunt et criminosa vitare et continenter vivere, usuram aut alia lucra illi-
cita fugere, quodque procuratori de faciendis obedire et sibi de commis- 10
sis rebus et operibus suis racionem reddere teneatur. Ad parochiam
suam pro confessione et communione transire debet, nisi specialem li-
cenciam a curato suo habuerit. Quod, si so|cietas alicuius eorum ceteris 101v
familiaribus in detrimentum et scandalum noscitur dirivare et ammonitus non se emendaverit, data mercede condigna, eciam ante tempus 15
prefixum, si fieri bono modo potest, dimittatur.

Prebendarii vero propter capituli prohibicionem nullatenus sunt
admittendi, de quorum numero computantur, qui in monasterio commanentes et de bonis monasterii viventes, aliquas sibi res proprias reser-
vantes, sine obedientie subiectione propriam voluntatem et sensum pro 20
superiori retinent, qui prout volunt, vigilant et dormiunt, dant et reci-

---

IV, 15, **11** parochiam] parrochiam *GW*   **16** dimittatur] De prebendariis (tit.)
add. W

gés en présence des frères et des convers pendant leur chapitre. Et si après avoir été assez souvent avertis, ils continuent à se montrer pervers et incorrigibles, ils doivent être mis en prison ou chassés de notre société plutôt que d'être gardés avec leur perversité et être cause de scandale pour les autres.

CHAPITRE XV

MERCENAIRES ET PRÉBENDIERS

Selon la nécessité, des mercenaires sont admis pour le service de la maison ou pour exercer une autre charge. Le procurateur a soin d'eux et veillera à ce qu'ils ne soient pas négligents dans leur service ou ne perdent pas leur temps dans l'oisiveté.

Si quelqu'un est engagé contre salaire pour une longue durée, il est prévenu qu'il sera tenu de vivre selon les commandements de Dieu, et surtout d'éviter les actions déshonorantes et criminelles, de vivre dans la continence, de fuir l'usure et autres gains illicites, d'obéir à ce que le procurateur demande de faire, de rendre compte de ses travaux et des affaires qui lui sont confiées. Il doit passer par sa paroisse pour la confession et la communion, à moins d'avoir reçu une permission spéciale de son curé. Et si l'on remarque que la présence de l'un d'eux entraîne préjudice et scandale pour les autres familiers, et que prévenu, il ne se corrige pas, il sera congédié avec le salaire mérité, même avant la date fixée, si cela peut se faire d'une manière convenable.

En vertu d'une interdiction du Chapitre Général, jamais les prébendiers ne seront acceptés. Sont comptés de leur nombre, tous ceux qui, demeurant dans un monastère et vivant des biens du monastère, gardent pour eux quelques affaires personnelles qui, affranchis de l'obéissance, font de leur volonté et jugement propres leur supérieur et qui veillent et dorment, donnent et reçoivent, travaillent, se reposent et

piunt, operantur et quiescunt et circueunt, loquuntur et tacent, quos omnino devitare debemus.

circulent, parlent et se taisent selon leur caprice: ceux-là, il nous faut les écarter absolument.

Index

Citations scripturaires
Sources

CITATIONS SCRIPTURAIRES

Epistula Pauli ad Colossenses

3, 9   III, 1, 116-117

Epistula Iohannis I

4, 1   I, 9, 35-36

SOURCES

Acta capituli Windeshemensis

(1432), p. 25	IV, 11, 3-4
(1446), p. 43	III, 6, 61-63

Augustinus, Regula

IV, 2	Proh., 13

Constitutiones antique ordinis fratrum predicatorum

Prol. (p. 311), 2-14	Proh., 3-13
Prol. (p. 311), 21 – (p. 312, 26)	
	Proh., 28-30
Dist. I, 2 (p. 315), 17-21	
	III, 5, 8-9, 12-16
Dist. I, 2 (p. 315), 34-36	
	III, 5, 107-108
Dist. I, 4 (p. 316), 7-9	
	III, 3, 86-88
Dist. I, 9 (p. 320), 1-9	
	III, 9, 3-14
Dist. I, 10 (p. 320), 6-7	
	II, 7, 26-27
Dist. I, 19 (p. 329), 7-8	
	II, 7, 21-23
Dist. I, 19 (p. 330), 24-26	
	II, 7, 43
Dist. I, 20 (p. 331), 2-3	
	III, 13, 4

Institutiones Patrum Premonstratensium Ordinis

p. 1, 2-12	Proh., 3-11

Liber Ordinis sancti Victoris Parisiensis

3, 2-11	II, 1, 3-10
3, 13-17	II, 1, 10-12
3, 19-21	II, 1, 12-15
4, 2-6	II, 1, 16-20
4, 10-12	II, 1, 22-23
4, 12-16	II, 1, 30-33
4, 17-19	II, 1, 21-22
4, 57-62	II, 1, 100-104
5, 2-4	II, 2, 3-4
5, 6-13 et 15-17	II, 2, 5-10
5, 28 et 35-39	II, 2, 10-14
5, 44-46	II, 2, 14-16
6, 1-6	II, 2, 16-19
6, 10-12	II, 2, 25-26
8, 1	II, 2, 10
9, 12-16	II, 1, 105-108
10, 2-5	II, 3, 18-19
10, 10	II, 3, 19-20
10, 20-24	II, 3, 39-41
10, 31-32	II, 3, 20-21
10, 57-58	II, 3, 15-16
10, 63-65	II, 3, 37-39
10, 72-76	II, 4, 3-7
10, 94-97	II, 4, 7-9
10, 100-102	II, 4, 10-11
10, 105-108	II, 4, 12-14
11, 19-20	II, 4, 18-20
11, 53-55	II, 5, 36-37
11, 70-73	II, 4, 23-25
12, 2-4	II, 5, 4-6
12, 12-13	II, 5, 7-9
12, 24	II, 5, 9
12, 41-43	II, 5, 10-12
12, 49-51	II, 5, 34-36
12, 51-53	II, 5, 39-40
12, 53-54	II, 5, 41-42
12, 55	II, 5, 42
12, 71-73	II, 5, 45-46
12, 75-77	II, 5, 44-45
12, 96, 98 et 100	II, 5, 48-51
13, 2-4	II, 6, 3-4
13, 26-27	II, 6, 18
13, 36-42	II, 6, 15-17
13, 43-46	II, 6, 18-22
13, 46-48	II, 6, 22-23
13, 62-66	II, 6, 13-15
13, 81-82	II, 6, 37-39
13, 83-85	II, 6, 24-26
13, 86-93	II, 6, 26-27

INDEX

14, 28-29
15, 2-3
15, 5-9
15, 11-13
15, 57-58
17, 2-5
17, 17
17, 210-213
17, 216
18, 8-11
18, 25
18, 31
18, 34
18, 35-36
18, 49-51
18, 63-64
18, 101-104
18, 104-106
18, 121-126
18, 141-142
18, 152-154
19, 2-6
19, 13-18
19, 96-97
19, 99-101
19, 111-116
19, 117-119
19, 131-135
19, 138-139
19, 140-142
19, 144-145
19, 154-161
20, 9-16
20, 39-46
20, 66-69
20, 72-74
20, 75-79
20, 128-129
20, 139-144
21, 3-6
21, 9-12
21, 50-52
22, 2-19
22, 89-92
22, 101-105
22, 109-114

II, 12, 43-44
II, 12, 3-4
II, 12, 4-8
II, 12, 8-10
II, 12, 17-18
II, 13, 3-7
II, 13, 7-8
II, 13, 19-21
II, 13, 22-23
II, 7, 3-4
II, 7, 47
II, 7, 49
II, 7, 66
II, 7, 68-69
II, 7, 38-40
II, 7, 36-37
II, 7, 5
II, 7, 7
II, 7, 9-13
II, 7, 6
II, 7, 17-19
II, 11, 3-7
II, 11, 9-11
II, 9, 3-4
II, 9, 4-7
II, 9, 8-10
II, 9, 13-16
II, 9, 17-20
II, 9, 16-17
II, 9, 20-22
II, 9, 22-23
II, 9, 36-42
II, 8, 6-10
II, 8, 18-23
II, 8, 25-29
II, 8, 29-30
II, 8, 31-35
II, 8, 44-46
II, 8, 10-16
II, 8, 51-54
II, 8, 88-89
II, 8, 86-87
III, 1, 4-19
III, 1, 61-63
III, 1, 53-56
III, 1, 63-68

22, 115-117
22, 229-233
22, 234-235
22, 246-248
22, 249-251
22, 251-253
22, 324-327
24, 15-17
24, 37-40
24, 46-52
26, 3-5 et 7-12
26, 24-28
33, 81-82
33, 82-84
33, 87-97
33, 98-99
33, 108-113
33, 113-114
33, 115-116
33, 116-119
33, 120-122
33, 122-123
33, 123-124, 125-129

33, 129-130
33, 130-131
33, 131-133
33, 133-138
33, 140-142
33, 143-149
33, 149-151
33, 174-179
33, 181-182
35, 1-2, 3-5
35, 55-56, 49-51, 58-59, 65-68

35, 71-72
35, 73-76
35, 119-120
35, 137-138
35, 149-150
37, 15-16
38, 18-19
40, 9-12
40, 28-30
40, 83-84

III, 1, 70-71
III, 1, 103-105
III, 1, 109-110
III, 1, 106-109
III, 1, 140-142
III, 1, 145-147
III, 1, 147-150
IV, 2, 5-10
III, 2, 24-25
III, 2, 17-23
III, 3, 4-11
III, 3, 12-15
III, 5, 23
III, 5, 21-22
III, 5, 54-62
III, 5, 23-24
III, 5, 96-100
III, 5, 22-27
III, 5, 29
III, 5, 31-33
III, 5, 34-35
III, 5, 63-64

III, 5, 66-70
III, 5, 70-71
III, 5, 73-74
III, 5, 75-76
III, 5, 77-82
III, 5, 84-85
III, 5, 88-93
III, 5, 110-111
III, 5, 102-105
III, 5, 105-106
III, 7, 3-5

III, 7, 9-14
III, 7, 15-18
III, 7, 28-31
II, 5, 32-33
III, 7, 37
III, 7, 38-39
III, 10, 33-34
II, 2, 32-34
II, 6, 30-32
II, 6, 28-30
II, 6, 51-52

40, 88-91	II, 6, 35-36	I, 43 §60	II, 10, 23-24
42, 37-40, 45-46	III, 11, 16-19		II, 10, 29-31
45, 7-10	II, 10, 12-15	I, 44 §2	II, 6, 7-11
45, 22-27	II, 10, 17-20	I, 44 §3	II, 6, 11-12
45, 27-30	II, 10, 20-22	II, 1 §1	I, 1, 1-7
48, 48-49	II, 9, 32-33	II, 1 §2	I, 1, 8-9
48, 53-54	III, 7, 22-24		I, 1, 10-12
48, 54-55	III, 7, 24-25		I, 1, 13
49, 2-5	III, 12, 3-5	II, 1 §4-5	I, 1, 26-35
49, 29-31	III, 12, 10-12	II, 5 §1	I, 10, 4-12
50, 2-3, 6-7	III, 12, 33-34	II, 5 §3-4	I, 10, 13-23
50, 8-9	III, 12, 34-35	II, 5 §5	I, 10, 23-27
52, 2, 5-8	III, 3, 80-83	II, 5 §7	I, 10, 38-42
54, 49-53	III, 3, 70-73	II, 5 §8	I, 10, 43-46
54, 54-57	III, 3, 73-76	II, 5 §9	I, 10, 46-48
54, 79-82	III, 3, 90-92	II, 5 §10	I, 10, 60-64
54, 84-86	III, 3, 99-102	II, 5 §11-14	I, 10, 65-94
54, 92-93	III, 3, 93-95	II, 5 §15	I, 10, 92-94
62, 2 et 4-6	III, 13, 3-5	II, 5 §16	I, 10, 96-98
65, 2-6	III, 14, 3-6	II, 5 §18	I, 10, 48
65, 8-10	II, 6, 47-48	II, 5 §19	I, 10, 50-53
62, 39	III, 13, 9	II, 5 §20	I, 10, 53-56
65, 39-41	III, 14, 12-14	II, 5 §21-22	I, 10, 144-153
		II, 5 §23	I, 10, 56-60
Statuta antiqua ordinis Cartusiensis		II, 5 §24	I, 10, 162
		II, 5 §28	I, 10, 163-164
I, 1 §4	II, 11, 20-24	II, 5 §29	I, 10, 181-186
I, 1 §6	II, 11, 25-28	II, 5 §30	I, 10, 186-187
I, 16 §1	I, 3, 10-12	II, 5 §31	I, 10, 188-189
I, 35 §16	III, 3, 106-108	II, 5 §35	I, 10, 190-193
I, 37 §1-2	III, 3, 23-28	II, 5 §36	I, 10, 194-196
I, 37 §4	III, 3, 28-32	II, 5 §37	I, 10, 154-156
I, 37 §11	III, 3, 43-45	II, 5 §38	I, 10, 157-161
I, 37 §12	III, 3, 46-47	II, 6 §3	II, 1, 25, 27-28
I, 37 §13	III, 3, 47-49	II, 6 §4	II, 1, 25-26
I, 37 §14	III, 3, 49-50	II, 6 §5	II, 1, 51-53
I, 37 §15	III, 3, 60-63	II, 6 §6	II, 1, 46-48
I, 37 §16	III, 3, 64-65	II, 6 §7	II, 1, 50-51
I, 37 §17	III, 3, 65-66	II, 6 §15	II, 1, 112-114
I, 38 §12	II, 9, 46-47	II, 6 §16	II, 1, 114-116
I, 38 §16	II, 9, 44-46	II, 6 §35	II, 1, 40-42
I, 41 §1	II, 8, 3-5	II, 6 §42	II, 1, 45-46
I, 41 §19	III, 6, 26-27	II, 6 §48	I, 10, 201-205
I, 41 §23	III, 10, 20-22	II, 6 §55	II, 1, 60-61
I, 41 §34	II, 8, 23-24	II, 6 §57	III, 12, 13-15
I, 41 §37	II, 8, 48-49	II, 6 §59	II, 1, 120-121

INDEX

II, 6 §60
II, 7 §1
II, 7 §2
II, 7 §3
II, 8 §1-2
II, 8 §3
II, 8 §5
II, 8 §21
II, 8 §33
II, 8 §38
II, 8 §47
II, 11 §7
II, 12 §8
II, 12 §13
II, 12 §14
II, 13 §1
II, 13 §5
II, 13 §6
II, 13 §16
II, 13 §28
II, 13 §30

II, 13 §31
II, 13 §34
II, 14 §9
II, 14 §9
II, 14 §10
II, 14 §25

II, 15 §5
II, 15 §9
II, 15 §13
II, 15 §14
II, 16 §5
II, 16 §9
II, 17 §3
II, 17 §4
II, 18 §2
II, 18 §3
II, 22 §1

II, 22 §4
II, 22 §5
II, 22 §16
II, 22 §25
II, 22 §25a

II, 1, 130-131
II, 1, 69-72
II, 1, 72-75
II, 1, 86-88
II, 3, 3-9
II, 3, 9-11
II, 3, 13-15
II, 3, 33-34
II, 3, 44-62
II, 3, 24-25
II, 3, 30-32
II, 1, 54-58
III, 5, 94
III, 5, 64-65
III, 5, 38-41
III, 7, 15-18
III, 7, 22-24
II, 5, 47-48
III, 7, 7-9
III, 7, 31-32
III, 7, 33-34
IV, 8, 32-33
III, 7, 34-35
III, 7, 35-36
III, 8, 3-4
III, 8, 9
III, 8, 19-21
III, 8, 31-33
IV, 8, 33-35
III, 14, 14-15
III, 14, 12
III, 14, 28
III, 14, 11-12
II, 7, 45-47
II, 11, 18-20
III, 6, 44-45
III, 6, 51-54
III, 6, 38-40
III, 6, 42-43
II, 5, 27-28
IV, 8, 38-39
Proh., 26-27
III, 6, 31-33
IV, 13, 31-37
II, 7, 85-88
IV, 13, 20-22

II, 22 §25b
II, 23 §1
II, 23 §2a
II, 23 §2d
II, 23 §4

II, 23 §6
II, 23 §7
II, 23 §8
II, 23 §9
II, 23 §17
II, 23 §23
II, 24 §1
II, 24 §5
II, 24 §5a
II, 24 §5b
II, 24 §5c
II, 24 §6
II, 24 §9
II, 24 §10
II, 26 §5
II, 28 §2
II, 28 §3

II, 28 §4
II, 28 §5

II, 28 §7
II, 28 §8
II, 28 §11
II, 28 §16

II, 28 §17
II, 28 §18

II, 29 §1
II, 29 §4
II, 29 §6
II, 29 §8

II, 29 §14
II, 29 §15
II, 29 §16

II, 29 §17

IV, 13, 22-23
III, 1, 33
III, 1, 42
III, 1, 44-45
III, 1, 49-50
III, 1, 60
III, 1, 68-70
III, 1, 79-80
III, 1, 72-78
III, 1, 91
III, 1, 99-102
III, 1, 120-121
III, 2, 3-8
III, 2, 24-25
III, 2, 10-11
III, 2, 15-17
III, 2, 21-23
III, 2, 36-39
III, 2, 40-42
III, 2, 44-45
II, 12, 37-38
I, 2, 3-6
I, 3, 3
I, 4, 6-8
I, 4, 8-15
I, 4, 17-23
I, 4, 26-29
I, 4, 32-34
I, 5, 9-11
I, 5, 12-13
I, 5, 32-36
I, 5, 39-41
I, 5, 80-82
I, 5, 44-46
I, 5, 83-85
I, 2, 35
I, 2, 16-17
I, 2, 46-48
I, 3, 3-6
I, 3, 6-9
I, 3, 14-34
I, 3, 36-39
I, 4, 36-38
I, 5, 5-9
I, 5, 28-31
I, 5, 20-26

II, 29 §18	I, 5, 17-19	II, 30 §25	I, 9, 122-125
II, 29 §19	I, 5, 42-44	II, 30 §26	I, 9, 126-132
II, 29 §20	I, 5, 60-62	II, 30 §27	I, 9, 132-137
II, 29 §21	I, 4, 38-41	II, 30 §28	I, 9, 139-142
II, 29 §22	I, 4, 48-49	II, 30 §29	I, 9, 152-160
II, 29 §24	I, 4, 46	II, 30 §30	I, 9, 220-224
II, 29 §28	I, 5, 53-60	II, 30 §31	I, 9, 224-227
	I, 6, 30-31	II, 30 §32	I, 9, 210-212
II, 29 §29	I, 7, 4-6	II, 30 §33	I, 9, 203-206
II, 29 §30	I, 7, 9-12	II, 30 §34	I, 9, 216-219
II, 29 §31	I, 6, 5-8	II, 30 §40	I, 9, 137-139
II, 29 §32	I, 6, 39-41	II, 32 §24	III, 10, 7-8
II, 29 §33	I, 2, 48-50	III, 3 §1d et 2a	IV, 6, 17-21
II, 29 §35	I, 6, 41-46	III, 3 §7	IV, 6, 37-39
II, 29 §36	I, 6, 48-52	III, 3 §8a	IV, 6, 39
II, 29 §37	I, 7, 17-21	III, 3 §10	IV, 5, 26-27
II, 29 §38	I, 7, 22-24	III, 3 §11	IV, 9, 10-13
II, 29 §39	I, 7, 25-27	III, 3 §11b	IV, 6, 39-41
II, 29 §40	I, 7, 27-31	III, 7 §4	IV, 4, 78-79
II, 29 §41	I, 7, 32-34	III, 11 §27	II, 4, 14-17
II, 29 §42	I, 7, 35-37	III, 18 §1	IV, 9, 14-17
II, 29 §43	I, 7, 38-42	III, 21 §4	III, 6, 54-56
II, 30 §1	I, 9, 3-5		IV, 6, 24-26
II, 30 §2	I, 6, 9-11	III, 21 §6	IV, 11, 14-16
II, 30 §3	I, 6, 12-13	III, 21 §6a	IV, 11, 7-9
II, 30 §4	I, 9, 5-10	III, 21 §7	IV, 11, 16-17
II, 30 §5	I, 9, 11-14	III, 23 §4c	IV, 3, 17-18
II, 30 §6	I, 9, 15-21	III, 24 §1	IV, 1, 3-4
II, 30 §7	I, 9, 21-25	III, 24 §4	IV, 2, 5-10
II, 30 §8	I, 9, 26-30	III, 24 §6	IV, 2, 24-26
II, 30 §9	I, 9, 31-36	III, 26 §3	III, 12, 38-40
II, 30 §10	I, 9, 36-39		IV, 9, 21-22
II, 30 §11	I, 9, 39-44	III, 26 §6	IV, 9, 3-4
II, 30 §12	I, 9, 44-47	III, 26 §10	IV, 9, 22-23
II, 30 §13	I, 9, 47-55	III, 26 §12	IV, 9, 18-19
II, 30 §14	I, 9, 56-59	III, 26 §13	IV, 9, 6-7
II, 30 §15	I, 9, 59-74	III, 28 §28	III, 11, 19-20
II, 30 §16	I, 9, 74-76		IV, 13, 13-14
II, 30 §17	I, 9, 76-78	III, 28 §30	III, 10, 11-12
II, 30 §18	I, 9, 79-83	III, 28 §30a	IV, 13, 18-19
II, 30 §19	I, 9, 83-85	III, 28 §30b	IV, 13, 25-26
II, 30 §20	I, 9, 86-91	III, 28 §31	III, 10, 7-8
II, 30 §21	I, 9, 94-98	III, 28 §33	III, 3, 11-12
II, 30 §22	I, 9, 11-104	III, 28 §39	IV, 13, 15-17
II, 30 §23	I, 9, 105-110	III, 28 §43	IV, 13, 28-29
II, 30 §24	I, 9, 110-113	III, 28 §50	III, 8, 31-33

INDEX

271

	IV, 8, 33-35	II, 8 §10	I, 9, 171-173
III, 28 §64	IV, 13, 31-37	II, 8 §11	I, 9, 173-175
III, 30 §1	IV, 10, 4-5	II, 8 §13	I, 9, 207-209
		II, 10 §4	II, 3, 27
Statuta nova ordinis Cartusiensis		III, 2 §7	IV, 13, 37
		III, 2 §13	IV, 13, 38-40
I, 5 §18	III, 11, 7-11	III, 3 §1	IV, 14, 3-4
I, 5 §19	III, 11, 3-6	III, 3 §2a	IV, 14, 18-19
II, 1 §18	II, 1, 133-135	III, 3 §2b et 2c	IV, 14, 25-26
II, 2 §2	I, 10, 124	III, 3 §5	IV, 14, 31-33
II, 2 §3	I, 10, 28-31	III, 3 §9	IV, 14, 36-38
II, 2 §5	I, 10, 31-33	III, 3 §10	IV, 14, 38-39
II, 2 §8	I, 10, 33-35		
II, 2 §10	I, 10, 35-37	*Statuta ordinis Cartusiensis a domino*	
II, 3 §10	II, 1, 118-119	*Guigone priore Cartusie edita*	
II, 3 §11	II, 1, 110-112		
II, 3 §13	II, 1, 128-130	16 §1	II, 3, 44-62
II, 3 §24	I, 10, 197-198	22 §5	III, 2, 3-8
II, 4 §1	II, 1, 75-80	23 §2	III, 2, 10-11
II, 4 §12	II, 1, 58-61		III, 2, 15-17
II, 4 §15	III, 5, 48-50		III, 2, 21-23
II, 4 §16	III, 5, 41-43	24 §1	III, 2, 24-25
II, 5 §3	I, 8, 3-12	25 §2	III, 2, 36-39
II, 5 §11	II, 1, 124-127	28 §1	II, 7, 43-45
II, 6 §6	II, 1, 67-68	35 §1	III, 8, 31-33
II, 6 §8	I, 8, 42-44		IV, 8, 33-35
II, 6 §22	II, 12, 19-29	44 §2-3	IV, 6, 17-21
II, 7 §3	I, 1, 19-21	46 §3	II, 4, 17-18
II, 7 §6	I, 1, 22-25	50 §2	IV, 9, 14-17
II, 7 §7	I, 1, 23-27	54 §1	IV, 11, 7-9
II, 7 §12	I, 1, 30-34	57 §3	II, 7, 43-45
II, 7 §16	I, 5, 68-71	57 §3c	IV, 3, 17-18
II, 8 §3	I, 9, 91-93	62 §2	IV, 9, 21-22
II, 8 §4	I, 9, 143-145	64 §2	III, 10, 11-12
II, 8 §5	I, 9, 162-170	64 §2a	IV, 13, 18-19
II, 8 §6	I, 9, 193-196	64 §2b	IV, 13, 25-26
II, 8 §7	I, 9, 177-181	69 §2	IV, 4, 78-79
	I, 9, 213-216	72 §2	IV, 6, 24-26
II, 8 §8	I, 9, 189-192		III, 6, 54-56
II, 8 §9	I, 9, 175-177		

TABLE DES MATIÈRES

INTRODUCTION	5
I. Les Constitutions de Windesheim	6
1. Une législation épiscopale primitive	6
2. Le « Chapitre de Windesheim » et la rédaction des premières Constitutions	9
II. Sources et méthodes d'une commission	15
1. Chartreux et Victorins à Windesheim	15
2. Une influence dominicaine mineure	21
3. Marqueterie et tradition canoniale	22
III. La tradition manuscrite	25
1. La tradition manuscrite des Constitutiones	26
2. Examen critique des témoins manuscrits retenus	26
IV. La présente édition	33
APPENDICES	34
Les manuscrits des Constitutions de Windesheim	34
Conspectus d'une genèse et des premiers temps d'une évolution	36
CONSPECTUS SIGLORUM	38

TEXTE ET TRADUCTION

PROLOGUE   41

PREMIÈRE PARTIE

I. Division des Constitutions – Quand les lire	45
II. La convocation du Chapitre Géneral	47
III. L'ouverture du Chapitre Général	51
IV. L'élection des définiteurs – Quelques points à observer à propos du Chapitre Général	53

TABLE DES MATIÈRES

V.	L'autorité des définiteurs – Façon de statuer et d'ordonner	57
VI.	L'élection des membres du chapitre privé et des visiteurs – Comment se conclut le Chapitre	63
VII.	L'autorité de la maison supérieure – Le chapitre privé	65
VIII.	La réception de nouvelles maisons	69
IX.	La visite	73
X.	L'élection et la confirmation du nouveau prieur et sa profession	87

DEUXIÈME PARTIE

I.	Le prieur	105
II.	Le sous-prieur	113
III.	Le procurateur	117
IV.	Le cellérier	121
V.	Le réfectorier	123
VI.	L'infirmier	129
VII.	Le vestiaire	133
VIII.	Le sacristain	139
IX.	Le chantre	145
X.	Les hebdomadiers	149
XI.	Le bibliothécaire	151
XII.	Le portier	153
XIII.	L'hôtelier	157

TROISIÈME PARTIE

I.	La réception et la formation des novices	163
II.	La profession et l'ordre des profès	173
III.	La manière dont les frères se comportent durant les Heures canoniales	177
IV.	Comment les frères se comportent pendant la Messe conventuelle et les Messes privées	187
V.	Le chapitre des coulpes	191
VI.	Le silence et le travail	199
VII.	Le réfectoire	205
VIII.	Les jeûnes	207
IX.	La collation	211
X.	Le dortoir	211

XI.	La communion	213
XII.	Les voyages	217
XIII.	La tonsure	219
XIV.	La saignée	221

QUATRIÈME PARTIE

I.	De leur réception et de leur vêture	227
II.	La profession des convers	229
III.	Les vêtements des convers	231
IV.	L'Office divin des convers	231
V.	Le travail des convers	237
VI.	Le silence des convers	239
VII.	Le chapitre des coulpes des convers	241
VIII.	Les repas et les jeûnes des convers	243
IX.	Les voyages des convers	247
X.	La confession et la communion	249
XI.	La rasure et la saignée des convers	249
XII.	L'Office des défunts	251
XIII.	Dispositions diverses pour les convers	253
XIV.	Les oblats	255
XV.	Mercenaires et prébendiers	259

INDEX	263
Citations scripturaires	265
Sources	266